Das Buch

Kurz vor seinem vierzigsten Geburtstag hat Nilz Bokelberg kalte Füße bekommen: Hab ich genug erlebt? Gibt es Dinge, die man getan haben muss, bevor man vierzig wird? Was läge da näher, als ein Interrail-Ticket zu kaufen und mit dem Zug durch Europa zu tingeln? Und da man mit 39 ½ auch ein bisschen melancholisch wird, beschließt Nilz Bokelberg, die Ferienorte seiner Kindheit zu besuchen, und das: im November. Tristesse royale, für die er aber schon immer eine besondere Faszination hatte. Orte, an denen sich das Leben fast das ganze Jahr überschlägt, liegen im November müde und still da. Genau die richtige Atmosphäre, um über das Leben, das Reisen und alles, was sonst so wichtig ist, zu sinnieren. Und um dieses Sinnieren auf eine höhere Ebene zu katapultieren, lässt Nilz Bokelberg das Handy und das iPad gleich zu Hause und zieht mit Faltplan und Analogkamera durch Europa.

Kommen Sie mal mit auf diese etwas andere Reise und machen Sie Ferien im 80's Train!

Der Autor

Nilz Bokelberg, Jahrgang 1976, wuchs in Wesseling bei Köln auf. Mit siebzehn war er eines der ersten Gesichter des neu gegründeten Musiksenders VIVA. Während seines Regiestudiums in München entdeckte er das Bloggen für sich und wurde zu einem der bekanntesten Blogger Deutschlands. 2010 erschien sein erstes Buch »Ich schmeiß alles hin und werd Prinzessin«, 2013 »Endlich gute Musik«. Seit 2012 bespricht Nilz Bokelberg Filme auf dem YouTube-Kanal »Shortcuts«, 2015 brachte er zusammen mit Markus Herrmann und Donnie O'Sullivan den Podcast »Gästeliste Geisterbahn« an den Start.

KiWi
1521

Lieber Michalis!

Hoffentlich wird dieses Buch wenigstens eines der raren Highlights 2016 für Dich :-)

Ahoi und Danke für die Kücheneinladung!

♥, Ahoi, Niz

Nilz Bokelberg

Tristesse Renesse

Ferienorte unserer Kindheit revisited

Kiepenheuer & Witsch

Die Lyrics, die diesem Buch als Motto voranstehen, wurden mit freundlicher Genehmigung der Band *Locas in Love* zur Verfügung gestellt.

FSC
www.fsc.org
MIX
Papier aus verantwortungsvollen Quellen
FSC® C083411

Verlag Kiepenheuer & Witsch, FSC® N001512

1. Auflage 2016

Umschlaggestaltung: Barbara Thoben, Köln
Handlettering: © Olav Korth
Gesetzt aus der Albertina
Satz: Buch-Werkstatt GmbH, Bad Aibling
Druck und Bindung: CPI books GmbH, Leck
ISBN 978-3-462-04920-6

Für meine Eltern.
Und alle unsere Familienautos.

Auf die Tage, die nicht mehr wiederkommen,
auf die Kleider, die nicht mehr passen.
Auf jedes weitere Mal, das wir scheitern
einfach nur, weil wir unsere Grenzen haben.
Aber immerhin immer weiter versuchen,
sie zu überschreiten.
Irgendwann werde ich
ein Loblied auf all das schreiben.
Irgendwann – oder jetzt gleich.

Locas in Love, Ich werde ein Lied für alle schreiben

Vorwort

Der Mensch kann ja irrsinnig gut vergessen. Nun sitze ich hier, ein halbes Jahr nach meiner Reise und überlege, was sie mir genau gebracht hat. Und fühle erst mal ganz lange nichts. Gar nichts. Ein bisschen wie damals auf der B-Seite der Single »Codo … düse im Sauseschritt« von DÖF. Da haben zwei Österreicher, Herr Tauchen und Herr Prokopetz, eine ganze Plattenseite lang erklärt, dass da jetzt nichts kommt. Da sei einfach nichts drauf, auf der B-Seite. Man solle die Platte doch bitte umdrehen, denn da sei die Musik zu finden.

So ist meine Gefühlswelt gerade. Da, auf der anderen Seite, da sind die Gefühle. Da wo die Reise war. Da wo ich mit dem Zug durch Europa gefahren bin. Da war die gute Zeit. Der große Spaß. Die riesige Aufregung. Hier ist nur die schnöde Erinnerung. Das Nachfühlen. Ich sollte dringend wieder zurück, sollte die Reise fortsetzen. Wieder im Zug sitzen, stundenlang. Irgendwo aussteigen. Tief einatmen. Und woanders sein. Woanders als hier, an meinem Schreibtisch.

»Codo« erschien 1983, da war ich sieben. Das Lied habe ich ein paarmal gehört, fand es aber nicht so toll. Es war mir, um ehrlich zu sein, ein klein wenig unheimlich. »Ich bin der Hass«, das ist doch nicht schön, wenn jemand so etwas singt. Die zweite Seite, die hatte es mir angetan. Zwei Männer verzweifeln daran, dass ich ihnen die ganze Zeit zuhören will, dass ich hören will, wie sie mich davon abbringen wollen, ihnen zuzuhören. Das fand ich genauso lustig wie spannend. Und ich habe dabei stets ein bisschen gehofft, dass sich ihr Text mal ein kleines bisschen ändern würde. Weil die Verzweiflung eben so groß war.

Ich war auf meiner Reise auch manchmal verzweifelt.

Es gab Momente, in denen ich aufgeben wollte. Auch, weil es sich schräg anfühlt, eine Reise zu machen, die einen Versuchsaufbau hat. Ist das nicht das Gegenteil von reisen? Ist das nicht Stress pur? Ich war mir unsicher, was ich eigentlich zu finden erhoffte.

Wenn man 10 wird, ist die Einstelligkeit vorbei, wenn man 20 wird, ist die Jugend vorbei, wenn man 30 wird, ist langsam der reine Spaß vorbei – was passiert, wenn man 40 wird? Und warum treibt mich das eigentlich so um? 40 ist doch nur eine Zahl, oder?

Als Kind empfand ich Vierzigjährige als ziemlich alt. Die, die ich kannte, waren schon Leute, die wussten, was das Leben bringt und bedeutet. Gleichzeitig war das für mich so weit weg, dass ich mir gar nicht vorstellen konnte, überhaupt selber mal so alt zu sein. Also nicht, weil ich nicht mehr leben würde, sondern weil es Lichtjahre von mir entfernt war, irgendwo in den 2000er-Jahren, die ja sowieso wie eine ferne Zukunft schienen.

Ich erinnere mich noch genau daran, erinnere mich an meine Gedanken, aber ehrlich gesagt fühle ich sie nicht mehr. Wahrscheinlich ist das völlig normal, dass man diese Verbindung zum eigenen Kinder-Ich verliert. Vielleicht kann man das aber auch irgendwie aufhalten. Und wann, wenn nicht kurz vor der runden Zahl, die einen Menschen früher als »alt« markiert hat, ist der richtige Zeitpunkt, es auszuprobieren?

Das war mein Motor, das war meine Mission. Und mit den Gedanken bin ich damals in den Zug gestiegen. Um zu überprüfen, ob ich noch das Kind bin, das ich einmal war. Und ich möchte meine Kindheit nicht loslassen, ich will ihr nachspüren.

Aber ich bin kein notorischer Nostalgiker, ich finde das

doch schlimm, an jeder Ecke dazu aufgefordert zu werden, meine Kindheit zu verklären. Sätze wie »Na, wir sind damals wenigstens noch auf Bäume geklettert!« finde ich ätzend. Ich bin nie auf Bäume geklettert, nur wenn sie ganz niedrig waren. Ich war doch schon damals nicht verrückt. Ich war ein Kind, das gerne ferngesehen hat.

Hätte ich früher gewusst, dass ich meinen Erinnerungen mal hinterherjagen würde, ich hätte mir wohl einen Vogel gezeigt und erwidert, dass ich es viel interessanter fände, mir neue Geschichten auszudenken. Mit Detektiven. Und Superhelden. Und Masters of the Universe.

Nun, ein bisschen so ist es ja gekommen. Die neuen Geschichten haben etwas mit den alten zu tun, sie bauen aufeinander auf.

Und das, was ich erlebt habe, war spannend, lehrreich, ich habe etwas gefühlt.

»Da kommt nix. Rein gar nix!«, hat der Mann verzweifelt auf der Platte gesagt. Und damit das unterhaltsamste, charmanteste und spannendste »Nix« erschaffen, das man sich vorstellen kann.

Und vielleicht hab ich dieses »Nix« auch gefunden.

Berlin, im Mai 2016

Es gibt Dinge, die muss man vor einer Reise noch erledigen. Bei mir heißt es heute: Ab zum Zahnarzt! Und ich gehe nicht nur freiwillig dorthin, die Praxis befindet sich auch noch in Düsseldorf. Für mich als Kölner die Höchststrafe. Aber ich wollte diesen Besuch vor meiner Abfahrt hinter mich bringen, vor der Abfahrt auf meine Reise, mein großes Abenteuer: Drei Wochen quer durch Europa mit dem Zug, Interrail. Durch ein günstiges Angebot sogar erster Klasse. Und da ich keinen Führerschein habe, kommt mir das total gelegen. Außerdem liebe ich Zugreisen. Die Landschaft an sich vorbeiziehen sehen, die Gedanken loslassen und immer rumlaufen können – genial. Seitdem ich den Plan gefasst habe, diese Reise zu machen, habe ich mir bestimmt 15 verschiedene Strecken überlegt. Ich habe einen Reiseführer besorgt, der sämtliche europäischen Zugverbindungen beinhaltet. Die Vorbereitung fand also nicht mit dem Finger auf der Landkarte, sondern mit den Fingern zwischen den telefonbuchpapierartigen Seiten des »European Rail Timetable« statt. Wenn einem plötzlich ganz Europa zu Füßen liegt, dann will man auch so viel wie möglich davon besuchen. Und so waren meine ersten Reisepläne davon beseelt, so viel Strecke wie möglich zu machen. So viele Länder wie möglich zu sehen. Holland, Belgien, Frankreich, Spanien, Portugal, Spanien, Italien, Kroatien, Albanien, Griechenland. Dann die Erkenntnis, dass das vielleicht ein bisschen viel sein könnte. Also Albanien und Kroatien raus und direkt nach Griechenland. Dann die Erkenntnis, dass ich in Griechenland noch nie war und nicht weiß, was ich da soll, außer ein bisschen

Oje, Düsseldorf

Elendstourismus. Außerdem, und das fällt mir tatsächlich erst Tage später ein, muss ich ja auch noch zurück nach Berlin. Das wären von Lesbos mit dem Zug und der Fähre ja auch noch mal zwei, drei Tage Rückreise. Also gut: Griechenland ist raus.

Was will ich eigentlich in Portugal? Also, jetzt mal so ganz ehrlich? Das ist schön und alles, aber was soll ich da machen? Ich war einmal in Lissabon, Ende der Neunziger, mit der Sendung, die ich damals für das DSF moderiert habe, und es hat mir auch gut gefallen. Aber wenn ich mir jetzt vorstelle, dorthin zu fahren, dann sehe ich mich da sinnlos rumstehen und überlegen, was ich jetzt machen soll. Und damit … hui … flog Portugal auch von der Route.

Spanien, Barcelona. Da war ich zuletzt mit 18. War eine lustige Nacht im Rahmen einer Kreuzfahrt, die ich mitgemacht habe. Die bislang einzige Kreuzfahrt in meinem Leben. »Rave & Cruise«. Und ja, genauso wie sich das anhört, war es auch. Ein Kreuzfahrtschiff, pickepacke vollgestopft mit Ravern, DJs und Freunden aus ganz Deutschland. Als die Fahrt vorbei war, sind die Zollspürhunde in Genua schier ausgerastet.

Nun habe ich mir für diese Reise noch ein paar zusätzliche Bedingungen auferlegt: keine Handynutzung (das Telefon steckt unten im Koffer, für Notfälle), Fotos nur mit einer Analogkamera. Ich habe mich für ein Modell aus der »La Sardegna«-Reihe entschieden, weil es cool aussah und aus diesem Lomo-Dunstkreis kommt und ich hatte mal eine Lomo, damals, in den Neunzigern, und ich mochte die Bilder, diese Patina, das Olle daran. Perfekt für meine Reise. Ich habe mich bewusst für den November entschieden, denn ich wollte auf jeden Fall trostlose Orte besuchen. Keine Ahnung, woher ich diese Vorliebe habe, aber ich finde Plätze toll, an denen sonst das Leben tobt. Total morbide, ich weiß, aber das ist es nicht. Ich mag es, wenn die Menschheit scheitert. Nicht aus Schadenfreude, sondern aus Bewunderung. Der Versuch, Hoffnungen zu realisieren ist umso ergreifender, wenn er gescheitert ist. (Ich hoffe, dass man in hundert Jahren mein Porträt mit diesem Satz daneben teilen wird.)

Aber als ich so über Barcelona nachdenke, merke ich, wie unausgereift meine Idee ist. Ich meine, einfach wahllos an trostlose Orte fahren, dafür muss ich keine Europareise machen, dafür reichen auch drei Wochen im Industriegebiet von Marzahn. Es muss ein Plan her. Am besten einer, der mir die Route schon automatisch vorgibt. Und ich muss mich zwingen, länger an den einzelnen Orten zu bleiben. Es hat einfach keinen Sinn, wochenlang im Zug zu sitzen, nur weil man es kann.

Als ich im Vorfeld meiner Reise wahllos herumgegoogelt habe und Berichte anderer Interrail-Reisender las, stieß ich öfter auf die Erwähnung zweier verschiedener Typen dieser Reiseart: Der Kilometer-Sammler befindet sich eigentlich nur auf der Schiene. Er versucht, das Streckennetz der europäischen Bahnen zu bezwingen und auf so vielen Strecken so weit wie möglich zu fahren, innerhalb der Gültigkeit seines Passes. Da wird dann sogar im Zug geschlafen. Nun gut, wie gesagt, ich mag Zugreisen – aber so hab ich mir das nicht unbedingt vorgestellt. Der andere Typ scheint der Spontanreisende zu sein, der aussteigt, wo er will und täglich entscheidet, wann und wie es weitergeht. Das entspricht mir schon viel eher.

Interessant ist es, wenn man Freunden und Bekannten erzählt, dass man eine Interrail-Reise macht, denn zu exakt hundert Prozent lautet die erste Reaktion: »Was, das gibt's noch?« So als würde wie selbstverständlich alles aus unserer Jugend gelöscht, wenn wir selbst nicht mehr jugendlich sind. »Ach, echt? Junge Menschen feiern noch Partys?«; »Wie bitte? Ihre Kinder sehen fern?«; »Was? Jugendliche küssen sich noch? Ist das nicht ausgestorben?«. Es ist ein seltsamer Älterwerden-Reflex.

Andere typische Reaktionen waren:

»Die ganze Zeit alleine?«

Ja, warum denn nicht? Ich reise tatsächlich sehr gerne alleine. Und eigentlich sogar ohne die typische, polyglotte »Ich lerne so gerne überall Menschen kennen«-Einstellung, sondern weil ich einfach gerne mit mir und meinen Gedanken alleine bin. Stichwort Seele baumeln lassen. Ganz so schlimm ist es vielleicht nicht, aber ich mag es, nur mir verpflichtet zu sein, wenn ich neues Terrain betrete.

»Zug fahren ist ja schon schön, aber …«

Für mich ist das wirklich die beste Art des Reisens.

»Im NOVEMBER?«

Ja, im November. Ich will alles so echt wie möglich und so wenig für Touristen rausgeputzt wie möglich. Da bleiben einem eigentlich nur November und Januar. Ansonsten sind ja immer irgendwo auf der Welt Ferien oder größere Feierlichkeiten.

Das ständige Nachfragen, das ständige Wiedererzählen und Drüber-Nachdenken haben dann zum finalen Plan geführt: Hallo Kindheit, da bin ich wieder! Ich würde einfach in die

Ferienorte meiner Kindheit fahren. Meine Eltern sind supergerne gereist. Als meine drei älteren Geschwister aus dem Gröbsten raus waren und nicht mehr mitkamen, sind sie sogar noch lieber durch die Welt getingelt als zuvor. Ab da haben sie beschlossen, den Kontinent zu erobern. Und das immer mit mir im Schlepptau. Mal mit mehr, mal mit weniger Begeisterung – meine Euphoriekurve sank umgekehrt proportional zu meinen Pubertätsstadien. Aber ich habe alles Mögliche gesehen. Und auch, wenn ich das damals nicht gecheckt habe und kurz danach niemals zugegeben hätte: Es ist schon ganz arg toll, so viel Verschiedenes von der Welt gesehen zu haben.

Nun also diese Reise. Viel Italien (meine Eltern lieben dieses Land mehr als alle anderen), Holland, Frankreich. Vielleicht Österreich. Und heute sollte es endlich losgehen.

Aber bislang sitze ich mit zwei dicken, blutigen Wattetampons im Mund im Zahnarztstuhl und warte auf meinen alten Schulfreund Adjmal, meinen Zahnarzt. Auf dass er mich losschickt und mir endlich erlaubt, Europa zu erobern. Da kommt er schon. Und fragt ganz fachmännisch, wie es mir geht.

»Gooot«, sage ich, so gut man eben mit vollem Mund sprechen kann. Und ich meine das wirklich so. Vielleicht ist es die Aufregung, vielleicht war das auch nicht der schlimmste Eingriff ever, aber ich spüre eine geradezu magnetische Reiselust. Was ich selbst gerade komisch finde, weil ich eigentlich eher reise, weil man mich zwingt, nicht weil ich unbedingt will. Aber hierzu zwinge ich mich eben selbst. Man muss sich ja jeden Tag aufs Neue selbst austricksen.

Mein Handy vibriert. Mein Kumpel Danyael aus Amsterdam schreibt mir seine Adresse. Mit ihm hab ich mich ganz klassisch verabredet. Am nächsten Abend. Dafür brauch ich dann nämlich das Handy auch nicht mehr (Remember: Handy nur für Notfälle). Die Adresse werde ich mir nachher im Zug noch rausschreiben und dann in Amsterdam ganz klassisch auf dem Stadtplan suchen. Verdammt, ich bin so was von bereit!

Adjmal hält mir eine Nierenschale vors Gesicht: »Spuck die Dinger hier rein. Ich hab jetzt auch Feierabend, komm, ich fahr dich noch eben zum Bahnhof.« Also, besseren Rundum-Service kann man ja wohl nicht kriegen. Bester Zahnarzt ever. Auf der Fahrt zum Bahnhof telefoniert Adjmal mit einer seiner Mitarbeiterinnen. Krass, denk ich mir, der hat jetzt Angestellte und so was. Dabei ist der im Herzen immer noch der Freak, mit dem ich mir damals die Nächte um die Ohren geschlagen habe, in denen wir dann Filme wie »Phantom Kommando« auf Video geguckt haben und uns megawitzig fanden, weil wir mit 14 Jahren gerade das Konzept »Ironie« für uns entdeckt hatten und dann lange Zeit nicht genug davon bekommen konnten. Ich spüre einen guten Moment lang nichts weiter als aufrichtige Bewunderung für das, was er geschafft hat. Klar, mein Lebensweg hat niemals vorgesehen in einer Position zu landen, in der ich Mitarbeiter habe, die von mir abhängig sind, und das ist auch ein Luxus, den ich zu genießen weiß. Aber beeindruckend ist es schon und ich wäre für so was vermutlich einfach nicht der Typ. Eventuell ist das aber auch nur eine Schutzbehauptung meines Hirns, sonst müsste ich hier im Auto sofort losheulen. Super – ich hab noch nicht einen Fuß in einen Zug gesetzt und bin schon beim Thema Selbstzweifel angekommen. Das kann ja heiter werden.

Ein Interrail-Ticket funktioniert so: Man darf in ganz Europa Bahn fahren, manchmal muss man reservieren und vielleicht für die Reservierung ein paar Euro extra zahlen. Nur im eigenen Land, da gilt das Ticket nicht. Ich habe also jetzt zwei Möglichkeiten: bis kurz hinter die holländische Grenze fahren und dort eine neue Reservierung für mein Interrail-Ticket im ICE nach Amsterdam machen oder für den Startschuss in den sauren Apfel beißen und ein Ticket direkt nach Amsterdam buchen und bezahlen. Und damit es endlich losgeht und ich Stress vermeide, entscheide ich mich für die zweite Variante.

Der Zug rollt in den Bahnhof ein. Businessleute strömen raus, ein paar vereinzelte Gestalten steigen ein. Jetzt geht es los! Europa, ich komme! Ich ziehe bestens gelaunt meinen Koffer quer durch das Abteil und summe fröhlich »Birdland« von Weather Report vor mich hin, keine Ahnung, warum mir das ausgerechnet jetzt im Kopf herumspukt. Vielleicht weil es so fröhlich ist? So was von Aufbruch hat? Ist das etwa Aufbruchs-Jazz?

Und dann das: Eine Frau sitzt auf meinem Platz. Sie wirkt leicht genervt. Vielleicht hatte sie einen wirklich schweren Tag und fährt jetzt nach Hause, kann aber nicht so richtig loslassen. Der Zug ist zu voll, als dass ich mich blind auf irgendeinen Platz setzen würde, denn der könnte ja auch reserviert sein und dann müsste ich mich an der nächsten Station megakompliziert umsetzen, in der Hoffnung, dass noch irgendwas frei ist. Worauf ich wirklich gar keinen Bock habe. Ich stehe schon relativ lange vor ihr und spiele diverse Szenarien in meinem Kopf durch, aber sie sieht mich nicht. Naja, sie sieht mich vermutlich ziemlich gut. Ich war schon mal schlanker, aber grundsätzlich bin ich ja nicht so der Typ, den man leicht übersieht. Aber das ist natürlich eine der schönsten menschlichen Verhaltensweisen: »Wenn ich so tue, als würde ich etwas nicht bemerken, besteht die hohe Wahrscheinlichkeit, dass es nicht existiert.«

Es tut mir leid, aber ich existiere tatsächlich. Ich räuspere mich und merke in der freundlichstmöglichen Stimme mit einem Lächeln auf den Lippen an, dass sie auf meinem Platz sitzt. Sie wirft die Lockenmähne zurück und mit einem genervten »Dah!« räumt sie meinen Platz und setzt sich auf den daneben. Ich trage einen nicht gerade zierlichen Rucksack, aber sie macht keine Anstalten, mal kurz aufzustehen, um den Hinsetzprozess für uns beide zu vereinfachen. Ich darf mich an ihr vorbeidrängen. Was ich auch tue. Und was mir rein gar nichts ausmacht. Der Zug fährt los. Ich gucke aus dem Fenster. Düsseldorf verschwindet. Da es schon dunkel ist, sehe ich fast nix. Aber ich bilde mir ein zu bemerken, wie sich die Landschaft verändert. Alles wird langsam undeutscher. Die Frau neben mir macht noch ein paar genervte Laute, während sie auf ihr Handy starrt. Anscheinend trifft mich wirklich keine Schuld. Vielleicht hat ihr Freund gerade Schluss gemacht oder er versucht es gerade. Oder sie stört mein Wurstcroissant, das ich gerade esse. Tut mir leid. Ich kann es nicht ändern. Und ich will es auch nicht, denn: Ich fahre gerade in mein Abenteuer.

French kissing in Amsterdam

Auch bescheuert, wie man sich verkrampft, wenn man merkt, dass die Person, die neben einem sitzt, irgendwie nicht neben einem sitzen will. Aber nach einiger Zeit rollt der Zug tatsächlich in den abendlich dunklen Hauptbahnhof von Amsterdam ein und ich möchte mir keine Gedanken mehr über meine Sitznachbarin machen. Ich greife mir meinen Koffer und steige aus. Zwei Mädchen lächeln mich an. Na gut, sie lächeln jeden an, der aussteigt, und als ich ihre orange leuchtenden Warnwesten sehe, auf denen »Refugees Welcome« steht, weiß ich auch, warum. Ich freue mich aber trotzdem. Ich bin gut drauf. Hier startet meine Reise so richtig und es ist doch schön, von Fremden angelächelt zu werden. Außerdem: Angenommen, ich WÄRE ein Flüchtling, was ich mir natürlich nicht wirklich vorstellen kann, aber nehmen wir mal an, ich könnte es und ich wäre es: Dann wäre ich vermutlich froh, so nett empfangen zu werden. Ich freue mich also, nicht für Menschen, die fliehen müssen, aber darüber, wie sie hier empfangen werden. Während ich noch auf dem Gedanken rumkaue, gehe ich in die Unterführung. Von meiner Recherche weiß ich, dass es einen Bus gibt, der direkt zu meinem Hotel fährt. Den muss ich finden. Und da ich das Begriffspaar »Bus Station« ausgeschildert sehe, scheine ich meinem Ziel doch ziemlich nah zu sein.

An der Rückseite des Amsterdamer Bahnhofs fahre ich mit der Rolltreppe hoch und lande direkt an einem Busbahnhof mit mehreren Abfahrstationen. Den Rucksack auf dem

Rücken, den Rollkoffer immer in den eigenen Hacken, studiere ich die diversen Abfahrtspläne. Verzweifelt suche ich nach der Nummer meines Busses und summe dabei Destiny's Childs »Get on the Bus«, ein Song, mit dem ich meine Begeisterung für die Produktionen von Timbaland entdeckte, welche ihr jähes Ende im zweiten, unfassbar langweiligen Album von Justin Timberlake fand.

Ich finde Busse, die einen ähnlichen Streckenverlauf haben wie meiner, aber keiner von denen landet vor meinem Hotel. Mein Plan ist folgender: Ich gehe mal zur Vorderseite des Bahnhofs. Vielleicht fahren dort noch andere Busse.

Also, mit dem ganzen Kladderadätsch einmal quer durch den Bahnhof. In der Bahnhofshalle höre ich Musik. Da scheint eine Band zu spielen, vielleicht Straßenmusiker. Ich höre langsam auch das Publikum. Mal jubelnd, immer klatschend. Die scheinen echt gut Stimmung dort zu machen. Als ich in der Vorhalle angekommen bin, sehe ich ein Klavier, das anscheinend seinen festen Platz in der Vorhalle hat und an dem jeder spielen darf, der sich dazu berufen fühlt. Davor steht eine Frau und singt und drum herum stehen zufällige Passanten. Alle sind ganz mitgerissen von der singenden Frau, die den Eindruck macht, es ginge bei ihrer Performance um ihr Leben. Das feuert wiederum den Klavierspieler an, der sich kaum auf dem Schemel halten kann vor Euphorie. Die Akustik der Halle tut ihr Übriges. Das hier scheint ein spontanes Konzert zu sein, dem sich niemand entziehen mag. Außer mir. Also, ich muss. Schweren Herzens. Denn ich will endlich in mein Hotel, mein Gepäck loswerden und vielleicht noch etwas essen.

Als ich aus dem Bahnhof komme, werde ich erst einmal erschlagen von den Möglichkeiten: Es ist Donnerstagabend in einer Touristenhochburg. Überall strömen feierwütige Menschen herum. Schulklassen. Amerikanische Touristen. Ich bewege mich Richtung Hauptstraße und tatsächlich: Ich entdecke einen weiteren Busbahnhof. Fröhlich laufe ich darauf zu. Und die Zufälle nehmen kein Ende: Der Bus, den ich suche, steht gerade angeschrieben auf der Digitalanzeige. Aber es kommt noch besser (wobei »besser« hier eher ein Euphemismus ist): Der Bus rollt gerade an. Ich laufe aber entgegen der Richtung des Bussteigs, getrennt durch ein Geländer. Ich muss die ganze Länge der Haltestelle hochrennen und dann noch einmal zurück, um den Bus zu erreichen, da ich den Koffer auf keinen Fall über das Geländer gehievt bekomme. Der Bus hält, eine Traube von Menschen versammelt sich um die vordere Tür und ich sprinte, voll beladen, um mitfahren zu können.

Ich steige als Letzter ein, aber ich steige ein. Da der Bus ziemlich voll ist, muss ich mit meinem Koffer im Gelenkschlauch stehen, dem ziehharmonikaähnlichen Übergang, der die beiden Busteile miteinander verbindet und der sich in jeder Kurve dreht. Superätzend mit dickem Gepäck. Aber heute ist einer der seltenen Tage, an denen mir das total latte ist. Ich fahre mit dem Bus durch Amsterdam – besser kann man doch gar nirgendwo ankommen. Ich bin happy. Was mag noch alles passieren in den nächsten Wochen? Die Welt … o.k., Europa, liegt mir zu Füßen. Das wird gut, richtig gut!

Der Bus fährt wirklich, wirklich lange. Wir gondeln durch die ganze Stadt, bis ins Randgebiet. Man bemerkt auch langsam, wie viel ungeiler die Gegend wird. Mehr Hochhäuser, mehr Lidls, weniger Restaurants. Ach was, denk ich mir, dämliche Vorurteile. Und dann muss, kann und darf ich endlich aussteigen.

Der Bus fährt vor meiner Nase davon, fast, als hätte er es plötzlich eilig. Ich blicke auf eine Kreuzung. Quer vor mir eine breite Straße, in der Mitte Straßenbahngleise und eine Busspur. Links ein Kaufhaus. Rechts ein Haus, das schwer nach sozialem Wohnungsbau aussieht. Wie ein großer dunkler, dicker Balken liegt der Komplex mit den vielen Fenstern auf einem Unterbau, in dem unter anderem ein Restaurant untergebracht ist. Beim näheren Hinsehen entdecke ich, dass es sich um ein Febo-Restaurant handelt – ein Automatenrestaurant!

Zur Erklärung: Wenn ich in Holland bin, dann muss ich unbedingt in ein Automatenrestaurant. Ich liebe diese Art superpraktischer Ernährung. Eigentlich handelt es sich auch nicht um Automaten, sondern um eine besonders effiziente Form des Fast Foods: In der Küche werden die verschiedenen frittierten Snacks zubereitet und dann in Kästen gegeben, die sie warm halten. Der Kunde wirft von außen den Betrag für den Snack ein, öffnet das Fensterchen und nimmt sich die herrliche Speise heraus. Da gibt es frittierten Käse, frittiertes Ragout, frittiertes Huhn in Erdnusssauce und alles, was man sonst noch so frittieren kann. Es ist der Ungesundes-Essen-Himmel.

Das Automatenrestaurant, das ich da gerade entdeckt habe, löscht in dem Moment, als ich es als solches erkenne, das Licht. Das geht ja gut los hier. Die erste Sache, über die ich mich auf dieser Reise wirklich freue, macht vor meinen Augen dicht. Alles klar, Karma. Challenge accepted.

Ich überquere die Straße und laufe um das Automatenrestaurant herum. An dieser Stelle sollte irgendwo mein Hotel sein. Zumindest laut Plan. Auf der Rückseite des Restaurants ist eine ganz normale Wohnstraße, mit Treppenaufgängen, die man auf keinen Fall benutzen möchte. Ich gehe wieder zur hellen Straße und dem dunklen Restauranteingang zurück. Ich bin mir sicher, dass das Hotel hier irgendwo sein muss. Und urplötzlich verwandelt sich ein vages Bauchgefühl in die harte Keule der Realität: Der unwirtliche Wohnbalken, der auf dem Restaurant liegt, ist: das Hotel.

Die Eingangshalle ist sehr großzügig, aber auf eine denkbar seltsame Art. Ich weiß gar nicht, woher die Seltsamkeit kommt, aber es gibt ganz viel Platz, zwei große Automaten für die Verpflegung der Gäste, die Softdrinks, Bier, Schokoriegel und so weiter anbieten, aber natürlich auch Kondome, Rauchutensilien, Ladekabel und Adapterstecker. Man scheint hier für alles gewappnet zu sein. Eine schwere Treppe führt in den ersten Stock und anscheinend hat die jemand im Supersonderangebot erstanden, vielleicht bei eBay, denn: Auf dem ersten Plateau hat sie eine Abzweigung und führt sowohl geradeaus als auch nach rechts oben. Man kann sich entscheiden. Also, theoretisch. Denn während der Weg nach rechts oben einen wirklich in die nächste Etage führt, endet die Treppe geradeaus nach zwei Stufen an der Wand. Diese Treppe führt ins Nichts und mit ziemlicher Sicherheit hat sie schon immer in dieses Nichts geführt. Das kann man natürlich auch philosophisch begreifen, aber wenn man den wegen Bauarbeiten gesperrten Frühstücksraum im Erdgeschoss gesehen hat, der sicher mal umgebaut werden sollte, jetzt aber brach halb fertig daliegt, bezweifelt man doch stark die Mahnmal-Intention der Treppe ohne Ziel. Wahrscheinlich weiß am Ende niemand mehr, warum sie hier ist. So ein bisschen Lynch-Style. Es hat halt nie jemand gefragt, also war das auch nie ein Problem. Aber wage es bloß nicht, nach ihr zu fragen. Dann öffnet sich dort bestimmt ein Portal in eine andere Dimension. Andererseits: Da scheine ich schon längst gelandet zu sein.

Überall laufen junge Menschen rum. Im Fahrstuhl, in der Vorhalle, auf der Treppe – einfach überall. Und wer kann es ihnen verdenken: Dieses Hotel ist nahezu unschlagbar günstig. Ich hab es auch nach dem Preis ausgewählt. Mir ist nur eines wichtig: Eigenes Zimmer, eigenes Bad. Das sind meine Bedingungen. Ansonsten kann es auch gerne günstig sein. Dann erst kümmere ich mich um die Lage. Gut, die hab ich diesmal wirklich schmerzhaft vernachlässigt. So viel steht fest. Ganz so weit weg vom Schuss möchte ich eigentlich nicht wohnen. Aber hier scheint es okay zu sein. Ich bin wohl auch ganz gut … ähm … angebunden über Busse und die Straßenbahn. Der Check-in geht schnell und das Personal ist superfreundlich. Ich bekomme noch einen Stadtplan in die Hand gedrückt, auf dem mir typischerweise mit Kugelschreiber meine jetzige Position eingekreist wird (ab vom Schuss, wer hätte es gedacht?). Dann nehme ich mein Zeug, besteige den Fahrstuhl und fahre in den ersten Stock – zu meinem Zimmer.

Im etwas engen und klapprigen Lift dann die nächste Überraschung: Es gibt nur den ersten Stock. Gut, denk ich mir, dann ist das ein kleiner, gemütlich geführter Laden. Warum man dann so eine üppige Empfangshalle braucht, weiß ich nicht, aber kann ja jeder machen, wie er will. Man hat hier ja auch kein Problem mit Treppen ins Nichts. Da bin ich eigentlich schon etwas enttäuscht, dass der Fahrstuhl keine Knöpfe für fünfhundert Etagen oder gar die Etage 14¼ hat. Sehr inkonsequent.

Ich steige aus. Eine Gruppe von Leuten sitzt in einer Art Vorlobby auf abgewetzten Sesseln um einen kleinen Couchtisch herum, spielt Karten und spricht in einer mir komplett unbekannten Sprache, die ich als irgendetwas Slawisches einzuordnen geneigt bin. Als sie mich bemerken, verstummen sie blitzartig. Solche Situationen finde ich ja immer seltsam: Wenn Gruppen verstummen, weil ein einziger Mensch an ihnen vorbeigeht. Ich meine, sie sind in der Überzahl, sie sind stärker, sie sind überlegen – dennoch geben sie einem das Gefühl, man würde irgendeine Art von Gefahr darstellen. Was ja wiederum dazu führt, dass man selbst ganz dumm denkt, dass diese Gruppe auf keinen Fall irgendwas Gutes im Schilde führen kann. Vielleicht haben sie gerade über Drogen gesprochen oder einen Überfall geplant. Ein Teufelskreis der Paranoia. Befreiendes Gefühl also, wenn man endlich weit genug weg ist und die wieder anfangen, ihre Gespräche aufzunehmen. So weit bin ich leider noch nicht: Ich muss mit meiner Zimmerkarte die Tür zu einer Art Flur öffnen. Kompliziert versuche ich, alles so zu verstauen, dass ich eine Hand frei habe und dabei nicht vollkommen würdelos auszusehen. Doch der Stadtplan und die Snacks und Softdrinks, die ich mir unten am Automaten gezogen habe, sind unhandlicher als gedacht. Endlich bin ich so weit. Das Schloss reagiert nicht sofort auf die Schlüsselkarte und ich muss sie mehrmals reindrücken und wieder rausziehen. Hinter mir spüre ich die Blicke der schweigenden Gruppe. Langsam bricht mir der Schweiß aus. Vermutlich halten sie mich jetzt für einen Kriminellen, der gerade versucht, in dieses Hotel einzubrechen und die Zimmer auszuräumen. Man weiß ja: Am meisten Glück haben Diebe immer, wenn sie besonders dreist vorgehen – zum Beispiel, indem sie so tun, als seien sie stinknormale Hotelgäste. Schwitz.

Endlich, nach dem vierten Versuch, öffnet sich die Tür. Ich

gehe rein und schließe sie schnell hinter mir. Durch das Fenster in der Tür sehe ich, dass die Gruppe das Gespräch wieder aufnimmt, als sei nichts geschehen. Puh.

Mittlerweile ist mir klar: »Jemand« will mich auf die Probe stellen, ob ich dieser Reise gewachsen bin. Der Hotelflur geht kerzengerade so weit, dass ich das Ende des Flurs nicht sehen kann. Ich mache mich auf den Weg. Mein Zimmer scheint sehr weit hinten zu liegen. Das Hotel erstreckt sich, natürlich, auf die ganze Länge des Balkens. Deswegen gibt es hier auch nur eine Etage: Weil die schon so unfassbar viele Zimmer fasst. Ab und zu sehe ich Leute in ihren Zimmern verschwinden oder höre mal Gegröle. Lustig. Die scheinen hier wirklich Spaß zu haben, fast ein wenig Jugendherbergsstyle. Ich habe die ganze Zeit Angst, dass plötzlich die Zwillinge aus »Shining« vor mir stehen. Aus einem Zimmer kommt ein Junge geflogen, etwa 19, der aussieht, als hätte er zum ersten Mal gekifft: rote Augen, seliges Grinsen, Zeitlupe-Bewegungen. Ich bin mir gar nicht sicher, ob er mich sieht. Aber ich grinse vorsichtshalber, damit er keinen Schiss haben muss, falls er mich doch wahrnehmen sollte.

Nach fünf Minuten in dem Horrorfilmgang, in denen ich das Gefühl hatte, eigentlich gar nicht vom Fleck zu kommen, stehe ich nun doch vor meinem Zimmer. Die Tür ist etwas wackelig. Ich gehe rein und umständlich ziehe ich meinen Koffer nach. Er und ich, wir haben nebeneinander nicht viel Platz in diesem Raum. Deswegen werfe ich den Koffer aufs Bett und setze mich daneben. Okay, das ist ein kleines Zimmer. Ein Einzelbett, ein fensterloses Bad und ein Fernseher auf dem schmalen Schreibtisch unter dem einzigen Fenster, aus dem man auf den Hinterhof blickt. Für mich ist das alles cool. Dafür hab ich 'nen Appel und 'n Ei gezahlt. Und mag das Bad auch ungeil sein – es ist mein eigenes, das ich nicht mit jungen Touristen teilen muss, die gerade ihre ersten Experimente mit Bierkonsum machen.

Aber als ich da so auf meinem Bett sitze und durchatme, neben meinem Koffer, da kribbelt es, da juckt es mich. Da kann ich nicht sitzen bleiben. Ich will wenigstens die Umgebung um mein Hotel herum auschecken, vielleicht finde ich mein erstes Abenteuer. Ich ziehe meinen Mantel wieder an, laufe den ewigen Korridor herunter, passiere die inzwischen leere Vorlobby (vermutlich ist die Gruppe von eben jetzt auf ihrem großen Raubzug – Hello Quatsch-Fantasie!), nehme die Treppe mit der toten Abzweigung in die Lobby und trete auf die Straße. Ich atme ein, ich atme aus. Hallo, Amsterdam, da bin ich!

Leider hat die Straße am Hotel nichts zu bieten, außer fancy Shisha-Bars und das Geruchsgemisch von Apfel-Tabak, Himbeer-Tabak, Melonen-Tabak, Ananas-Tabak, Kirsch-Tabak, Orangen-Tabak, Erdbeer-Tabak, RedBull-Tabak, Vanille-Tabak, Patchouli-Tabak und Rosen-Tabak turnt mich leider jedes Mal total ab, wenn ich vor solchen Läden stehe, weswegen ich auf dem Absatz wieder kehrtmache und zurück zum Hotel gehe. Auf dem Weg entdecke ich noch einen Kiosk, dessen Auswahl leider auch schwer zu wünschen übrig lässt: In einem Extraraum gibt es zwar so ziemlich alle Spirituosen, die die Welt so zu bieten hat, aber davon will ich gar nichts. Ich suche einen kleinen Snack, nehme noch eine Cola und ein Wasser und verlasse den Laden.

Ich bin zurück auf meinem Zimmer und würde supergerne schlafen, aber das kann ich mit Sicherheit vergessen. Nicht weil es laut wäre oder ungemütlich. Ich bin einfach so unglaublich aufgeregt, nicht wissend, was mir die kommenden drei Wochen bescheren werden. Und als hätte Gott oder eine andere Kraft mich erhört, stoße ich beim Zappen plötzlich auf den einzigen deutschen Sender. Und dort läuft: Maybritt Illner. Danke. Jetzt werde ich schlafen können.

Naja, was man so schlafen nennt. Ich wälze mich unruhig hin und her und immer wieder flimmert die große Frage des Reisenden durch meinen wirren Kopf: Was erwartet mich? Und ich bin unfassbar aufgeregt. Warum bin ich nur so hibbelig? Klar, andere Stadt, anderes Land. Eine Art Urlaub und Entdeckungsreise gleichzeitig. Aber das ist doch alles noch kein Grund zur Aufregung. Ich bin so aufgeregt, weil ich so viel erwarte. Diese Reise soll so viele Sachen gleichzeitig bieten, ich habe keine Ahnung, ob sie das überhaupt leisten kann: Erinnerung, Nostalgie, Urlaub, Erholung, Action, Seele baumeln lassen, Herz klopfen lassen, große Augen, kleine Gesten. Andererseits: Das sind schon sehr hohe Ansprüche an eine Reise, vielleicht sollte ich die mal runterschrauben? Das kann die doch gar nicht alles leisten, oder? Überhaupt: Ich bin gerade unsicher, warum ich mir das eigentlich alles antue. Ich könnte auch zu Hause im Bett liegen und mir so meine Gedanken über meine Kindheit machen. Das wäre sicher auch interessant und ich könnte aufstehen und wäre in meinen Räumen, bei meinen Menschen und meinen Sachen. Warum hab ich mich stattdessen entschieden, einen Koffer quer durch Europa zu ziehen? Wenn ich in den nächsten Wochen nicht einmal wenigstens einen »Woah!«-Moment erlebe, dann war das hier die dümmste Entscheidung ever. Oje. Mir kommen langsam ernsthafte Zweifel, das Richtige getan zu haben. Der Teufel auf meiner rechten Schulter wettert vor sich hin. Der Engel auf der linken beschwichtigt mich: Aber es ist gerade mal der erste Tag, du konntest doch noch gar nichts erleben! Der Teufel: Das wird er vermutlich auch nicht. Engel: Aber das kann man ja jetzt noch nicht sagen. Aaaah! Ich werde noch verrückt hier im Bett.

Erst mal raus. Mal langsam anfangen. Frühstück. Da, ein Bäcker/Imbiss/Büdchen.

Aber die Speisekarte liest sich nicht gerade frühstücksmäßig. Aus Verlegenheit – ich bin da manchmal wirklich so bescheuert – bestelle ich etwas, das sich okay anhört. Etwas mit »Kip«, und ich weiß aus meiner Automatenimbiss-Informiertheit heraus, dass das »Huhn« bedeutet. Ein Sandwich mit Huhn wird schon okay sein. Und zur Sicherheit noch etwas, das ich als Schokocroissant zu erkennen meine. Der Verkäufer knallt mir meine Bestellung auf den Tresen, als hätte ich ihn beleidigt. Ich zahle und gehe.

Gott im Himmel, dieses Huhnding schmeckt unfassbar beschissen. So eine Art Croissant mit Huhn und 25 Kilo Krautsalat, offensichtlich abgeschmeckt von jemandem, dessen Geschmacksnerven tot sind. Nach zwei Bissen werfe ich das Teil in den Mülleimer und spüle schnell den Geschmack mit einer Fanta hinunter. Während ich das mittelmäßige Schokobrötchen (da KANN man ja auch einfach nicht viel falsch machen) knabbere, ziehe ich endlich los. Ich möchte versuchen, die Anlegestelle für das Hausboot wiederzufinden, auf dem ich im Alter von 14 Jahren mit dem CVJM eine Jugendfreizeit lang im Herbst durch Holland geschippert bin. Da hatte ich meinen ersten Zungenkuss mit einem Mädchen, in das ich gar nicht verliebt war. Aber der Kuss war Bombe.

Ich steige an einer Ecke aus der Straßenbahn, die mir bekannt vorkommt. Ein großer Platz, Madame Tussauds. Stimmt, da wollte ich damals auch schon rein und da war mir die Schlange zu lang – oder es war zu teuer. Weiß ich nicht mehr so genau. Ein junges Pärchen kommt zu mir und fragt mich, auf Englisch, ob ich sie fotografieren könnte. Natürlich fotografiere ich die beiden, auch wenn ich es hasse, mit fremden Fotoapparaten beziehungsweise Handys zu knipsen, weil das immer lange dauert und es immer diesen superawkwarden Moment gibt, in dem alle Beteiligten auf das Foto warten: Der, der auslöst, wartet, dass es endlich auslöst und der, der fotografiert werden will, fragt sich, was der, der auslöst, denn bitte so lange macht. Aber alle lächeln. Ich kriege das Foto recht zügig und schön hin und die beiden bedanken sich fröhlich und ziehen von dannen. Ich folge der Hauptstraße Richtung Hauptbahnhof, weil ich mich an einen ganz besonderen Ort erinnere.

Und so lauf ich. Vorbei an Cafés, an den üppigsten Süßigkeitenläden, die ich kenne (nix für Kinder, nur was für die Kiffer mit Munchies), hier und da eine Boutique oder ein Souvenirladen. Fast schon glaube ich, mich vielleicht geirrt zu haben, da sehe ich es in altem Glanz erstrahlen: das Sexmuseum.

Als ich 14 war und wir hier mit großen Augen die Straße entlanggelaufen sind, da war das natürlich eine Sensation. Ein Sexmuseum. Kicher, kicher. Wie cool ist das denn? Wir wollten da unbedingt rein, und doch hatten wir eine Heidenangst davor, was genau uns darin erwarten könnte. Es war einfach zu aufregend, zu interessant. Sex – ich wusste natürlich, was das ist, also rein theoretisch. Im Schaufenster des selbst ernannten Museums dann allerlei Zeug, auch Folterinstrumente. Was etwas komisch, zumindest aber »unsexy« schien. Also irgendwelche Penis-Nagel-Durchbohr-Geschichten und andere Folterinstrumente für Untenrum. Ich habe dann damals einen Teil meines Urlaubs-Taschengelds tatsächlich dafür investiert, dort hineinzugehen. Der Ruf des Verbotenen war einfach zu groß – noch dazu auf einer Freizeit, die von der evangelischen Kirche ermöglicht wurde. Das Museum war ein langer Schlauch. Drinnen wurden noch mehr Gerätschaften gezeigt, die vermutlich wirklich unangenehm waren, aber auch Fotos von Männern mit Riesenpenissen, frühe Kondome aus irgendwelchen Tierdärmen und antike Reizwäsche. Wir gingen von Exponat zu Exponat und kicherten uns kaputt. Penisse überall. Als Skulpturen, als Statuen, als Witzfiguren. Riesenpenisse zum Draufsitzen, Penisschalen und Wachsfiguren, die alle irgendwie Sex hatten. Klar, in der Gruppe fanden wir das albern, peinlich, witzig. Wären wir aber alleine gewesen, hätten wir das vermutlich auch irgendwie scharf gefunden. Mit vierzehn war man damals ja schon froh, wenn man eine Ausgabe der »Praline« in die Hände bekam. Nachdem wir uns also durch das Museum gekichert hatten, liefen wir noch ein bisschen durch die Stadt und gingen dann wieder zurück aufs Hausboot. Wir hingen in unseren Mehrbettkajüten, es gab nichts zu tun. Wir spielten, was man in diesem Alter und in dieser Situation spielen muss: Wahrheit oder Pflicht. Ein lustiges Spiel, vor allem im Nachhinein: Wieso war es peinlicher, irgendwas zu erzählen, bei dem eh niemand überprüfen kann, ob es stimmt, als irgendwas Unangenehmes zu tun? Das Beste bei unserer Partie war aber, dass es gar nicht unangenehm war, was ich machen musste: Bei einer Runde, in der ich »Wahrheit« wählte, kam raus, dass ich noch nie gezungenküsst hatte. Nun ist es nicht schwer zu erraten, was ich machen musste, als ich in der nächsten Runde »Pflicht« wählte. Das Mädchen, das ich küssen musste, war kein Love-Interest von mir. Ich fand sie nicht hässlich, ich fand sie sogar ganz nett. Ich stand nur einfach nicht auf sie. Das spielte aber hier keine Rolle. Ich glaube, sie stand ein bisschen auf mich und hat sich gefreut. Und ich hab mich gefreut, dass es endlich so weit war. Den Anfang zu finden, war ein bisschen kompliziert. Und das nicht nur, weil fünf Leute um einen herumsaßen und genau beobachteten und natürlich kommentierten, was passierte. Erst mal großes Gelächter, weil ich mit offenem Mund auf meine Kusspartnerin zuging. Das hab ich dann auch schnell kapiert und schürzte meine Lippen. Sie, die schon Erfahrung im Zungenkusssegment hatte, kam mir entgegen, legte ihre Arme um meinen Hals und presste ihren Mund auf meinen. Dann öffnete sie langsam die Lippen und ich musste nur reagieren und es ihr gleichtun. Das war deutlich einfacher als Radfahren und auch deutlich besser. Mein innerer Blick auf mich zoomte aus mir raus, aus dem Boot, aus der Stadt, aus dem Land, aus dem Kontinent, aus dem Planeten, aus dem Sonnensystem, aus dem Universum und schoss sofort zurück in meinen Kopf. Ich nahm außer ihr, mir und unseren Mündern nichts mehr wahr. Ich glaube, man hat über uns gelacht, aber das war mir egal. Ich hatte hier etwas entdeckt, das so viel besser war als alles, was ich zuvor erlebt hatte. So fühlte sich das also an. Ich schien da einer Sache auf der Spur zu sein. Wir knutschten ewig und die anderen verloren den Spaß am Spiel. Wir hörten erst auf, als wir zum Essen mussten. Und haben danach auch nie wieder geknutscht. Irgendwie cool.

Da kommt plötzlich eine weitere Erinnerung an Amsterdam geschossen. Woher die jetzt kommt und warum überhaupt – keinen Schimmer! Und eigentlich ist das auch gar nicht meine Erinnerung. Mein Vater hat mir mal erzählt, dass er auf einer Geschäftsreise abends in Amsterdam überfallen wurde. Er hat dem Dieb dann einfach das bisschen Bargeld gegeben, das er noch bei sich hatte. Dann ist er ins Hotel zurück. Der Rezeptionist meinte, er habe Glück gehabt, denn eine Woche zuvor hätten sie an derselben Stelle einen Touri mit Messer im Rücken aus der Gracht gefischt.

Vielleicht war es auch nur halb so spektakulär, aber als Kind fand ich die Geschichte so aufregend und gefährlich und obwohl ich gar nicht weiß, wo das gewesen sein soll, habe ich eine superkonkrete Vorstellung von der Straße, auf der das passiert ist. Ich sehe immer dieses regennasse Pflaster vor mir, entfernte Laternen leuchten. In der Ferne torkelt ein Betrunkener die Straße entlang. Links eine Gracht. Es ist sehr dunkel. Und aus einer kleinen Seitengasse tritt der Dieb mit einem Messer bewaffnet auf meinen Vater zu. Man erkennt ihn gar nicht richtig, weil er den Kragen hochgeschlagen hat. Und so schnell, wie er erschienen ist, ist er auch wieder verschwunden, nachdem er seine Beute in Empfang genommen hat. Diese Geschichte hatte ich auch auf dem Hausboot dabei und im Hinterkopf. Und auch heute denke ich noch an sie. Heute bin ich allerdings erwachsen und denke eher: »Ach, komm! Das wird mir doch nicht passieren.«

Ich erinnere mich, dass wir vom Hausboot aus immer auf ein chinesisches Restaurant geguckt haben, das auf der anderen Seite des Kanals auf einem Boot lag. Ein riesiges Ding im Pagodenstil. Wir haben uns überlegt, wie cool es sein muss, da essen zu gehen. Jetzt stolpere ich hier herum und suche das Restaurant. Als Fixpunkt. Und Tatsache: Da liegt es. Auf der anderen Seite, am anderen Ufer. Oh, jetzt bin ich ein bisschen aufgeregt.

Ich schlendere das Ufer entlang, ein paar Stege hier und da, aber nirgendwo ein Hausboot, an das ich mich erinnern könnte. Vielleicht ist es auch gerade unterwegs? Vielleicht ist es gesunken? Vielleicht liegt es in einer anderen Stadt? So viele Gründe, warum ich es nicht finden könnte. Der doofste wäre: Vielleicht stehe ich davor und erkenne es einfach nicht wieder. Denn ehrlich gesagt habe ich gar keine Idee mehr, wie das eigentlich aussah. Ich hab mir gemerkt, was ich vom Boot aus gesehen habe, aber das Boot selbst? Keine Erinnerung. Ich hab mir gemerkt, wie aufregend dieser erste richtige Kuss geschmeckt hat, aber der Ort, an dem ich ihn bekam? Weg. Ich hab mir gemerkt, wie wir abends alle zusammen in ein (anderes) China-Restaurant gegangen sind und da eine Platte mit den unterschiedlichsten Spezialitäten bekamen, aber wie das Boot aussah, in dem ich jede Nacht geschlafen habe und mit dem ich jeden Tag unterwegs war? Nicht der Hauch einer Erinnerung. Manchmal merkt man sich eben doch nur die schönen Dinge.

Ich laufe auf dem Bürgersteig ein wenig auf und ab, immer mit dem Gefühl, jetzt vielleicht doch etwas entdeckt zu haben. Ich schätze, wer mich jetzt beobachtet, wird mich für bekloppt halten. Und irgendwann beschließe ich, dass es egal ist. Ich habe genug gefühlt, mehr darf ich nicht verlangen. Das reicht auch erst mal, um meinen Kopf beschäftigt zu halten. Wie unbeschwert war diese Zeit der ersten Ferienlager, des ersten Kusses? Wie viel hat sich seitdem verändert? Das alles ist doch schon der Wahnsinn. Ich will zurück ins Hotel und all dem Raum geben. Ich sollte noch einen Schirm kaufen, aber das kann ich auch noch morgen tun. Morgen werde ich einen Tag älter und weiser sein, dann wird als Erstes endlich der lang ersehnte Schirm gekauft.

Älter und weiser stolpere ich also durch Amsterdams Innenstadt. Und ich versuche verzweifelt die Geschäfte zu entdecken, die vielleicht typisch holländisch sind. Die mir etwas anderes zu erzählen haben als all die großen Ketten. Etwas, das ich noch nicht kenne. Einheimische erkennt man immer daran, dass sie sich supereilig durch die Masse bewegen. Die kennen ihr Ziel, die wissen, was sie brauchen oder haben es sogar schon. Mir geht es wie vermutlich den meisten Touristen: Ich möchte nicht als solcher erkannt werden. Aber anstatt es den vermeintlich Einheimischen nachzumachen und mich so schnell wie möglich durch die Masse zu bewegen, versuche ich das Gegenteil: Ich will so langsam wie möglich sein, kurz vor der Unbeweglichkeit. In der Hoffnung, dass mich so niemand sieht. Und wenn, dann soll er mich für jemanden von hier halten. Denn nur dann könnte ich es mir leisten, so viel Zeit zu verschwenden. Es ist das Touristen-Einheimischen-Paradoxon.

Ich kaufe mir meine holländische Lieblingsschokolade. Gleich ein paar Tafeln. Für zu Hause. Die Schokolade ist fair gehandelt, so sklavenfrei wie möglich hergestellt, herrlich bunt verpackt sieht es so aus, als hätte sie eine Grundschulklasse mit Wachsmalern entworfen. Aber das Tolle daran ist einfach die Schokolade selbst. Übertrieben dicke Stücke, chaotisch aufgeteilt (ich glaube, es ist ein Ausschnitt aus dem Amsterdamer Stadtplan) – ich liebe diese Schokolade. Vier dicke Tafeln kaufe ich. Und freu mich jetzt schon über jedes einzelne Stück, das ich nach diesem Trip zu Hause genießen werde.

Mein Spaziergang hat mich irgendwie aus dem harten Innenstadtkern hinausgespült. Ich bin jetzt in Straßen mit kleineren Geschäften. Speziellere. Interessantere. Und, natürlich, Coffeeshops. Um mich herum flattert eine aufgeregte Gruppe Touristen, sie sprechen französisch. Vielleicht alle um die 20. Eher jünger. Sie überlegen, in welchen Coffeeshop sie gehen sollen, studieren die Aushangkarten und kichern aufgeregt.

Dabei stehen sie vielen Menschen im Weg, die sich über die verhältnismäßig schmalen Bürgersteige schieben. Ich finde es ganz niedlich, die Gruppe zu beobachten, fühle mich aber gleichzeitig etwas unwohl. Ich weiß auch nicht, woran das liegt. Irgendetwas in dieser Straße löst einen Fluchtreflex in mir aus. Ich will hier nicht sein, will hier nicht bleiben. Und als ich mich umsehe und mir die anderen Leute angucke, die hier entlangwuseln, weiß ich, was es ist: Die meisten sind superblass. Ich spreche hier nicht von einer Art noblen Blässe, sondern von der anderen Art, der ungesunden. Die, die vom Kreislauf kommt, der gerade aufgeben möchte. Die Art von Blässe, die jemand hat, der gerade deutlich die Grenzen des ihm verträglichen Kiffkonsums überschritten hat. Die Straße ist quasi voll von Kifferzombies. Ich habe selten etwas Deprimierenderes gesehen. Einer beißt in seinen Kebab, als wäre es die letzte Mahlzeit des Universums, zwei unterhalten sich angeregt und versuchen so zu tun, als wäre nix – weil sie wissen, dass jeder, der sie ansieht, sofort Bescheid weiß. Als ich mal mit 18 in Amsterdam war, bin ich natürlich auch sofort in einen Coffeeshop gerannt und fand es superwitzig und aufregend, dort einfach kiffen zu können. Aber wenn ich das jetzt hier so sehe, find ich es nur noch gruselig. Vermutlich sah ich damals genauso scheiße aus. Ich will hier weg. Die Zeiten sind vorbei.

Es ist Abend geworden und ich bin auf dem Weg zu Danyael. Danyael ist Filmemacher. Ich hab ihn während meines Regiestudiums in München kennengelernt. Wir versprachen, uns regelmäßig zu treffen, den Kontakt niemals abbrechen zu lassen. Aber wir hatten beide auch Leben zu führen, die sich in unterschiedliche Richtungen entwickelten. Trotzdem blieben wir immer aneinander dran. Danyael hat ein

Lachen, an dem ich mich nicht satthören kann. Es scheint aus seinem tiefsten Bauch zu kommen, sein ganzes Gesicht strahlt dann so toll. Man kann gar nicht anders, als sich in diesem Lachen wohlzufühlen. Wir schreiben einander manchmal und sagen uns dann, wie sehr wir uns vermissen, jedes Mal gefolgt von einem »in a not-gay way«, was wir nicht homophob, sondern unheimlich lustig finden. Danyaels Filme sind sehr ernst und tiefgreifend. Ich bringe das nicht mit ihm zusammen, aber klar: Er kann natürlich auch anders als zu lachen und sich Quatsch mit mir auszudenken. Dafür bewundere ich ihn. Mir fällt es unheimlich schwer, etwas Tieferes in mir für Unterhaltungszwecke anzuzapfen. Ich schäme mich nicht für meine Gefühle. Ich habe nur einfach viel zu oft den Eindruck, dass sie für niemanden außer mich selbst interessant sind.

Und dann stehe ich endlich vor seinem Haus. Eine ganz normale Wohnstraße in Amsterdam direkt an einem Kanal. Viele der Erdgeschosswohnungen haben keine Gardinen, man kann den Menschen beim Abendessen zusehen, beim Fernsehen, beim Telefonieren, beim Hausaufgabenmachen, beim Kochen, beim Trainieren, beim Streiten. Manchmal gucken sie zurück, meistens aber scheinen sie zu vergessen, dass sie sichtbar sind. Wie schön, wie besonders das ist. Was macht das mit einer Gesellschaft, wenn sie so durchlässig, so transparent ist? Was macht das mit den Menschen untereinander? Ich neige dazu, das holländische Volk als entspannt und aufgeschlossen zu romantisieren. Der Blick aus der Ferne schafft es ja bekanntlich, so einiges zu vernebeln. Klar ist aber: Hier fühle ich mich wohl, hier habe ich mich als Kind und Jugendlicher schon wohlgefühlt.

Danyael hat einen Tisch in einer supercool aussehenden

Pizzeria reserviert. Er fragt mich, ob das wirklich okay für mich sei, wir könnten auch irgendwo anders hingehen. Aber natürlich ist das superokay für mich. Das Restaurant ist auf so eine coole und wirklich nicht aufdringliche Art unaufdringlich. Die Pizza schmeckt gut, der Rosé auch. Vielleicht wäre es auch egal gewesen, wie hier alles schmeckt. Wir haben uns viel zu erzählen. Ein paar alte Geschichten à la »Weißt du noch?« und »Wie geht's eigentlich …?«, die sich meistens mit »Klar, das war toll!« und »Keine Ahnung, wo der steckt …« beantworten lassen. Dann kommen wir endlich zum gemütlichen Teil des Gesprächs: Popkultur-Geballer. Star Wars. Netflix. Bill Hicks. Ich erzähle ihm von meiner Idee für eine Serie, die ich unbedingt an Netflix verkaufen will. Es soll dabei um zwei Kumpels gehen, die einer abgewrackten Zaubershow in einem gammeligen Nachtclub zusehen, die damit endet, dass der Zauberer namens »Oslo« bei der Vorführung der zersägten Jungfrau die Kiste mit den Beinen nimmt und zur oberen Hälfte zischt: »Und das ist dafür, dass du mich verlassen hast, du Fotze!«, woraufhin er mit der Beinkiste unterm Arm von der Bühne und aus dem Laden rennt. Nach ungefähr zehn Minuten Stille und Staunen sagt die »Jungfrau«: »Ähem, könnte mir mal bitte jemand helfen?« Und die beiden Jungs springen sofort auf. Von da an entspinnt sich ein roadmovieartiges Abenteuer, bei dem sie mit der halben Frau zusammen deren Beinen durch Deutschland nachjagen. Das ist die Grundidee. Danyael spuckt fast seinen Rosé aus, als ich ihm die Geschichte skizziere. Ich hoffe, ihn ein bisschen an Bord ziehen zu können. Wie großartig das wäre, wenn er Lust hätte, diese Geschichte mit mir zusammen zu entwickeln. Danyael als Schreibpartner würde ich blind vertrauen. Er liebt die Idee, steigt sofort aufs Assoziieren ein, bremst aber auch gleich meine Euphorie, dass wir da was zusammen entwickeln. Und das ist voll okay für mich. Mein Plan ist es, das erst mal an Netflix zu verkaufen und DANN hole ich Danyael einfach mit rein. Dann kann er nicht mehr ablehnen.

Wir beschließen, noch in eine Bar zu gehen. Und die liegt glücklicherweise direkt auf der anderen Straßenseite. »Bar Bra« ist ein schöner Name, finde ich. Ein paar Raucher stehen vor der Tür, als wir in den Miniraum kommen. Es ist sehr eng, aber wir ergattern noch zwei Plätze direkt an der Bar. Wir machen Fotos mit meiner Analogkamera, eine Frau neben mir hat einen nicht endenwollenden Niesanfall und sie und ich spekulieren darüber, ob sie womöglich gegen mich allergisch ist. Eine Geburtstagsgesellschaft bringt den kleinen Raum an seine Kapazitätsgrenzen. Die Bedienung hinter der Bar ist eine seltsam aufregende Frau. Es gibt diese Frauen, die eine komplett eigene Definition von Eleganz haben. So etwas fasziniert mich sofort. Wäre ich noch Single, ich würde versuchen sie auf mich aufmerksam zu machen. So freue ich mich einfach über jedes Lächeln, das ich von ihr bekomme. Die Cocktails in dem Laden sind nicht so gut. Schmecken irgendwie unausgewogen. Aber der Moscow Mule schmeckt dafür ganz hervorragend. Das entschädigt für alle sinnlosen Drinks, die ich davor hatte. Während Danyael auf dem Klo ist, versuche ich noch ein Bonuslächeln von der Barkeeperin zu erhaschen, die ist aber mit der Geburtstagsgesellschaft beschäftigt. Als Danyael vom Klo zurückkommt, erzählt er mir, dass seine Freundin ihm irgendwelche komischen SMS geschickt habe, es habe ein Attentat in Paris gegeben oder so etwas. Wir überlegen kurz, was gemeint sein könnte, sind aber überfordert und trinken lieber weiter. Auf uns.

Ich bin nicht superbesoffen, habe aber erstaunlich Schlagseite, als mich Danyael zur Straßenbahn bringt. Wir verabschieden uns sehr herzlich. Dann gucke ich ihm hinterher, wie er nach Hause torkelt. Ich warte mit anderen Nachtschwärmern, die alle sehr bedrückt dreinschauen, auf die Bahn.

Im Hotel angekommen, denke ich: Jetzt nur noch liegen und schlafen. Ich nicke dem Rezeptionisten freundlich zu, dann gehe ich nach oben. In manchen Zimmern ist noch ordentlich Remmidemmi. Es ist noch nicht sehr spät und ein Freitagabend – klar ist da überall Party angesagt. Ich stecke die gelochte Schlüsselkarte in mein Türschloss. Das Licht springt auf Rot, nichts passiert. Ich probiere es noch mal – wieder nichts. Nach einem längeren Akt, der die Hilfe des freundlichen Rezeptionisten sowie ein riesiges Türschlossrepariergerät beinhaltet, kann ich endlich in mein Bett. Noch nie hat mir ein Hotel so viele Fragen aufgeworfen. Ist das ein Zeichen? Abenteuerlich ist es in jedem Fall und so dämmere ich friedlich ein, stolz, all die Abenteuer des Tages heldenhaft gemeistert zu haben.

Doch an Schlaf ist nicht zu denken, denn was ich nicht kapiert habe, als ich im Flur Lärm hörte, war, dass dieser aus dem Zimmer gleich nebenan kam. Ich liege im Bett und darf einer Partygemeinschaft lauschen. Bald entdeckt jemand einen kleinen Lautsprecher. Das ist der Moment, in dem noch eine zusätzliche Akkustik-Ebene eingeführt wird, auf der die ganze Zeit relativ schlechter Kirmestechno zu hören ist. Ich höre die Stimmen in einer Lautstärke, bei der man annehmen könnte, die Sprechenden lägen neben mir im Bett. Trotzdem wird durch die Wand alles so dumpf gefiltert, dass man keine einzelnen Worte heraushören kann. Es ist ein bisschen so, als würde man Charlie Browns Lehrerin zuhören, wie sie sich mit einer Gruppe ihresgleichen unterhält.

Ich bin schon halb angezogen. Ich könnte rübergehen und klopfen und die Partymeute bitten, etwas leiser zu sein. Aber ich wüsste auch, dass ich dann in meinem Bett liegen und denen dabei zuhören dürfte, wie sie mich im Nachhinein auslachen und sich über mich lustig machen und nach zehn Minuten vergessen haben, dass sie leiser sein wollten. Ich war doch mal genauso und habe mich darüber kaputtgelacht, dass irgendein Erwachsener so mimimi-mässig rumheult, weil er nicht pennen kann. In einem Hotel in Amsterdam an einem Freitagabend. Und weil ich sie und mich erst gar nicht in diese doofe Situation bringen will, werde ich mich damit arrangieren müssen. Irgendwann muss man doch einschlafen. So funktioniert doch Müdigkeit.

Nach langem Rumwälzen beschließe ich, den Fernseher einzuschalten. Ich zappe durch die grisseligen Programme. Ich sehe viel Blaulicht. Aufgeregte Laufbänder, die unter aufgeregten Bildern laufen. Paris. Polizei. Rettungswagen. Menschen rufen. Menschen brüllen. Reporter stammeln aufgeregt Newsfetzen in die Mikrofone, sie wiederholen sich endlos, wenn sie keine neuen Informationen mehr haben, nur um sich dann zu sammeln und wieder alles von vorne zu stammeln. Ich höre um mich herum nichts mehr. Der Fernseher wird zum Tunnel, der mich aufsaugt. Ein Anschlag. Nein: mehrere. In Paris. Selbstmordattentäter. Maschinenpistolen. In Restaurants geschossen. Einfach so. Auf einem Konzert in einer Veranstaltungshalle scheint die Lage noch nicht sicher zu sein. Die deutsche Nationalmannschaft wurde aus dem Stadion gebracht. Aufnahmen des Spiels lassen den lauten Knall einer Bombe hören. Ich fasse nicht, was ich da sehe. Und dann das Gehirn. Das dumme, menschliche Gehirn. Vielleicht ist es nur speziell mein dummes Hirn, wer weiß das schon. Aber mein beschissenes, egoistisches, geradezu unempathisches Hirn denkt als Allerersteѕ: Fuck! Ich muss Paris von der Reiseroute streichen.

Als ich mich selbst bei diesem banalen, bösen Gedanken erwische, verbiete ich mir, weiter darüber nachzudenken. Ich sehe die immer gleichen Bilder über den amerikanischen Nachrichtensender fliegen. Wie in einem Loop gefangen, versuchen sie hilflos zu erklären, was in dieser Nacht in Paris geschehen ist. Paris. Der Ort, wo ich in drei, vier Tagen sein wollte. Mein Paris, in dem ich in meiner Jugend zwei Wochen ganz allein bei einer französischen Familie eines Geschäftspartners meines Vaters verbracht habe. Mein Paris, in dem ich noch vor wenigen Wochen mit meiner Tochter einen schönen Herbsturlaub verbracht habe. Mein superbesonderes, dreckiges, geliebtes Paris. Zweimal im selben Jahr, so böse getroffen, so übel verwundet. Schon jetzt, in derselben Nacht, stellen sich Politiker vor Kameras und reden von Härte. Davon, dass sich die Gesellschaft so etwas nicht bieten lassen darf. Von mehr Polizei, mehr Militär. »Keine Angst« wird zum Mantra und natürlich fühlt man, dass die Terroristen schon alles erreicht haben, was sie erreichen wollten. Verunsicherung. Wut. Unbedachtes Handeln. Den Alltag einschränken, unsicherer machen. Freiheit unterdrücken.

Nach zwei Stunden mache ich den Fernseher aus. Die Party ist immer noch in vollem Gange. Aber meine Gefühlswelt ist nun eine andere und der Lärm von vorhin ist jetzt ein beruhigendes Geräusch.

Als ich aufwache, wunder ich mich doch ein bisschen: Ich hab einen leichten Kater. Aber das ist okay. Ich hab eigentlich nichts gegen so ein kleines Käterchen. Das hilft der Perspektive. Vieles ist ein bisschen egaler.

Ich schalte den Fernseher ein und bleibe bei einem britischen Sender hängen, der in Dauerschleife über die Vorfälle von Paris berichtet. Dabei packe ich meine Sachen. Mich schaudert und ich bin froh, auschecken zu müssen. Dadurch komme ich nicht mehr in die Versuchung, noch weiter vor dem Fernseher kleben zu bleiben, in der Hoffnung, irgendwelche neuen Infohappen zum Fraß vorgeworfen zu bekommen.

Ich checke aus. Tschüss, Party-Hotel. Ich hoffe sehr, das weinende Mädchen auf dem Flur, das mir am Vorabend begegnet war, konnte alles klären. Ich hatte mir ausgemalt, dass ihr Freund, der in Schweden geblieben ist, am Telefon mit ihr Schluss gemacht hat, während sie gerade mal ein Drittel ihrer Europareise hinter sich gebracht hat und jetzt nicht weiß, was sie machen soll. Wenn es aber so war, dann ist der Typ echt ein Arsch und sie soll froh sein, nichts mehr mit ihm zu tun zu haben. Ich hätte ihr ein Trostgetränk aus dem Automaten holen sollen. Andererseits: Wie creepy ist so ein komischer älterer Kauz, der einem, wenn man ins Telefon heult, lächelnd etwas zu trinken bringt. Und ich schüttele mich ein bisschen. Wie ätzend ist es eigentlich, dass ich jetzt der »ältere Kauz« bin? Wann hat das Jungsein aufgehört? Seit wann bin ich nicht mehr »einer von ihnen«? Klar, es gibt wenig Würdeloseres als krampfhaft »Junggebliebene«, da möchte man auf keinen Fall dazugehören. Aber man will ja auch nicht derjenige sein, der irgendwie doof danebensteht und kein Teil von etwas ist. Ich bin nicht alt mit 39, so fühle ich mich auch gar nicht. Alles gut. Aber ein wenig gruselig ist es schon, dass ich keine jungen, fremden Menschen mehr ansprechen kann, ohne sogar mir selbst zu unterstellen, dass ich so rüberkommen könnte, als würde ich irgendwas Unangenehmes von denen wollen. Uärks. Ich nehme mir fest vor, das noch mal ein bisschen zu beobachten.

Ich halte mich an meinem Rollkoffer fest und fahre quer durch die Stadt. Am Hauptbahnhof verstaue ich mein Gepäck in einem Schließfach. Vielleicht bilde ich mir das nur ein, aber ich habe den Eindruck, am Bahnhof laufen mehr Sicherheitsleute rum als noch vor zwei Tagen. Am öffentlichen Piano sitzt ein Mann und spielt einen traurigen Klavierloop. Immer und immer wieder dieselbe Tonfolge. Eine Frau setzt sich zu ihm auf den Hocker und hört zu. Ist das alles Paris? Haben vielleicht alle Großstädte gerade einen Kater? Wird hier womöglich niemand mehr glücklich?

Ich gehe geradewegs in das berühmt-berüchtigte Rotlichtviertel. Ich will wissen, was ich da finde, an einem Samstagvormittag. Um meine Weiterreise würde ich mich später kümmern. Jetzt erst mal noch einen schönen Amsterdam-Spaziergang. Die Stadt einatmen.

Bald stehe ich vor den ersten Sexshops, die alle eine riesen Auswahl versprechen. Dildos, Wäsche, günstige DVDs. Wer kauft heutzutage noch Porno-DVDs, wenn es Dutzende Portale im Netz gibt? Danach kommen die Häuser mit den Glastüren. Darin sitzen die Frauen und bieten sich und ihre Dienste an. Die großen Fenster in den Türen sind fast alle mit roten Lichterketten verkleidet, damit auch ja keine Verwirrung entsteht. Überall leere Barstühle. Auf manchen liegt ein Handtuch, auf anderen nicht. Aber klar ist: Hier arbeitet noch niemand. Außer mir ist auch kaum jemand zu sehen, der in die Fenster reinguckt. Ich laufe die ganzen Türen ab, die ich sehe, gehe auch mal in die Seitenstraßen. Und plötzlich, für mich vollkommen überraschend, stehe ich vor einem chinesischen Tempel. Genauso, wie man sich das immer vorstellt.

Man kann ihn nicht betreten, das große Eingangsgitter ist heruntergelassen. Gegenüber auf der engen Straße reihen sich mehrere Chinarestaurants aneinander. In den Schaufenstern der Küchen hängen gebratene Enten. Ganze Tiere. Ich fühle mich wie in einem Film, »Big Trouble in Little China« vielleicht. Alles ist so unwirklich, so filmisch. Eigentlich müsste jetzt ein wiedererweckter Samuraikrieger aus einem Gully steigen und mich zum Kampf auffordern. Stattdessen fordert mich ein hupendes Auto auf, aus dem Weg zu gehen, weil ich mitten auf der Straße stehe und meinen Achtzigerjahre-Jungs-Fantasien hinterherträume.

Ich gucke noch interessiert und erstaunt ins Schaufenster eines Chinarestaurants und überlege, ob ich mir wohl so eine Ente für die Fahrt kaufen sollte, wäge ab, wie cool das meine Mitreisenden in spe so fänden, wenn da jemand eine Ente im Zug verspeist … da stehe ich vor dem nächsten Wunder: »Henk«, dem bekanntesten und vermutlich besten Comicladen Amsterdams und ganz eventuell einer der besten der Welt. Vielleicht ist es Zufall, vielleicht aber auch Schicksal. Ohne zu zögern, gehe ich rein und bin sofort entzückt. Hier gibt es wirklich alles, was das Herz begehrt. Tolle US-Comics, tolle französische und belgische Bildbände, eine ordentliche Manga-Ecke und ganz viel Krimskrams, wie man ihn nur im gut sortierten Comicladen findet. Ich will irgendwas mitnehmen, nur was? Die Auswahl ist riesig und habe ich gerade in einer Ecke etwas gefunden, was ich vielleicht gerne hätte, entdecke ich in der nächsten Ecke wieder fünf neue Sachen, die mich interessieren. Vielleicht einen schönen Superman-Comicband für die Reise? Oder eine dieser coolen Pop-Sammelfiguren, von denen ich schon ein paar habe? Andererseits hat meine Reise gerade erst angefangen und dann müsste ich dieses klobige Teil die ganze Zeit in meinem Koffer transportieren. Und dann kommt der Moment, in dem mein Hirn aussetzt. Das Licht im ganzen Laden geht aus (zumindest in meiner Fantasie) und ein Spot erscheint, der auf dieses eine Buch gerichtet ist. Ein Buch, so dick wie ein 1,5 Liter Tetrapack Eistee, so groß wie zwei Playstation 4-Spielehüllen übereinander und inhaltlich auch totales Nerdfutter: eine Gesamtausgabe aller jemals zusammen mit den Actionfiguren der »Masters of the Universe« erschienenen Mini-Comics in einem Buch. Mein Kinderherz, mein Teenieherz, mein Erwachsenenherz – alle springen sie im Quadrat beim Anblick dieses Buches. Wenn man es in die Hand nimmt, merkt man, wie voll, wie schwer es ist. Aber rationales Denken darf bei dieser Entscheidung einfach keine Rolle spielen. Nennt es kindliche Naivität, nennt es Hedonismus: Dieses Buch wird jetzt und hier gekauft. Ich hätte das sicher auch nach dem Urlaub bestellen können oder ich hätte es woanders gekriegt – aber kein Zeitpunkt, kein Ort wäre besser geeignet als dieser. Wenn es ein Buch mit den Abenteuern von He-Man und seinen Freunden nicht wert ist, auf einem Interrail-Trip mitgeschleppt zu werden, auf dem es um meine Kindheit geht, dann gibt es nichts, das dieses wert ist. Ich bin es mir und dieser Reise schuldig, dieses Buch zu kaufen.

Heroisch trete ich zur Kasse und bezahle. Ich nehme die extraschwere Tüte und trete nach draußen. Es erklingen keine Fanfaren … und es nieselt. Ich habe mir noch immer keinen Schirm gekauft.

Auf dem Rückweg zum Bahnhof entdecke ich »De Bananenbar«, auch »Crazy Bananas« genannt, und Erinnerungen werden wach an diesen Laden, der einer der verrücktesten ist, die ich jemals besucht habe. Ich habe damals meinen

Freund Rami eingeladen, mit mir an meinem 24. Geburtstag nach Amsterdam zu fahren. Und so haben wir ein Wochenende lang die Stadt erforscht, sind auf den Flohmarkt gegangen und haben stundenlang Platten gediggt – also Plattenkisten durchwühlt und uns die schönsten Teile mit nach Hause genommen. An diesem einen sagenumwobenen Abend sind wir dann eben ins legendäre »Crazy Bananas« gegangen. Dort bekamen wir von verschiedenen Damen eine unglaubliche Show geboten. Eine schoss einen Dildo aus ihrer Vagina gute drei Meter durch den Raum (und Rami musste ihn fangen). Eine andere ließ sich von uns einen Text diktieren, den sie dann auf eine Postkarte schrieb. Ach so: mit dem Stift in ihrer Vagina. Und dazu muss ich wohl noch sagen, dass ihre … äh … Handschrift ungefähr eine Million Mal schöner war als meine. Und auch leserlicher. Ein wahrhaft unvergesslicher Abend. Ich muss kichern, als ich vor dem Laden stehe. Solche Geschichten bleiben für immer. Ich bin beglückt und voller Tatendrang: Die Reise muss jetzt weitergehen!

Als ich am Bahnhof mein Gepäck wieder ausgelöst habe, stelle ich mich am Schalter an. Ich will nach Renesse, einem Ort an der Nordsee, mit dem ich mehrere Kindheits- und Jugendurlaube verbinde. Zum letzten Mal war ich dort im Sommer 1994, als ich gerade ein halbes Jahr bei Viva war. Das war so anstrengend, dass ich dort nicht mehr hinwollte. Ich hatte total unterschätzt, wie bekannt ich war, an einem Ort, an den die Leute nur zum Feiern fuhren – vor allem Deutsche. Viva gab es gerade ein halbes Jahr und es war in aller Munde. Jeder guckte das, wo es nur ging, und da war ich als Moderator der ersten Stunde ein bunter Hund. Das hat mir auch gefallen, klar. Aber ich habe nie ein großes Ding draus gemacht, habe mich fast immer gefreut, wenn Menschen auf mich zukamen. In Renesse, wo ich mich auch mal betrinken wollte, wo ich auch mal feiern wollte oder in Ruhe eine Portion Pommes essen wollte, wurde das alles schwierig, weil ich unter einer seltsamen Art der Dauerbeobachtung stand. So richtig lockermachen konnte ich mich damals leider nicht mehr. Ich hab es versucht, aber hemmungsloser Spaß ist was anderes. Die Zeiten sind aber längst vorbei. Heute freue ich mich richtig zurückzukehren.

Ich muss kurz anstehen. Dann bin ich an der Reihe. Ich frage den Schalterbeamten auf Englisch, wie ich nach Renesse komme. Er mustert mich von oben bis unten, schreit dann laut: »DU SPRICHST DEUTSCH!« Ich bejahe vorsichtig, weil ich nicht wirklich kapiere, warum er so laut schreien muss. Ich stehe ja direkt vor ihm. »WO MUSST DU HIN?« Ich wiederhole noch mal mein Reiseziel: »Renesse.« Ich bin in Holland, das ist auch in Holland: Wie schwer kann es sein, dort mit dem Zug hinzukommen?

»GEHT NICHT! DA KOMMST DU NICHT HIN! DAS GEHT NICHT!« Ich hab immer noch nicht verstanden, warum genau der Mann jetzt so mit mir spricht, aber ich wage noch mal eine kleine Nachfrage. »Aber, da muss man doch irgendwie hinkommen? Das kann doch nicht von der Zivilisation abgeschnitten sein? Da wohnen doch Menschen?« »NEIN, NEIN, NEIN! HIER, GUCKST DU AUF MEINEM COMPUTER! SIEHST DU? RENESSE – NEIN! DA FÄHRT NICHTS HIN! NICHTS! HAB EINEN SCHÖNEN TAG! NEXT!«

Ich stehe halbwegs verdattert in der Schalterhalle. Das kann doch nicht wahr sein. Ist das denn so ein exotisches Ziel? Ich kann und will mir das nicht vorstellen. Aber hier würde ich nicht weiterkommen, so viel war klar. Ich laufe also vollkommen planlos durch den Bahnhof. Was ich nun bräuchte, wäre ein Internetcafé, sodass ich selbst recherchieren könnte. Ich brauche da jetzt einen Informationspush. Auch mein Kursbuch ist keine große Hilfe. Was ich bisher rausfinden konnte, ist, dass Renesse keinen Bahnhof hat. Ich würde also einen Bahnhof in der Nähe finden müssen und mich dann dort irgendwie mit dem Bus oder ähnlichen Verkehrsmitteln weiter fortbewegen, bis ich mein Ziel erreicht hab. Klingt easy.

Ich entdecke einen Starbucks. Die haben ja immer freies WLAN. Aber, ach verdammt, ich habe ja keinen Computer dabei. Ganz unten im Koffer ist mein Handy. Aber wenn ich das jetzt schon raushole, bei der zweiten Station …

Okay, jetzt mal ganz ehrlich: Ich kann konsequent sein und durch die Stadt irren, bis ich ein beschissenes Internetcafé gefunden habe, dort online gehen, die Verbindung suchen, den Weg zum Bahnhof zurück suchen, meinen Zug verpassen, das schon gebuchte Hotel in Renesse stornieren, noch eine Nacht in Amsterdam verbringen, wie mein Vater überfallen werden, die Reise abbrechen und wieder nach Hause fahren und dieses Unterfangen an dieser Stelle beenden.

So machen wir das jetzt: Das war's. Ende. Danke fürs Lesen. Lesen Sie auch mein nächstes Buch namens: »Mein Gepäck ist nicht angekommen? Ich fliege zurück!«

Oder eben: Das Handy wird sofort in den Flugzeugmodus geschaltet (denn ich will wirklich nicht erreichbar sein, auch keine SMS lesen oder so. Ich will auch nicht nach Mails gucken, ich hab ja eh den Autoresponder angeschaltet). Ich verspreche mir, eben schnell ins Starbucks-WiFi zu gehen, nur nach einer Verbindung zu suchen und das Teil dann wieder auszuschalten und wegzupacken. Klingt irgendwie vernünftiger. Ich kaufe mir einen Spekuloos-Latte, setze mich an den einzigen freien Tisch im Laden und muss mich dann auf den Boden hocken, um meinen Koffer zu öffnen und das Handy rauszuwühlen. Ich sollte definitiv besser packen.

Und tatsächlich muss ich ungefähr 47 Sekunden googeln, um zu finden, was ich suche. Ich muss über Middelburg fahren und von dort den Bus nach Renesse nehmen. Einfacher geht's gar nicht.

Ich kaufe in einem Laden Postkarten zum Ausmalen. Gerade sind ja diese Ausmalbücher für Erwachsene überall zu sehen. Ich finde einen Postkartenblock mit guten Motiven und denke, dass es doch sicher schön ist, eine selbst ausgemalte Postkarte zu bekommen. Außerdem scheint das wirklich ein ganz angenehmer Zeitvertreib zu sein. Mal ein bisschen meditieren, abschalten. Da hab ich Lust drauf. Nun besorge ich mir noch einen Schwung Briefmarken, und dann geht es ans Gleis, zu meinem Zug nach Middelburg.

Der Zug fährt ein. Vergleichbar mit einem Interregio bei uns. Doppeldecker-Waggons. Ausstattung eher funktional – und dazu muss man wissen, dass ich ja bereits in der ersten Klasse sitze. Aber egal, ich bin ja nicht hier um etepetete rumzumosern. Ich gucke aus dem Fenster, sehe die Urbanität verschwinden. Ich kann aber noch Autobahnen, Fabriken, Werkshallen erkennen. Viele Felder. Dadurch, dass dieses Land so flach ist, wirkt alles sehr undramatisch. Dinge verschwinden ebenso schnell, wie sie auftauchen. Es fühlt sich ein bisschen an wie in den »La Linea«-Cartoons mit dieser Figur, die aus der immer gleichen Linie am Boden aufkeimt. Deswegen widme ich mich zuerst meinem neuen Comic. Mit Cola und Keksen lese ich die Geschichten, die ich deutlich dramatischer in Erinnerung hatte. Als Kind hatte ich nach dem Lesen der Comics sofort Lust, mir meine Figuren zu schnappen, die beiden Burgen und alle gegeneinander kämpfen zu lassen. Ich habe wirklich ewig mit Masters of the Universe gespielt. Ich hatte die Burg von He-Man, Castle Greyskull und die von Skeletor, He-Mans Erzfeind. Ich ließ sie aufeinander los. Ließ sie kämpfen bis aufs Blut. Abstürzen. Wieder aufstehen. Manchmal musste die ein oder andere Figur dran glauben. Aber beim nächsten Mal lebten sie wieder und der Kampf wurde erneut ausgefochten. Das war mir wichtig. Dieses Gleichgewicht im Universum. Manchmal ließ ich sogar Skeletor und seine Bande gewinnen.

Allerdings blieben die Plastikfiguren immer häufiger in der Ecke liegen, je älter ich wurde. Andere Dinge interessierten mich weitaus mehr. Zum Beispiel die Filme, die samstagnachts auf RTL liefen. Der Monitor meines Commodore 64 war eigentlich ein kleiner Fernseher. Ich richtete die Antenne aus und suchte RTL plus mit dem Drehknopf am Apparat. Mit viel Glück empfing ich den Sender. Die meisten Filme, die dort liefen, waren Müll. »Unterm Dirndl wird gejodelt« oder Ähnliches. Filme, in denen Sex »lustig« war und man zwar auch mal eine nackte Brust zu sehen bekam, aber immer in einem unsexy Kontext. Ging auch, machte aber nicht so viel Spaß. Dann gab es aber Filme wie »Emanuelle« oder noch viel besser: »Black Emanuelle«. Wunderschöne Frauen in wunderschönen Kleidern entdeckten ihre wunderschönen Körper. Damit konnte ich etwas anfangen. Auch wenn ich dabei jedes Mal halb auf der Lauer lag, weil der Gedanke, dabei erwischt zu werden, solche Filme zu gucken, natürlich der größtmöglich denkbare Superhorror war.

Wie dem auch sei: Frauenfiguren waren bei He-Man rar

gesät, aber ich hatte eine: Evil-Lyn. Gelbhäutige Sexbombe und irgendwie Partnerin von Skeletor. War sie anfangs nur ein weiteres Hindernis, das He-Man aus dem Weg räumen musste, so gab es in den Gedanken meines vierzehnjährigen Ichs schon noch die ein oder andere Storyline, in der He-Man sich dem hypnotischen Schlangenblick Evil-Lyns nicht entziehen kann und sie ihn mehr oder weniger entjungfert. Und obwohl ich dabei nur zwei Plastikfiguren aufeinanderlegte, sah in meiner Fantasie alles ganz anders aus.

Die traurige Pointe: Ich verkaufte alle meine Masters-Sachen auf einem Flohmarkt. Viel zu billig. Aber ich fand es dann geiler, Geld zu haben. Für Platten. Und Comics. Und alles, wo Batman drauf war.

All diese Erinnerungen kommen zurück, während ich durch das Buch blättere. Es ist nicht spannend, die Geschichten sind teilweise superzäh. Aber ich bin überglücklich, dass ich es mir gekauft habe. Das ist ein guter Link in die Vergangenheit.

Ich male jetzt also mal fröhlich eine Postkarte aus. Genau das Richtige, um runterzukommen.

Ich hab mir das ehrlich gesagt etwas aufregender vorgestellt. So funktioniert mein Kopf aber viel zu oft: Ich stelle mir etwas total super oder besonders oder interessant vor und am Ende ist es immer Quatsch. Wie im vergangenen Sommer, als ich dachte, ich würde jetzt nur noch weiße Leinenhosen tragen, weil die so derbe gemütlich sind. Ich hab mir dann direkt eine gekauft und immer auch nach passenden Sakkos Ausschau gehalten, weil ich überlegt habe, dass der Sonny-Crockett-Style eigentlich genau meiner wär. Ich hab »Miami Vice« geliebt als Kind, bin einmal zu Karneval sogar als Sonny gegangen. Diese Liebe findet seltsamerweise kein Ende. Trotzdem musste ich dann in der Realität schnell feststellen, dass Leinenhosen – insbesondere weiße – vielleicht doch nicht unbedingt mein Style sind. Nicht in diesem Land, nicht in diesem Sommer. Das Projekt »Nilz goes Sonny« wurde erst mal auf Eis gelegt. Aber wie gesagt: So funktioniert mein Hirn meistens.

Das alles denke ich so vor mich hin, während ich doch ein paar Postkarten schreibe und frankiere. Und da hält der Zug auch schon in Middelburg.

»Middelburg« hab ich noch nie gehört. Da klingelt gar nichts bei mir. Direkt vom Gleis gehe ich zur großen Busstation und tatsächlich: Da steht mein Bus nach Renesse angeschlagen. Ich werde aber zwanzig Minuten auf ihn warten müssen, was für mich vollkommen okay ist. Allerdings ist es schon dunkel, und damit hat so ziemlich alles, was noch irgendwie wärmend sein könnte, diese Welt verlassen. Außerdem regnet es sich richtig ein. Ich hebe meinen Koffer auf die Sitzbank vor mir und öffne ihn. Verdammt, ich muss mir wirklich angewöhnen, den besser zu packen, denn ich muss mich hier in der Kälte durch meine Wäsche wühlen, um meinen Schal zu finden. Und meinen Pullover – es ist einfach zu kalt. Ich ziehe den Pullover über, dann den Schal – ein Fan-Schal vom 1. FC Köln, den ich einzupacken für originell hielt (da haben wir es wieder mit meinem Hirn) –, und dann wieder den Mantel drüber. Hach. Es ist sofort moppelig warm, so lässt es sich aushalten. Der Regen wird immer heftiger, aber unter dem Wartedach bin ich ganz gut geschützt. Gut, dass es so etwas gibt, denn einen Schirm habe ich natürlich immer noch nicht. Dann fährt er endlich vor, der Bus.

Mit mir steigen noch zwei Personen ein. Ich löse ein Busticket und mache es mir direkt am Sitz vor der hinteren Tür bequem. Ich kann perfekt aus dem Fenster gucken. Der Bus fährt los.

Aus dem Fenster gucken ist natürlich schön, aber bei Nacht und Regen auch relativ sinnlos, das sehe ich bald ein. Denn sobald wir aus der Stadt raus sind, sehe ich nichts. Gar nichts. Nur Dunkelheit. Vielleicht mal ein Licht am Horizont, das man nicht so richtig zuordnen kann. Ich gucke nach draußen und vermute uns irgendwo in Meeresnähe. Vielleicht auf einem Deich? Anders lässt sich die weite und tiefe Dunkelheit um uns herum nicht erklären. Auf einmal hält der Bus irgendwo im Nirgendwo, auf freier Strecke, öffnet seine Vordertür und eine vom Regen durchnässte Frau im Ostfriesennerz steigt ein. Ich habe weder die Station noch einen Menschen in dieser Einöde kommen sehen. Ein bisschen gruselig war das schon.

Das erinnerte mich an eine Geschichte, die ich als Kind geliebt habe, aus dem Buch »Wenn du dich gruseln willst« von Angela Sommer-Bodenburg, der Autorin und Erfinderin des »Kleinen Vampirs«. In dem Buch mit kurzen Gruselgeschichten hat sie sich eine Menge schöner Gänsehautmomente einfallen lassen. Am schlimmsten war aber die Story über ein Kind im Ostfriesennerz. Eine Frau will dem Kind, das keine Schuhe anhat, helfen. Dann ist es weg. Als sie nachfragt, stellt sich heraus, dass an dieser Stelle vor einiger Zeit ein Kind im Ostfriesennerz überfahren wurde.

Ich habe diese Geschichte genauso geliebt wie gehasst. Sie war aufregend, originell erzählt und sie fühlte sich unheimlich echt an. Meine Fantasie war aber auch aufbrausend genug, um sie in meinem Kopf weiterzuspinnen oder zu versuchen mir einzureden, dass ich auch schon mal so seltsame

Begegnungen hatte. Und an diesem Abend in diesem Bus im Nirgendwo, hatte ich für einen kurzen Augenblick wieder das Gefühl, das Ostfriesennerzmädchen zu sehen.

Nach kurzer Weiterfahrt hält der Bus dort, wo ich rausmuss: »Transferium« heißt die Haltestelle und ich hab keine Ahnung, warum. Gut, »Transferium« wird irgend so was bedeuten wie »Umsteigestelle« oder »Park and Ride« oder so. Aber warum schreibt denn da niemand »Renesse« mit aufs Schild? Darum geht es doch, deswegen sind wir doch hier! Um dieses bei der Bevölkerung Nordrhein-Westfalens superbeliebte Urlaubsziel zu besuchen.

Ich steige aus, mit Sack und Pack. Der Bus fährt davon. Es regnet wie aus Eimern. Ich suche etwas zum Unterstellen, aber auch etwas zum Orientieren. Wo bin ich denn hier? Wo muss ich hin? Ist der Stadtkern von Renesse weit von hier? Drei Leute gehen, sich angeregt unterhaltend, an mir vorbei. Besser mal nach dem Weg fragen, denke ich und drehe mich um. Aber sie sind weg. Wie vom Erdboden verschluckt. Ich höre sie nicht mal mehr. Schon alles ein bisschen komisch, wirklich viel Tristesse hier in Renesse. Und so einen Schirm, das muss ich schon zugeben, den hätte ich jetzt doch sehr gerne.

Da! Ein Wegweiser. Komisch sieht der aus, dieser Weg, der angeblich ins Zentrum von Renesse führen soll. Aber gut. Was bleibt mir anderes übrig. Und so schlimm ist es dann auch gar nicht. Der Weg ist sogar beleuchtet und führt an einem Bauernhof vorbei. Dann biegt man nur einmal ab und steht plötzlich wirklich mitten im Zentrum von Renesse. Mich trifft das völlig unvermittelt. Ein riesiger Ballon voller Erinnerungen platzt vor meinem geistigen Auge. Da, die Disco, in der der DJ immer Mixe von seinen Abenden verkauft hat. Da vorne, die Pubs. Hier, neben mir dieses seltsame Kaufhaus – das gibt's ja immer noch. Es passiert exakt das, was ich wollte. Eine Welle von Erinnerungen überkommt mich. Ich sehe die ganzen Leute im Sommer hier langlaufen. Mit Handtüchern über der Schulter. Ich sehe meinen besten Freund Waldi und mich über die Straße gehen, nach bekannten Gesichtern Ausschau halten. Es ist wirklich, als könnte ich uns dabei beobachten. Als wäre ich irgend so ein unsichtbarer Zeitreisender. Unglaublich, was diese Umgebung mit mir macht. Ein Auto, das mich blendet, holt mich aber jäh zurück ins Hier und Jetzt. Es regnet immer noch, ich werde klatschnass. Ich sollte erst mal mein Hotel suchen, und dann würde ich weitersehen.

Tristesse Renesse

Ich gehe Richtung Kirche, das auffälligste Gebäude in Renesse: mitten auf einem kleinen Platz, um den herum Häuser gebaut wurden. Und ich hatte jetzt keine genaue Adresse im Kopf, aber dieser Ort ist nicht groß und ich dachte mir schon, dass ich meine Herberge schnell finden würde, und so sollte es auch sein. Direkt am Dorfplatz, mit Blick auf die

Kirche. Da war es. Das Einchecken geht angenehm schnell. Es gibt einen Frühstücksraum und für meine anderen Bedürfnisse einen Snack-/Getränkeautomaten in der Lobby. Ich schleppe meinen Koffer die enge Minitreppe hinauf und komme dann in mein wirklich schönes Zimmer. Vom Bett aus kann ich die Kirchtürme sehen. Toll! Nach kurzer Gepäckablage und Haartrockenreibung will ich noch mal raus: Der holländische Supermarkt ruft.

Dort angekommen, bin ich einer der wenigen Kunden und überlege, was genau ich essen soll. Ich kaufe mir Plastikbesteck, weil ich das für die Reise eh noch gut würde brauchen können. Ich kaufe mir einen Salat, tollen Käse, Butter und Baguette. Dazu ein bisschen Wasser und Softdrinks. Mein Zimmer ist mit einer leeren Minibar ausgestattet, ich kann mir also endlich ein Sandwich MIT Butter gönnen. Und Joghurt. Und den holländischen Fertigkakao, den ich so liebe. Den gibt es ja mittlerweile auch in Deutschland, aber seien wir ehrlich: Im Urlaub schmeckt ja alles besser. Das weiß doch jedes Kind.

Ich wache, wie immer, ungewöhnlich früh auf. Das Dorf, in dem im Moment sowieso nicht viel los ist, ist noch verschlafener als ich. Ich liege im Bett und versuche ein bisschen zu lesen. Das Buch erfordert volle Konzentration, mein Geist will aber was ganz anderes. Die Welt da draußen erkunden. Rumlaufen. Und so lege ich das Buch beiseite und lasse meinen Geist entscheiden. Das Wetter sieht nicht allzu gut aus, aber wen interessiert denn schon das Wetter? Nachdem ich mich angezogen habe, vorsichtshalber mit Schal, verlasse ich das Hotel und trete auf den kleinen Dorfplatz. Ich sehe Menschen. Vor allem ältere. Aha: Gottesdienst.

Der Kirche geht es hier anscheinend auch nicht anders als überall.

Ich nehme die nächste Straße stadtauswärts und laufe los. In meiner Erinnerung sind wir diese Straße entlanggelaufen, um zum Strand zu gelangen. Wenn wir auch so selten wie möglich am Strand waren. Für mich als Nichtschwimmer war das Meer uninteressant, für uns als Jugendliche war am Strand nicht viel los. Ich meine mich aber zu erinnern, dass es hier, in Strandnähe, ein Restaurant in einer alten Windmühle gab, in dem hauptsächlich Pfannkuchen serviert wurden. Das würde ich schon gerne wiederfinden, da würde ich sehr gerne essen. Ich wandere die Straße entlang, durch Wohnsiedlungen, vorbei an Hotels und Restaurants, an Weiden und Wäldchen. Da entdecke ich ein Tor, das den Weg bereitet zu einer Art Allee, auf ein kleines Schlösschen zulaufend. Daran kann ich mich kein bisschen erinnern. Am Wegesrand steht eine Infotafel, an der ich irgendwie hängen bleibe. In Kurzform steht da die unheimlich bewegende Geschichte der »tapferen Zehn von Renesse«.

Dabei handelte es sich um zehn Widerstandskämpfer aus dem Zweiten Weltkrieg, die sich nicht der Wehrmacht beugen wollten und niemanden verrieten. Aus Wut richteten die Deutschen neun der zehn Personen hin, die zehnte war krank, starb aber einen Tag nach der Hinrichtung. Als eine Art Mahnmal hängten die deutschen Soldaten die zehn Toten an den Bäumen auf dem Weg zur Stadt auf und zwangen die Menschen, die vor Ort lebten, über diesen Weg zu gehen und sich die Leichen anzusehen, drohend, dass jedem das Gleiche passieren könnte, würden sie nicht erfahren, wo sich noch andere Widerstandskämpfer aufhielten. Danach stellten sich einige, andere versteckten sich, aber alle überlebten, da das Ende des Krieges schon begonnen hatte. Ein barbarisches Verbrechen und unheimlich tapfere Menschen, die sich nicht gebeugt haben. Mich schüttelt es. Ich sehe mir die Allee im Park an. Als ich eben ankam, war ich noch begeistert von dem Anblick. Wie herrschaftlich, wie imposant, wie kraftvoll das aussieht. Nun hat sich alles verändert. Ich sehe die toten Körper an den dickeren Ästen baumeln und wundere mich über einen Jogger, der darunter herläuft, als wenn nichts wäre. Als befände er sich nicht auf besonderem Boden.

Es ist natürlich Quatsch, so zu denken, aber ich bin im Moment so ergriffen von der Geschichte, dass ich nicht anders kann. Die Vorstellung ist einfach zu unglaublich, zu grotesk, zu real. Für einen Moment überschlagen sich meine Gedanken: Ich muss diese Geschichte aufschreiben, verfilmen, die ganze Welt soll davon erfahren! Schluss mit diesen scheißdeutschen Nazifilmen, in denen die Nazis immer auch Menschen waren, egal was sie taten. Sie waren verdammte Monster, die versucht haben, sich in ihrer Monstrosität zu überbieten. Das muss man doch endlich mal zeigen. Ich will nicht mehr den SS-Soldat sehen, der dann doch noch das eine Kind rettet, weil er den Fehler des Systems, das er unterstützt, einsieht. Hier, bei den tapferen Zehn von Renesse, hier zeigt sich der Naziterror in seiner reinsten Form. Menschenverachtend, lebensverachtend, skrupellos und kaltblütig. Und es gibt keinen Grund, diesen Teil der Geschichte schonend anzugehen.

So aufgebracht war ich schon lange nicht mehr, vor allem nicht bei diesem Thema. Mir ging es mit dem Dritten Reich wie so vielen meiner Generation: Wir wussten hundertprozentig, dass das die schlimmste Zeit ever gewesen sein muss. Wir konnten es uns nur nicht vorstellen. Ich erinnere mich noch genau an den Tag, als wir mit der Klasse »Schindlers

Liste« im Kino sahen und ich mich pubertär-cool-clevererals-die-ganze-Welt-sein-wollend superoft rausgeschlichen habe, um eine Zigarette zu rauchen und mich darüber aufzuregen, wie so eine schlimme Zeit durch Hollywood-Soße nur ausgeschlachtet wurde, um einen Oscar zu holen. Ich sprach Spielberg damals aber das Recht ab, von dieser Geschichte ergriffen gewesen zu sein. Diese Chuzpe hat man wohl nur mit 16.

Zwei Sachen in meinem Leben haben mich die Zeit des Zweiten Weltkriegs aber besser begreifen lassen: ein Besuch im Anne-Frank-Huis in Amsterdam, damals, auf der Hausbootfahrt. Diese engen Räume, das kleine Versteck, verschiedene, auch moderne Texte, die ich von dort in einem Heft mitnahm – da verstand ich zum ersten Mal die Angst. Das andere war ein Film über die Eichmann-Prozesse: Zwei Filmemacher haben das Originalmaterial so zusammengeschnitten, dass die Figur Eichmann plastisch wurde: ein trauriger, eiskalter, schlechter Mensch. Ein Mitläufer, wie es sie zu Tausenden gab und immer noch gibt. Das, was man auch heute noch spöttisch »gut deutsch« nennt. Obrigkeitshörig, unreflektiert, menschenverachtend. Ich sah diesen Film und begriff, wie es so weit kommen konnte, hatte eine Teilantwort auf die Frage, die man sich bei der Beschäftigung mit dem Themenkomplex »Drittes Reich« immer wieder stellt.

Ich stand noch einige Zeit vor dem Findling, der dort, in Renesse, an dem Tor lag, als Denkmal für die tapferen Zehn. Langsam strich ich über den Stein und verabschiedete mich. Ich wusste gar nicht so genau, von wem, aber ich sagte »Tschüss« und ging weiter. Fest entschlossen, sie nie zu vergessen.

Der Weg zum Strand kam mir so lang vor. Aber vermutlich ist mir das in jungen Jahren nicht aufgefallen, weil es immer etwas zu erzählen gab. Irgendwas war immer gerade aufregend. Wir haben uns keine Gedanken darüber gemacht, wie beschwerlich etwas ist. Wie anstrengend. Weil es egal war. Weil man immer auf dem Weg zu einem tollen Mädchen war oder zu jemandem, der Bier hatte. Oder jemandem, der mitkam in die eine Disco im Ort, in der auch immer »Two Princes« von den Spin Doctors lief, unser absolutes Lieblings-Urlaubslied.

Während ich so rumlaufe, immer geradeaus, der Straße folgend und mich über die flachen Weiden freue, auf denen Kühe grasen, sehe ich einen Campingplatz neben mir auftauchen. Das heißt, es ist kein ganzer Campingplatz mehr, eigentlich stehen nur noch die Schranke und ein Teil des Empfangsgebäudes. Die Fläche dahinter ist komplett neu planiert, aber es ist irgendwie unklar, ob das ein neuer Campingplatz werden soll oder etwas ganz anderes. Ein neuer Acker oder eine neue Baustelle. Alles ist drin. Und vielleicht ist dieser planierte Platz ja auch so etwas wie eine Metapher, ich hab nur noch keine Ahnung, wofür. Für eine plattgemachte Kindheit vielleicht? Vielleicht dafür, dass alles im Wandel ist, auch der Tourismus? Oder gar nur für das Camping an sich? Hier gibt es viele deutsche Camper mit fest stehendem Wohnwagen, auch der von Waldis Eltern steht hier irgendwo, und genau der war schon früher das Ziel unserer gemeinsamen Jugendreisen. Gibt es diese Art von Urlaub überhaupt noch? Werden nachfolgende Generationen noch fest stehende Wohnwagen haben? Oder ist dieser Widerspruch in sich nicht mehr zeitgemäß? Einen Wohnwagen auf einem festen Stellplatz? Ausgerechnet das Gefährt, das dafür konzipiert wurde, überall mit hingenommen werden zu können? Ist das nicht so, als würde man die Zutaten für das Abendessen im Restaurant kaufen und dann zu Hause kochen?

Ich muss aber gleich gestehen, dass ich das nicht nur seltsam finde, sondern auch total gut. Der Campingwagen als Zuhause-Kopie. Sehnsuchtsort. Unkomplizierteste Wohnsituation possible. Palast dank Vorzelt. Ich bin damit total einverstanden. Und ich habe mich da immer wohlgefühlt. Klar, das lag auch an der Gastfreundschaft von Waldis Eltern, aber es war auch alles so irrsinnig praktisch.

Ich hänge meinen Wohnwagengedanken noch ein bisschen nach, da stehe ich auf einmal vor der Treppe, die zu den Dünen hinaufführt. Dahinter ist das Meer. Ich werde gleich an der Nordsee stehen. An derselben Stelle wie viele Jahre zuvor. So ein Meer, das ändert sich ja niemals. Oder doch?

Stufe für Stufe gehe ich langsam und bedächtig hinauf. Dann stehe ich ganz oben. Ich blicke auf den Strand und das Meer. In der Ferne erkenne ich ein Schiff, das irgendetwas aus dem Meer holt, baggerartig. Ich erkenne eine größere Hütte am Strand, vermutlich eine Strandbar. Ihre zerfetzten Fahnen wehen im Wind. Wind ist hier überhaupt das große Thema. Er weht über den ganzen Strand, an dem ich vereinzelt Spaziergänger oder Jogger oder Spaziergänger mit Hund oder Jogger mit Hund ausmache. Ich stehe auf dem Kamm der Düne. Dieses Meer, dieser Strand bringt ganz viele Erinnerungen zurück. Ich spüre, wie sie über mich kommen, wie eine Welle. Und ich lasse mich von ihnen verschlucken. Es ist ein Glücksgefühl. Kein greifbares. Kein erklärbares. Es ist wie in einem Film, die Art von Szenen, die man immer so ein bisschen albern findet, wenn sich Protagonisten selbst als Kind sehen oder erleben. Aber es gibt dieses Gefühl wirklich. Und es findet gerade in mir statt. Ich sehe mich mit sechs oder sieben Jahren da unten am Strand auf einer angeschwemmten Europalette stehend Floß spielen. Ein Stock simuliert mein Ruder. Meine Mutter läuft am Strand entlang und sammelt interessante Muscheln. In meiner Fantasie bekämpfe ich die Strömung. Mannshohe Wellen. Geschickt manövriere ich mein Floß unter ihnen her. Sie können mir nichts. Kommt doch her! Ich bin unbesiegbar auf meinem Floß. Ich springe mit meinen Gummistiefeln hinunter in den Sand und mein Ruder hat sich sofort zu einer praktischen Harpune verwandelt, mit der ich todesmutig lebensgefährliche Todesquallen (die tot am Strand angespült wurden) aufspießen kann, bevor sie die Weltherrschaft übernehmen. Ich sehe, wie ich in meinem Zimmer in dem Ferienbungalow, den wir gemietet haben, mit meinen »Masters of the Universe«-Figuren spiele, da ich beide Burgen und alle Figuren mitgenommen habe. Ich sehe, wie ich mit meinem Bruder und meiner Mutter in einem anderen Bungalow in einem anderen Urlaub am selben Ort fernsehe und wie angesagt wird, dass an diesem Abend zum ersten Mal das »Thriller«-Video von Michael Jackson in seiner ganzen Länge gezeigt wird. Michael Jackson, mein großer Star! Meine älteren Geschwister haben mir zu Weihnachten sein Album »Thriller« geschenkt, weil ich so ein großer Fan von »Billie Jean« war. Vermutlich wollten sie es sich aber einfach auf Kassette überspielen. Und jetzt hatte ich die Möglichkeit, sein neuestes Video sehen zu können. Ich war unendlich aufgeregt. Und hatte die Rechnung ganz klar ohne die Wirtin gemacht: Meine Mutter befand, dass ich noch zu jung sei, das zu gucken. Sie hatte unter anderem von meinem Bruder gehört, was einen da erwartete. Deswegen guckte sie es an diesem Abend zusammen mit meinem Bruder – in unserem Ein-Raum-Urlaubsapartment. Sprich: Ich musste es mit anhören, durfte aber nicht mitgucken. Höchststrafe!

Ich erinnere mich, wie ich mit meinen Eltern im Pannekoeken-Haus den leckersten Pfannkuchen aller Zeiten aß und wie ich danach im Auto auf dem Parkplatz mein Geburtstagsgeschenk bekam: einen Werkzeugkasten. Den hatte ich mir immer gewünscht. Das lag wohl daran, dass Waldi einen hatte. So einen Hammer für Kinderhände fand ich unglaublich beeindruckend. Und mein Kasten hatte sogar einen Handbohrer. Genau das, was ich mir immer gewünscht hatte. Meine handwerklichen Fähigkeiten hat das Geschenk leider nicht verbessert. Aber was soll's: damit Nägel irgendwo einzuschlagen machte unheimlich viel Spaß.

All diese Erinnerungen kommen gleichzeitig, ungefiltert. Am grauen Himmel laufen die Filme alle parallel ab, während ich wie ferngesteuert ans Meer laufe. Der trockene Sand wird vom Wind über den nassen, schwereren Strand gepeitscht und es sieht aus, als würden kleine Geister über den Boden wehen. Ich finde das total cool und halte eine Hand in den Geistersturm. Sie füllt sich sofort mit trockenem Sand. Ich bin sehr glücklich und komme mir doch ein bisschen bescheuert vor. Die Hand so in den Sand zu halten … wenn ich mich von außen sehen würde, hielte ich mich vielleicht für jemanden, der zu viele Rosamunde-Pilcher-Filme geguckt hat und nun ein paar besonders deepe Gesten am Strand ausprobiert.

Ach, ich muss einfach davon weg, alles, was ich tue, an meiner selbst ausgedachten Coolness-Skala zu messen. Vielmehr sollte ich mich glücklich schätzen, genau das zu finden, was ich gesucht habe: Erinnerungsanker. Kindheitsgefühle. Renesse ist ein Ort, den ich in zwei Aggregatzuständen kennengelernt habe: als Jugendlicher im Sommer oder an Pfingsten – Zeiten, in denen der Ort das absolute Abenteuer bereithält und verspricht. Und als Kind im Herbst – viel ruhiger, viel gesitteter, aber auch viel mehr Platz für Fantasie. Und davon hatte ich mehr als genug.

Ich denke an einen Frankreichurlaub in Cassis mit meinen Eltern. Ein kleines, halbwegs touristisches Fischerörtchen an der Côte d'Azur. Meine Eltern haben ein super Hotel gebucht, mit Blick auf den Hafen. Außerdem mit Balkon. Zu der Zeit fand ich Superhelden besonders gut. Also, klar, gut fand ich die mein Leben lang, aber das war eine Phase, in der ich einfach auch gerne selbst einer gewesen wäre. In einem Supermarkt haben wir diese leckeren, nur in Frankreich erhältlichen Cereals gekauft. Die waren so lecker, die haben auch ohne Milch super geschmeckt. Und so saß ich abends alleine auf dem Balkon. Draußen war es angenehm warm. Ein leichter Hafengeruch lag über der Straße. Ich sah die Masten der Schiffe leicht hin und her baumeln und dachte an die Abenteuer, die ich als Superheld erleben würde. Von außen sah das aber wahrscheinlich etwa so aus: Ein vielleicht zehnjähriger Junge hockt auf einem Balkon, in der einen Hand eine Cornflakes-Packung, in die er mit der anderen Hand immer beherzt griff und sich den ganzen Mund knirschend vollstopfte, dazu trug er Shorts und eine Skibrille und machte die ganze Zeit Laser-Ballergeräusche mit dem Mund, während er auf den Hafen blickte. Meine Eltern amüsierten sich königlich, ich hingegen hatte die Zeit meines Lebens, denn ich hab ja so ungefähr zehnmal die Welt gerettet. Win-win also für alle Beteiligten.

Ich laufe den Strand entlang in Richtung Strandbar. Das Haus steht auf Stelzen, direkt an der Düne. Nun sehe ich auch die zerrissenen Fahnen besser. Es sind keine Flaggen, nichts nationalistisches, sondern Werbefahnen einer Speiseeis-Firma. Wenn die so vom Wetter gezeichnet sind, haben die auf einmal eine ganz andere Strahlkraft. Ich sehe mir den Laden aus der Ferne an und überlege, warum der wohl heute geöffnet sein könnte. Öffnet man so einen Laden auch, wenn ein Gast nur Zufall wäre? Im Frühjahr oder im Sommer, da kann man recht sicher mit Gästen rechnen, aber im November? Da spülen die Kunden wohl kaum das große Geld in die Kassen. Aber wenn man sowieso im Ort wohnt, kann man doch gleich aufmachen, um das wenige Geld, das man dann verdienen kann, auch mitzunehmen, oder? In diese Fragen knallt dann noch eine ganz andere hinein, die ich mir bislang noch gar nicht gestellt hatte: Als ich zum letzten Mal in Renesse war, mit Waldi, das muss so mit 17 gewesen sein, waren wir da überhaupt einmal am Strand? Was für eine Schande, wie bescheuert. Da macht man Urlaub am Meer und geht nicht einmal hin. Das mag man in diesem Fall damit entschuldigen können, dass uns in diesem Alter wirklich zwei, drei andere Sachen wichtig waren, aber ich kann es trotzdem nicht fassen. Da fahre ich an die Nordsee, um meine Zeit zwischen Campingplatz, Bar, Disco und dem anderem Campingplatz im Ort zu verbringen. Und nicht eine Sekunde am Meer. Für mein heutiges Ich unvorstellbar. Aber in der Jugend galten andere Gesetze. Oder besser gesagt, gab es da keine Gesetze. Man machte, was man nun mal machen wollte und nostalgisch aufs Meer zu schauen, gehörte eindeutig nicht dazu.

Und dann gehe ich langsam zurück, zurück zu meinem Ausgangspunkt. Ich möchte wieder ins Dorf. Ganz in Ruhe, ganz gelassen. Ich will noch mehr Orte entdecken, an die ich mich erinnern kann. Während meine Schuhe Abdrücke im nassen Sand hinterlassen, werde ich von einem super Gedanken ergriffen. Eine Formulierung, die viele der Gedanken, die ich gerade in meinem Kopf herumfliegen lasse, total auf den Punkt bringt. Sie bündelt. Und mir gefällt der Gedanke so gut, dass ich ihn vor mir hersage, dass ich ihn die ganze Zeit denke. Ich will ihn nicht verlieren, nicht loslassen. Man muss sich das wohl vorstellen wie ein Kind im Phantasialand, dem man einen Ballon in die Hand drückt und sagt: »Und jetzt guck mal hier, du kannst mit dieser Achterbahn fahren, musst dich aber mit beiden Händen festhalten!« Und das Kind überlegt keine Sekunde und steigt ein. Da fliegt ihm der Ballon aus der Hand. Es blickt ihm nach, kurz etwas traurig, aber dann gehen schon die Bügel runter und die wilde Fahrt los, die so supercool ist, dass es den Ballon am Ende total vergessen hat. Es war ja schließlich doch nur ein blöder Ballon. So muss man sich das wohl mit mir und diesem Supergedanken vorstellen. Denn er ist einfach weg, von einem auf den anderen Moment. Ich hab ihn mir vorgesagt, kurz an etwas anderes gedacht und weg war er. Ich wühle geradezu indiana-jonesesk in meinen Gedanken, keine Chance. Er ist weg. Ich komme nicht mehr drauf. Ich will mich ärgern, aber entscheide dann, den Ballon einfach wegfliegen zu lassen. Passiert halt manchmal.

Ich beschließe trotzdem, ab jetzt immer Papier und Bleistift bei mir zu haben, damit mir so etwas nicht noch mal passiert. Auf dem Rückweg versuche ich, einen anderen Weg zu gehen. Mehr an den Dünen entlang und dann scharf ins Dorf abbiegen.

Irgendwie habe ich das Gefühl, als creepy Dude wahrgenommen zu werden. Denn mir begegnen nur Paare oder kleine Familien. Ich bin hier der Bärtige, Langhaarige, der im schwarzen Trenchcoat alleine durch die Straßen geht und die Hand in den Sandwind hält. Vermutlich denken die Leute hinter den Gardinen, ich würde hier etwas auskundschaften. Oder ich warte auf jemanden. Vielleicht denken sie aber auch schlimmere Sachen über mich, ich weiß es nicht. Meine Fantasie schlägt da gerne in alle Richtungen aus, vor allem die schlechten. Meine Grundschullehrerin, die mich besonders mochte – das basierte auf Gegenseitigkeit –, brachte mir früh bei, ich solle mir in Situationen, die mir nicht ganz geheuer vorkämen, immer sagen, dass das »alles nur Einbildung ist, es könnte nicht so sein, weil das alles nur Einbildung ist«. Sie schien mein Kernproblem auf jeden Fall gut erkannt zu haben. Dieses Mantra, das sie mir damals mitgab, klingt manchmal noch heute in meinen Ohren. Es ließ mich auf jeden Fall nie mehr los. Als ich mit siebzehn mit meinem Vater alleine in Miami war, gab es diesen einen ganz bekloppten Abend: Mein Vater ging etwas essen und ich hatte keinen Bock. Also blieb ich allein auf dem Hotelzimmer. Wo ich zuerst, aus Versehen (glaubt mir niemand) das Pay-TV aktivierte. Dann ging ich zum Getränkeautomaten, bei diesen amerikanischen Motels sind die ja immer draußen auf dem Flur. Als ich zum Zimmer zurückwollte, blickte ich kurz durch das Fenster unseres Nachbarn. Der saß da, packte irgendetwas ein, blickte in dem Moment, in dem ich guckte, auf und mir superevil ins Gesicht. Ich guckte eilig weg, ging weiter und so schnell wie möglich in unser Zimmer, wo ich den Rest des Abends damit verbrachte, Angst davor zu haben, gerade einen Dealer beim Drogenverpacken gesehen zu haben. Dafür müsste er mich selbstverständlich sofort töten, nachdem er die Zimmertür eingetreten hatte.

Zu meiner großen Überraschung passierte natürlich

nichts von alledem. Aber mein Vater ist bis heute der festen Überzeugung, dass ich in seiner Abwesenheit heimlich versucht hätte, im Hotel den Pornokanal zu gucken. Aber es war ein Versehen, echt!

In dieser Situation half mir das Mantra meiner Lehrerin ein wenig und ich sah, viele Jahre später, ein, dass sie verstanden hatte, dass ich und meine Fantasie einen gewissen Hang zur Selbstzerstörung hatten und vermutlich immer noch haben. Ich denke heute noch oft daran, wie gut sie mich eigentlich erkannt hatte.

Diese Fantasiewelten, diese Sorge, diese doofe Eigenschaft, immer das Schlimmstmögliche zu glauben, wenn ich auch kein besonders negativer oder schwarzmalerischer Mensch bin – was sich in der Summe ein wenig zu widersprechen scheint –, die wuchsen nun auch wieder ein bisschen über meinem Kopf zusammen, als ich mir Gedanken machte, wie ich wohl als einsam rumstreunender Mensch hier in dieser gerade zur Ruhe gekommenen Gegend wirken mochte. Und ließen mein negatives Kopfkino in seiner berüchtigten Endlosschleife laufen. Bis mir mein Kindheitsmantra wieder einfiel und ich dieses Sorgengewitter auflösen konnte. Es funktioniert immer noch. Wie toll!

Zurück in meinem Hotelzimmer ließ ich mich erst mal aufs Bett fallen. Ich war früh aufgestanden und weit gelaufen. An dieser Stelle sollte erst mal ein Break sein. Auch um den Kopf wieder frei zu kriegen. Aber ich war mir sicher, ich würde hier noch viele Erinnerungen finden.

Nach einem Power-Gammel (ich schaffe es meistens nicht zum »Nap«, weil ich tagsüber immer so schlecht einschlafen kann, habe es aber im Runterfahren etlicher Körperfunktionen, inklusive des Denkens, schon zu einiger Meisterschaft gebracht) fühle ich mich ausgeruht und frisch genug, mir jetzt mal das Örtchen vorzuknöpfen. Außerdem habe ich Hunger und mir immer nur Supermarktbrote zu schmieren ist nicht gerade sehr aufregend.

Ich trete aus dem Hotel und gehe Richtung Hauptstraße. Da, die Disco, war das nicht der Club, in dem Waldi und ich immer besagten superblöden Spin-Doctors-Song gehört haben? »And if you! Want to be my Baby! Just go ahead now!« Das müsste er eigentlich sein. Vor mir lauter leere Fahrradständer, die benutzt gerade keiner. Ich bin mir ziemlich sicher, dass da vorne mal ein Imbiss war. Und zwar der Imbiss, in dem Waldi seine letzten Gulden in einen dieser seltsamen Spielautomaten warf und plötzlich genug Kohle rausholte, um unsere Pommes und ein paar Biere zu finanzieren, was in dem Moment das Allergrößte auf der Welt war. Aber hier ist weit und breit kein Imbiss zu sehen. Ein Bäcker, ein Klamottenladen – aber keine Fritten. Ich gehe weiter auf die Hauptstraße und wie schon gestern Abend, als ich ankam, prasseln Erinnerungen auf mich ein. Da, das Kaufhaus, bei dem es alles gibt, was das Camperherz begehrt und wo ich mir als Kind die Nase an der Scheibe platt gedrückt habe, weil es megacooles und natürlich ganz anderes Spielzeug gab als bei uns. Ich gehe die Straße weiter, vorbei an den Pubs, in denen wir schon nachmittags Bier getrunken haben auf unserer Buddy-Reise mit siebzehn. Und dann, wieder einer dieser Orte, den ich als Kind genauso gut fand wie als Jugendlicher. Eine Allround-Erinnerung, quasi. Ein Sehnsuchtsort für jedes-Alter-Nilz: die Spielhalle!

Voll geile Automaten, in denen ich schon immer liebend gern mein Geld versenkt habe. Ich gehe rein und gucke, was es alles zu spielen gibt. Ein paar meiner alten Favoriten sind immer noch da: Eichhörnchen hauen, zum Beispiel. Auf einer Fläche sind etwa zehn bis zwölf Löcher, aus denen, in immer kürzeren Abständen, künstliche Eichhörnchen-Comic-Köpfe rausgucken und mit dem am Gerät festgeleinten Hammer muss man diese zurück in ihre Löcher schlagen. Oder die Münzschieber. Habe ich schon immer geliebt, diese Automaten, bei denen man eine Münze auf eine Plattform wirft, die permanent in Bewegung ist. Die Münze wird auf die anderen, schon dort liegenden Münzen geschoben und das bestmögliche Resultat ist eine Kettenreaktion, die dafür sorgt, dass am Ende der Plattform Münzen in einen großen Schlitz geschoben werden, die man dann kaiserstolz rausholen kann. Oh Mann, most complicated Automatenerklärung ever.

Ich laufe zwischen den Automaten hin und her, werfe hier und da mal etwas ein und spiele ein Ründchen. Am Münzschieber bleibe ich wie immer hängen. Ich kann mich dem Faszinosum dieses speziellen Automaten auch heute nicht entziehen. Wenn in Wesseling, meinem Heimatort, die Kirmes auf dem Sportplatz stattfand, dann standen die Münzschieber immer am Eingang ganz vorne links. Und daneben der Stand, an dem sich meine Mutter immer »türkischen Honig« geholt hat, eine der süßesten Süßigkeiten, seit es Zucker gibt. Dieses Gefühl des »Jetzt muss aber ein großer Stapel Münzen fallen!«, das ist der Kick beim Münzschieber. Das macht einfach unheimlich Spaß. Und ich finde es nach wie vor einen Tick besser als den Kick beim Greiferautomaten, wenn man den Preis schon in der Kralle hat. Meistens fällt er eh kurz vor dem Preisausgabeloch wieder runter. Da denkt man immer, dass die Kralle zu schwach greift, was sich leicht unfair anfühlt – im Gegensatz zum Schieber, den man für

»ehrlicher« hält, auch wenn man natürlich weiß, dass so ein Automat mit allen Wassern gewaschen ist und man durch zahllose Mechanismen einfach nur verarscht wird. Aber was ist gegen eine kleine Verarsche einzuwenden? Mein Vater hat immer wieder gerne erzählt, wie er auf Geschäftsreisen bei Hütchenspielern hängen geblieben ist, wohl wissend, keine Chance zu haben. Aber ihm hat einfach das Spektakel gefallen, das dort geboten wurde. Und mir gefallen eben die spektakulären Münzenklippen, die sich in solchen Automaten immer höher und weiter und waghalsiger auftürmen, scheinbar allen physikalischen Gesetzen trotzend.

Als ich das Gefühl habe, alle gut erreichbaren Münzen aus dem Automaten geholt zu haben, ziehe ich weiter. Diese Spielhalle arbeitet mit Punktebons, sprich: Wenn man an einem Automaten irgendetwas gewinnt, bekommt man dafür Spielpunkte ausgeworfen. Die kann man dann sammeln und gegen Preise eintauschen. Ich guck mir gleich mal die Preise an, aber da ist nichts Dolles dabei für meinen momentanen Punktestand und irgendwie bin ich auch noch nicht fertig. Ich möchte ein paar der neueren High-Tech-Automaten ausprobieren. Einer davon ist ein Horrorshooter mit 3-D-Brille. Ich werfe das Geld ein und es wird sofort superlaut, mir springen Spinnen entgegen und ich muss schießen, was das Zeug hält. Alles ist unübersichtlich, die kurzen Ruhephasen, das checkt man nach wenigen Sekunden, sind nur die Rampen zum nächsten, größeren Erschreck-Moment. Ich ballere auf Zombies und allerlei Getier, um meine digitale Partnerin zu schützen, aber ich bin zu schlecht. Schon nach ein paar Minuten wird die Gegnerschar auf dem Bildschirm so vielzählig, dass ich keine Chance mehr habe und aufgeben muss. Gut, das war ein bisschen lustig. Aber auch ein bisschen fad.

Und dann entdecke ich ihn, meinen neuen Herzens-Automaten: »Deal or no Deal – The Videogame«.

Hier ein kleiner Exkurs: In der Fernsehshow »Deal or no Deal« wählen die Kandidaten einen Koffer aus mehreren in der Hoffnung, dass sich darin eine große Geldsumme befindet. Nach und nach werden die übrig gebliebenen Koffer geöffnet und dem Kandidaten wird manchmal die Möglichkeit gegeben, den Koffer doch noch zu wechseln oder an die »Bank« zu verkaufen, die anhand von Wahrscheinlichkeitsrechnung den Durchschnittswert der verbleibenden Koffer errechnet, den sie für den vom Kandidaten ausgewählten Koffer zu zahlen bereit ist. Ein ebenso simples wie spannendes Spiel, das in Italien oder Großbritannien auch noch herrlich spannend und charismatisch moderiert wird, sodass man mitfiebern muss, ob man will oder nicht. Ich liebe diese Show und bin ganz aufgeregt, als ich einen Automaten entdecke, der mich zumindest in dieser kleinen Welt daran teilnehmen lässt. Ich werfe Geld ein, dann soll ich »meinen« Koffer wählen, und dann geht es auch schon los. Ich drücke Koffer weg, negiere Angebote der Bank, zögere, zieh durch und am Ende des Spiels rattern plötzlich ohne Ende Spielpunkte aus dem Automaten. Herrlich. Genauso hab ich mir das vorgestellt. Ich packe die Punktetickets zusammen, stecke sie in meine Manteltasche und verlasse die Spielhalle.

Wenn mich nicht alles täuscht, dann müsste ich, wenn ich nur dieser Straße folge, aus dem Ort rauskommen und zu dem Campingplatz gelangen, auf dem Waldi und ich mal einen Sommer lang mit zwei coolen Grunge-Mädchen geflirtet haben. Entschlossen ziehe ich los. Wir haben jeden Tag mit den Mädchen abgehangen, bis wir diese zwei Typen kennengelernt haben: Holger und Pelle. Einer wollte Polizist werden, das weiß ich noch. Und dass die beiden unfassbar lustig waren. Irgendwie war das auch eine Art Projektionsfläche für Waldi und mich. Zwei beste Freunde in Renesse. Diese unwahrscheinlich vielen Verlockungen auf dem Raum eines kleinen Dorfs. Das muss man sich zur Hochsaison so vorstellen, als würde Michael Jackson auf einem Minigolfplatz ein Konzert geben. Aber das hat natürlich auch ganz viel für sich. Mit den beiden Jungs haben wir jeden Abend abgehangen und gefeiert. Und wir haben gefühlt einen Sommer durchgelacht. Die beiden Mädels haben sich schnell eher für Holger und Pelle interessiert als für uns, aber das war auch in Ordnung. Am wichtigsten war doch, dass gelacht wurde. Erste ernste Biererfahrungen halfen dabei ungemein.

Ich gehe die Straße weiter. Sie ist so, wie ich sie noch in Erinnerung habe: Kein Bürgersteig, nur ein Trampelpfad, Bäume, schnell fahrende Autos. Da sind wir einfach stur langgelaufen. Gab ja ein gutes Ziel. Aber plötzlich habe ich Zweifel, ob das auch heute noch ein gutes Ziel ist. Soll ich jetzt echt hier durch den Matsch stapfen, nur um vor einem versperrten Campingplatz zu stehen, die Erinnerungen kommen ja jetzt auch schon alle brav. Ich zögere. Eigentlich ist es albern, jetzt zu kneifen. Genau deswegen bin ich ja schließlich hier. Einerseits. Andererseits ist es genauso albern, da jetzt ewig zu laufen, wegen einer 25 Jahre alten Erinnerung. Ich gucke die Straße hinunter. Als könne man da jetzt plötzlich irgendwas sehen, was einem die Entscheidung abnimmt. »Ah, da fährt gerade ein Elefant auf einem BMX-Rad entlang. Na, dann geh ich da auch mal hin!«, oder so. Aber der Elefant kommt nicht und auch sonst gibt es eigentlich kein Zeichen, das mir den Weg zeigt oder mich anlockt. Es ist der erste Moment auf meiner Reise, in dem ich mich konkret für eine Erinnerung entscheiden müsste. Aber alle Faulheitsregler in meinem Kopf arbeiten mit voller Kraft dagegen: Man sieht nichts, wenn man die Straße hinunterguckt, da kommt erst mal gar nichts. Da werde ich sehr lange laufen müssen. Und ich bin auch nur 95 Prozent überzeugt, dass es die Straße zum alten Campingplatz ist. Diese übrigen fünf Prozent, die sind viel zu viel, sagt mir mein Gemütlichkeitszentrum im Hirn. Komm, sagt es, erinnern wir uns doch einfach von hier aus. Es ist matschig, es nieselt, die Autos fahren dort sehr eng am Rand. Ich denke mir ohne Ende Ausreden aus. Und lasse mich gewinnen. Aber ich schwöre mir, beim nächsten Mal nicht so einfach klein beizugeben. Gemütlichkeit darf siegen. Aber nicht zu oft!

Ich gehe zurück ins Städtchen. Nur um in der Spielhalle eine zweite Runde »Deal or no Deal« zu zocken. Diesmal habe ich nicht so viel Punkte-Glück. Tja. Man soll es eben nicht herausfordern.

Ich gucke mir an, wie viele Punkte ich gesammelt habe und überlege an den Vitrinen der Spielhalle, welche Preise ich dafür bekommen kann. Und hier meine Ausbeute:

Eine Charlie-Parker-CD.

Ein huhnförmiges Behältnis, mit dem man in der Mikrowelle Eier kochen kann. Für meine Freundin, die hat nämlich eine Mikrowelle.

Ein Jo-Jo-Set, bestehend aus Profi-Jo-Jo, Profi-Jo-Jo-Aufbewahrungsbeutel und einem Satz Profi-Jo-Jo-Ersatzschnüre.

All diese Kostbarkeiten packt mir die nette Spielhallenaufsicht in eine Plastiktüte und freut sich für mich. Ich verlasse die Spielhalle als Sieger, mit einer lachsfarbenen, dünnen Tüte voll mit den exklusivsten Preisen der Welt. Im Supermarkt kaufe ich eine größere Getränkeauswahl für mich und in der New-York-Pizza-Pizzeria gegenüber eine wagenradgroße Pizza. Dann gehe ich schnell zurück ins Hotel, werfe alles aufs Bett und genieße mein Essen. Die Preise landen direkt im Koffer. Im Fernsehen läuft »Big Trouble in Little China«. Satt und superzufrieden penne ich ein. Und wache wieder auf. Und penne wieder ein. Und wache wieder auf. Und penne wieder ein.

Junge, Junge. So beschissen habe ich schon lange nicht mehr geschlafen. Vermutlich lag mir einfach die Pizza schwer im Magen. Oder habe ich zu viele Erinnerungen gegessen? Es rüttelt und klappert an meiner Zimmertür. Die Putzfrau. Sie gibt sofort auf, als ich »No service, thank you!« durch die geschlossene Tür rufe. Eigentlich wollte ich heute weiterreisen. Aber das nervt mich, ich hab keinen Bock. Also greife ich mir die nächstbesten Klamotten und stapfe zur Rezeption. Ich mag heute nicht packen, nicht reisen, keine Zugverbindungen raussuchen, keinen Koffer ziehen, keine Landschaften vorbeirasen sehen, keinen Bahnhof, kein Gleis suchen, keinen Platz, kein Hotel. Ich möchte bitte einfach noch einen Tag hierbleiben dürfen. So einfach ist das. Und deswegen verlängere ich meine Zimmerbuchung um eine Nacht. Was problemlos funktioniert. Klar, denn wer will hier von Montag auf Dienstag pennen? Nachdem das erledigt ist, könnte ich mich locker wieder in die Laken werfen. Ich raffe mich aber auf und laufe wieder … durch Renesse. Nun ist dieser Ort wirklich nicht groß. Man hat ihn zu Fuß in fünf Minuten erschlossen. Ich versuche mich dazu zu bringen, zu »bummeln«. Deswegen führt mich mein Weg auch in das Kaufhaus. So wie damals gehe ich direkt in die Spielwarenabteilung. Es gibt ein paar interessante Sachen, vor allem ein Puzzle hat es mir angetan. Puzzeln macht super Bock und entspannt mich.

Hab ich lang nicht mehr gemacht, könnte ich ja mal wieder versuchen.

Und da – ein Gedankenblitz: Ich stehe fast am Anfang einer Zugreise quer durch Europa und überlege gerade, mir ein Puzzle zu kaufen. Bescheuerter geht es echt nicht mehr! Ich kichere ein bisschen in mich rein und wirke eventuell wie ein Verrückter, aber hier ist eh kaum jemand, da geht das wohl klar. Ich gucke mich noch im deutschsprachigen Bücherregal um, aber auf »50 Shades of Grey« hab ich in diesem Urlaub keine Lust und Krimis sind nicht so mein Genre. Bei den Zeitschriften ist es ähnlich mau. Interessant ist jedoch, dass hier superviele deutsche Autozeitschriften ausliegen. Viel Oldtimer-Zeug und so was. Vielleicht ist diese Auslage das Deutscheste, was ich jemals gesehen hab. Und das in Holland. Lecko mio.

Das Kaufhaus ist abgegrast. Ich laufe weiter. Es sind nur etwa fünfzig Prozent der Geschäfte überhaupt geöffnet, die anderen bereits eingemottet. Es ist ein besonderes, irgendwie erhabenes Gefühl zwischen all den geschlossenen Geschäften in die zu gehen, die geöffnet haben. Man fühlt sich ein wenig wie der Überlebende einer Zombie-Apokalypse, irgendwie auserwählt. Und ich möchte diesen Geschäftssinn ja auch belohnen, aber fast alle verkaufen nur Sachen, die mir egal sind. Oma-Mode vor allem.

An einem Fahrradverleih bleibe ich hängen. Das könnte es sein: Ich mache heute noch eine Radtour! Das Wetter ist an diesem Montag allerdings zum Kotzen. Kalt, nass und superwindig. Als würde es sagen: Digger, mach heute alles, was du willst, aber nicht Radfahren. Und wer bin ich, dass ich mich dem Willen des Wetters entgegenstelle?

Als ich an einem der Pubs vorbeigehe, in dem wir früher gerne den halben Tag gesessen haben, sehe ich ein paar Jungs dort um einen Tisch stehen. Die müssen von hier sein, sonst wären sie nicht da. Die checken mich ab, lachen kurz. Ich gehe betont cool vorbei und grinse wissend. Jaja, ich war auch mal wie ihr. Und ich weiß, wie King man sich fühlt in seiner Hood. Also alles cool. Trinkt ihr mal ein Bierchen für mich mit. Irgendwie kommt mir gerade alles total irreal vor. Der Ort, meine Vergangenheit – alles irgendwie komisch. Ich überlege, woran das liegt. Was irritiert mich? Mir vorzustellen, dass es für mich damals nichts Größeres gab, als meine gesamte Ferienzeit auf einer Pub-Terrasse zu verbringen? Oder alles einmal ohne Menschen zu sehen und zu erleben? Hier ist nichts los. Mir sind an diesem Wochenende ein paar deutsche Nummernschilder aufgefallen, alle aus der näheren Umgebung. Und alle nur am Nachmittag. Vermutlich Wochenend-Tagesausflügler. Und wenn die wieder weg sind, steht das Örtchen immer noch. Nur alles bleibt viel leerer. Ich bin mir noch nicht sicher, ob das schöner oder schlimmer ist. Ich versuche mir nur vorzustellen, wie man damit lebt. Wie es wäre, wenn ich hier am zentralen Platz leben würde? Im Sommer käme ich kaum zur Ruhe. Da würden die Touristen lärmen, trinken, ein paar von den ganz üblen Horrorgestalten würden vielleicht sogar in meinen Vorgarten kotzen. Mensch, wie ätzend ich das fände. Vielleicht hätte ich aber auch einen Laden hier im Ort, einen kleinen Laden für, sagen wir mal, Campingbedarf. Und ich würde von diesen Massen an Deutschen profitieren. Dann würde ich mir denken, naja, irgendwann sind sie ja wieder weg. Wie ist das überhaupt? Ist es nur zu Ferienzeiten laut und von heute auf morgen komplett ruhig? Was macht so ein Auf und Ab mit einem? Muss man da zur Therapie? Ausgerechnet wenn es schön ist, kann ich mein Zuhause nicht so richtig genießen, oder anders: muss es mit Menschenmassen teilen. Ruhe habe ich nur, wenn keine Saison ist. Also, für mich, der ich das Trostlose ja mag, müsste das doch eigentlich perfekt sein. Andererseits mag ich Wärme auch gerne. Ich komm da noch auf keinen grünen Zweig. Aber ich will das rausfinden.

Und ohne dass ich es merke, stehe ich schon wieder im Supermarkt. Ich kaufe diverse Getränke, Snacks und Zutaten für hausgemachte Sandwiches. Das Abendbrot und die Weiterreise sind also kulinarisch gesichert. Und dann geht es zurück in mein Hotelzimmer, meine Burg. Ich muss mich gar nicht dazu zwingen, hier heute noch zehnmal so viel rumzulaufen. Ich kann es mir auch gemütlich machen, verdammt. Auch, wenn ich mir das immer noch nicht so richtig zugestehen will.

Ich liege auf dem Bett, knabbere an einem Stück Baguette mit Hummus und lese in meinem Buch: »S.«, ein dicker Wälzer, konzipiert von J.J. Abrams mit allerlei eingelegten Spielereien, die sofort rausfallen, wenn man nicht höllisch aufpasst. Auch das unhandlichste Buch für so eine Reise, aber das macht mir nichts. Ich finde es unheimlich spannend. Und wie ich da so auf dem vollgekrümelten Bett bäuchlings liege und mich in die Geschichte fallen lasse, prasselt der stärker werdende Regen an mein Fenster. Und mit jedem Atemzug werde ich jünger und jünger und jünger. Als Kind waren wir immer nur in den Herbstferien hier. Schlechtes Wetter und viel Zeit drinnen, in der ich nicht nur mit meinen Figuren gespielt, sondern auch unheimlich viel gelesen habe. »Pitje Puck« oder »Die drei ???« oder Comics. Ich hatte immer ein paar andere »Lustige Taschenbücher« dabei, aber mein liebstes war wirklich auf jeder einzelnen Reise mit von der Partie: »Donald mal ganz anders«. In diesem Buch wurde beschrieben, wie Donald Duck zum Superhelden Phantomias wurde, wie alle seine Gerätschaften erfunden wurden und wie er im Cape gegen Ungerechtigkeit kämpfte. Das war die erste Geschichte aus Entenhausen, in der Donald am Ende über den ewigen Glückspilz Gustav Gans triumphierte. Vermutlich habe ich es deswegen so geliebt. Ich fand das nämlich so unerträglich unfair, dass Donald jedes Mal gegen seinen Vetter verlor, ohne etwas dafür zu können – so wie Gustav ja auch nichts für sein Glück konnte, aber immer superarrogant damit rumprahlte. Dieses Missverhältnis von Glück hat mich verrückt gemacht als Kind. Und da kam mir »Donald mal ganz anders« ganz recht. Kein anderes »Lustiges Taschenbuch« hab ich öfter gelesen. Noch heute freue ich mich, wenn ich es durchblättere (natürlich das Original – nur jede zweite Seite in Farbe!), immer wieder an denselben Stellen. Juchhu! Donald gewinnt! Wie toll!

So lag ich als Kind auf dem Bett im Bungalow, der wilde Nordseewind peitschte den Regen gegen mein Fenster und ich las, wie Donald als Sieger aus einer Geschichte hervorging. Für manche mag sich das superöde anhören, für mich war es das totale Urlaubs-Glücksgefühl.

Und so ist das auch jetzt. Zeit ist mir egal. Nichts ist gemütlicher, als in einem warmen Raum zu sein, an dessen Fenster Regen trommelt. Mein Buch ist spannend, saugt mich auf. So liege ich da. Eine Stunde, zwei Stunden. Die Welt macht gerade ohne mich weiter. Normale Menschen kommen wahrscheinlich gerade von der Arbeit nach Hause. Hinter manchen Fenstern wird irgendwann zu Abend gegessen. Es wird dunkel. Ich mache das Licht an und lese weiter. Bis ich beschließe, genug ins Buch geguckt zu haben. Vorsichtig platziere ich mein Lesezeichen und klappe das Hardcover zu.

Dann verstaue ich es im Koffer. Und zur Entspannung sehe ich noch etwas fern. Als wenn Lesen Arbeit wäre.

Ich gucke ein wenig BBC, auch hier gibt es keine deutschen Sender. Ich denke an meine Liebsten zu Hause. Was die wohl gerade machen? Meine Tochter? Meine Freundin? Meine beste Freundin? Mein bester Freund? Ich würde ihnen gerne erzählen, wie es mir gerade geht, säße jetzt gerne mit ihnen allen zusammen und würde ihnen meine Eindrücke schildern, meine Erinnerungen erzählen. Um mit ihnen zu kommunizieren, schreibe ich Postkarten. Auch geil, mal wieder Postkarten zu schreiben. Hat man doch früher immer gemacht. Heute verschickt man eine WhatsApp mit einem Foto vom Strand. Ich will jetzt auch kein Kulturpessimist sein, ich mach das ja normalerweise auch so und finde es gut, aber ich merke gerade, wie viel Spaß Postkarten schreiben macht. Diese Gewissheit, irgendwas zu schreiben, worauf der andere nichts antworten kann oder muss, das ist doch schön. Damit macht man es ja auch dem Adressaten leicht und er muss sich kein »Oh, wie schön!« aus den Rippen leiern, obwohl er eigentlich nur neidisch ist. Aber im Ernst: Wie schön es ist, Postkarten zu bekommen! Ich freue mich gerade richtig, meinen Freunden diese Freude machen zu können. Ihnen ein Lebenszeichen von mir schicken zu können, mit irgendeinem lustigen Quatsch, den ich auf die Karte kritzele. Ich vermisse sie. Diese Menschen, die mein Leben erst zu diesem wunderbaren Leben machen, das es ist. Diese Leute, die mich so inspirieren. Meine Herzen. Mein Leben. Die fehlen mir. Was mir aber gar nicht fehlt, ist Deutschland. Ich denke nicht sonderlich national, das Konstrukt »Heimatland« ist mir etwas fremd. Und ich mag Holland. Mag die Lebensart. Hier ist auch vieles doof, klar. Aber das ist es überall. Bei Holland hab ich aber immer das Gefühl, dass die Menschen aus einem gewissen absurd-abstrakten Fatalismus heraus, nämlich dem, dass ihr Land nicht nur klein ist, sondern bei einer Flut auch als Erstes weg wäre, eine Stimmung entwickelt haben, die das Leben nimmt, wie es kommt und ihm das Beste abverlangt. Das mag ich. Das finde ich so in Deutschland seltener.

Ich schlafe ein. Und schlafe schlecht.

Gestern hatte ich noch keinen Bock, heute kann ich es nicht erwarten: Ich wechsle den Ort. Renesse war wirklich, wirklich gut zu mir. Meine Reise hätte kaum besser starten können, das Erinnerungszentrum in meinem Kopf hat gut verrückt gespielt. Aber dies ist eine Reise und ich will was sehen und mehr erinnern, mehr über alles nachdenken und dem Zeitstrahl folgen, zurück in die Vergangenheit, aber die Gegenwart dabei nicht aus den Augen verlieren.

An dieser Stelle muss ich jetzt leider die Realitätskeule auspacken, denn die Arbeit ruft. Ich muss einen Zwischenstopp in Köln einlegen, in zwei Tagen. Also beschließe ich, nach Nijmegen zu fahren. Ich war noch nie dort, habe aber schon oft von diesem Ort nahe der deutschen Grenze gehört und wollte mir den schon immer mal ansehen. Also wann, wenn nicht jetzt? Das ist hier ja schließlich eine Urlaubsreise, also sollten so ein paar Tage reiner Urlaub doch auch drin sein, oder? Außerdem habe ich mal gelesen, dass es dort einen ganz schönen Plattenladen geben soll. Und ich liebe Schallplatten. Genügend Gründe für mich, loszuziehen in Richtung dieser Studentenstadt.

Ich verlasse das Hotel, ziehe meinen Koffer in Richtung des Transferiums, des großen Busbahnhofs von Renesse. Ich werde ein bisschen wehmütig, in meinem Kopf verabschiede ich mich liebevoll von dem kleinen Dorf. Mach's gut, Renesse! Ich geh mal davon aus, dass wir uns noch mal wiedersehen. Du bist auf jeden Fall eine tolle Erinnerung. Ich hab mich sehr geborgen gefühlt.

In meinem Kopf formuliere ich noch weitere Abschieds- und Dankesreden. Eine klingt toller als die andere. Da fährt mein Bus vor, der wie schon bei der Hinfahrt ziemlich leer ist. Ich kaufe mein Ticket und fahre nach Middelburg. Schön, das jetzt auch noch mal alles bei Tageslicht zu sehen. Neben einer langen Fahrt am Deich entlang fädelt sich der Bus auch durch mehrere Dörfer und enge Straßen. Die Leute, die in den kleinen Dörfern leben und sich auf der Straße zum Schnack treffen, müssen regelmäßig dem rasenden Bus ausweichen oder Platz machen. Aber man grüßt sich, man winkt sich, man lächelt. Das scheint hier alles Routine zu sein.

Am Bahnhof in Middelburg muss ich zehn Minuten auf meinen Zug warten. Ich setze mich in eine Art Wartehäuschen, ein länglicher Glaskasten mitten auf dem Bahnsteig. Da drin ist es nicht wesentlich wärmer, dafür kommt man sich wie ausgestellt vor. Ich sitze und überlege, was ich als Nächstes machen soll. Keine Lust auf lesen, keine Lust auf essen. Langeweile, ich liebe Langeweile. Ich weiß, dass mich als Kind Langeweile manchmal rasend gemacht hat. Ich lag in meinem Zimmer und wusste absolut nichts mit mir anzufangen. An die Decke starren, aus dem Fenster starren, in meine Bücher starren, meine Hörspiele hören und mitsprechen. Langeweile war das furchtbarste Gefühl der Welt. Ich habe dann meine Eltern gefragt, ob sie nicht irgendwo hinfahren müssen. Der Standard-Gag meines Vaters war dann: »Ja, zum Bloosarsch …«, wobei ich anfangs dachte, das sei eine reale Person. In Wirklichkeit ist es einfach ein kölscher Fantasiename, der lustig gemeint ist. In Köln ist alles lustig, wo »Arsch« drin vorkommt. Aber als Kind bin ich verrückt geworden, denn ich wollte so gerne mitkommen zum Bloosarsch und dachte, wenigstens passiert irgendwas, während sich meine Familie köstlich darüber amüsierte, dass ich unbedingt mitkommen wollte und immer fragte, wann wir denn nun zu diesem Bloosarsch fahren würden. Mir war egal, wer oder was das war, Hauptsache raus. So empfand ich Langeweile als Kind. Heute lasse ich sie kaum noch zu, greife normalerweise immer zum Handy und lese irgendwas. Irgendwo wird schon jemand was Interessantes geschrieben haben, seit ich zum letzten Mal nachgesehen habe. Und so ist es ja auch meistens. Ich lese gerne und viel. Nur manchmal, in ganz wenigen Momenten, merke ich, dass ich auch nicht jede Information brauche. Dass ich auch mal abschalten kann. Ich mache wahnsinnig gerne Spaziergänge durch die Stadt und gucke dabei nach oben. Oben sehen die Häuser immer viel besser aus. Ja, das ist mitunter sehr langweilig, aber das hat auch etwas Schönes, das Konzept Langweile. Dass ich so etwas mal sagen würde – mein Teenie-Ich hätte mich dafür hemmungslos ausgelacht.

Ich muss umsteigen, so viel weiß ich schon. In Rosendaal muss ich in den Zug nach Nijmegen. Einmal umsteigen, das ist ja durchaus okay.

Als ich in Rosendaal ankomme, suche ich sofort meinen Anschlusszug, finde ihn aber nicht. Ich frage bei zwei Schaffnern nach, die am Gleis in ein Pläuschchen vertieft sind. Die beiden können mir schnell helfen, ich muss den Zug nach Breda nehmen. Nervt. Aber gut, ich klettere in den Zug nach Breda und muss jetzt besonders gut aufpassen, da ich mich hier nicht auskenne und deswegen nicht wirklich weiß, wie weit es nach Breda ist, wo und was das überhaupt ist, Breda.

Ich gucke also höchst konzentriert aus dem Fenster. Breda, Breda, Breda. Wenn man eine Sprache nicht spricht, fällt es einem unheimlich schwer, sich irgendwelchen anderen Dingen zu widmen in der Hoffnung, man würde bei der Durchsage der nächsten Station schon mitbekommen, wann man am Ziel sei.

Da! Breda! Nach längerer Fahrt bin ich endlich am Ziel. Ich steige aus. Dafür, dass ich den Namen Breda noch nie gehört habe, ist das hier ein ziemlich großer Bahnhof. Anscheinend handelt es sich auch bei Breda um eine Studentenstadt, dem Publikum nach zu urteilen, das hier gerade durch dieses Riesenbahnhofsgebäude eilt.

Die Größe des Reisezentrums steht in keinem Verhältnis zu der des Bahnhofs. Zwei Ticketschalter in einem kleinen Raum, aber vielleicht ist das auch nur übergangsweise. Ich frage nach meiner Verbindung nach Nijmegen, weil die auf keiner Anzeigetafel zu finden ist. Der sehr nette Fahrkartenverkäufer erklärt mir, dass ich über Tilburg fahren muss, vorsichtshalber druckt er mir diese Verbindungsinformation auch noch mal aus. Und ich will erst die Augen verdrehen, weil ich ein weiteres Mal umsteigen muss, erinnere mich aber dann daran, dass ich ja eine Zugreise durch Europa machen wollte. Wenn ich jetzt schon wegen dreimal umsteigen genervt bin, dann kann ich nächstes Mal gleich Pauschalurlaub auf Malle machen. Der Gedanke macht mir sofort gute Laune. Ich hab's nicht eilig, ich muss keinen Zeitplan einhalten – alles ist entspannt. Ich sollte die Reise genießen. Und das tue ich jetzt.

Im unspektakulären Bahnhof Tilburg steige ich zum letzten Mal um, in den Zug mit dem Ziel Nijmegen. Und dann bin ich endlich da.

Von wegen Nijmegen

Ich weiß von meinem Hotel, dass es irgendwo im Zentrum liegt. Also lasse ich mich aus dem Bahnhof treiben und versuche herauszufinden, in welche Richtung die meisten Leute hier gehen. Dem Publikum nach zu urteilen, scheint auch Nijmegen eine Studentenstadt zu sein. Ja sag mal, sind denn hier alle Orte Studentenstädte? Ich laufe der größten Menschenmasse hinterher und irgendwann entdecke ich sogar ein paar Wegweiser, auf denen »Centrum« steht.

Es geht immer weiter den Berg hoch. Die Stadt verdichtet sich. Gab es um den Bahnhof herum noch großzügige Straßen, wird jetzt alles enger. Ich ziehe meinen Koffer über Pflastersteine. Vorbei an Tattoostudios. Vorbei an Headshops. Vorbei an türkischen Haushaltswarenläden. Vorbei an Imbissen. Vorbei an Teestuben. Und dann bin ich anscheinend mittendrin, denn jetzt ziehe ich vorbei an Primark, McDonald's und C&A. Ich stehe auf einem Marktplatz und überlege, in welche Richtung ich gehen soll. Ein Bus fährt nah an mir vorbei. Ich gehe in die Richtung, aus der er gekommen ist. Große Geschäfte links und rechts von mir. Ich bin wirklich in einer klassischen Innenstadt. Auch wieder schön, nach den letzten Tagen Dorfleben.

Ich hab es eigentlich nicht eilig, genieße das Ankommen. Aber es regnet (wer wollte noch mal unbedingt im November losreisen?) und ich würde jetzt wenigstens gerne die Sachen ablegen und mich freier bewegen können. Aber noch keine Spur von meinem Hotel. Ich laufe die Straße hoch und als ich an einen Punkt komme, wo ich auf keinen Fall mehr richtig sein kann, weil die Innenstadt ihr Ende findet und eine mehrspurige Verkehrssituation ihren Anfang, laufe ich sie auch wieder runter. Bis ich endlich an einer Bushaltestelle einen Stadtplan entdecke. Und feststelle: Ich bin jetzt auf dem richtigen Weg. Eigentlich muss ich nur noch geradeaus. Ich laufe und laufe und die Straße wird immer schöner. Coole, kleine Läden, alles wirkt schön liebevoll dekoriert, restauriert. Und mittendrin entdecke ich das Café, welches zu meinem Hotel gehört und in dem ich einchecken soll. Ich ziehe meinen Koffer durch den Laden, vorbei an den Leuten, die gerade ihre Zeitung bei einem Tee lesen oder Studenten, die das freie WLAN im Laden nutzen, um zu surfen und wichtige Texte zu schreiben. Wer weiß, vielleicht tippt sogar einer von denen gerade ein Haiku in seinen Rechner. Ist das noch ein Ding? Haikus?

Ich checke ein, schleppe meinen Koffer ein paar viel zu steile und enge Treppen – die bin ich aus Holland nun wirklich schon gewohnt – hoch und stehe dann in meinem Zimmer. Kleines Bad, aber großzügiger Raum. Irgendwie scheint das eine gute Idee gewesen zu sein, Nijmegen. Mir gefällt hier gerade alles. Eine kleine Welle der Euphorie durchströmt mich. Die Reise geht weiter, das Leben geht weiter. Ich kann eine neue Stadt für mich entdecken. Das fühlt sich alles gut an. Es war eine super Idee, diese Reise zu machen.

Nachdem ich alles abgelegt habe, gehe ich aus dem Hotel, um mir was zu essen zu besorgen. Ich sollte eigentlich auch mal essen gehen, aber heute hab ich keinen Bock mehr, mich irgendwo reinzusetzen und mit Menschen zu interagieren. Deswegen geht mein Besuch, Überraschung: zum nahe gelegenen Mini-Supermarkt. Diesmal hab ich keinen Kühlschrank auf meinem Zimmer, muss also etwas geschickter einkaufen. Nach einer großen Ladung Getränke kaufe ich mir noch einen Salat mit Hühnchen und einen Schokoriegel.

Dann gehe ich langsam zurück zum Hotel. Ich würde gerne diese Straße noch weiter erkunden, aber mittlerweile regnet es in Strömen. Ein Schirm, das wäre doch mal was! Morgen wird es so weit sein, morgen kaufe ich … ach, lassen wir das.

Zurück im Hotel überlege ich, was an meiner Reise noch besser sein könnte. Wie wäre das wohl, wäre ich nicht allein? Was wäre, wenn meine Freundin mitreisen würde? Wir würden uns wohl gegenseitig motivieren, mehr rauszugehen, mehr essen zu gehen, mehr zu erleben. Sich da alleine immer wieder zu motivieren, fällt mir schwer. Aber ich muss. Ab morgen wird mehr essen gegangen. Und außerdem sollte ich auch frühstücken gehen. Das zahle ich ja mit, das sollte ich auch nutzen. Da stellt man doch die Weichen für den Tag. Da war ich viel zu nachlässig, das geht nicht. Überzeugt, dass ab morgen vieles anders wird, schlafe ich ein.

Ich wache viel zu früh auf. Das bedeutet: Der Tag hat zwar schon begonnen, aber nur für Frühaufsteher. Für Hotelfrühstück ist es noch zu früh. Im Fernsehen läuft auch nichts Ordentliches. Ich versuche mir die Zeit damit zu vertreiben, zu überlegen, was ich heute machen soll. Klar, erst mal einen kleinen Stadtbummel, aber was dann? Vielleicht gibt es hier irgendwo ein interessantes Museum? Ach, Museum-Schmuseum. Ich gehe einfach los, und dann wird sich schon irgendetwas Interessantes ergeben. Vorher drehe ich mich aber nochmal ganz kurz um.

Es ist schon um die Mittagszeit. Wie seltsam. Dieser Tag versucht irgendwie, ohne mich loszugehen. Ich wälze mich im Bett hin und her. Ich will nicht aufstehen, aber ich muss. So ein Quatsch, ich muss gar nicht aufstehen, ich WILL. So geht es einige Zeit hin und her. Bis mich der Durst aus dem Bett treibt, denn ich habe einen ungeheuren Brand und nichts mehr zu trinken im Zimmer. Ich mache mich einigermaßen frisch, ziehe mich an und verlasse mein Zimmer. Ich hab Hunger. Und Durst. Und eine neue Hose brauch ich auch noch. Nijmegen, ich komme.

Ich laufe gemütlich die Straße hinunter, in Richtung Innenstadt, da, wo ich gestern planlos herumgeirrt bin. Ich kann mich nicht so richtig entscheiden, wo ich etwas essen möchte. Ein paar Imbisse auf dem Weg hab ich links liegen lassen, da sie, aufgrund von Schulschluss, hemmungslos überfüllt waren mit jungen Leuten und ihren klobigen Ranzen auf ihren noch nicht zu krummen Rücken. Muss nicht sein. Aber der Magen grummelt und will Nahrung und da entscheide ich mich für den traurigsten aller traurigen Orte: ein Kaufhausrestaurant. Warum ich ausgerechnet das jetzt für eine tolle Idee halte, weiß ich auch nicht, aber ich mag nicht mehr suchen und will essen und wenn die Dinger eines mal nicht sind, dann »cool«. Ich kann also mit einer geringen Nach-Schul-Snack-Publikums-Dichte rechnen. Und exakt so ist es auch: Das Restaurant ist sogar halbwegs schick. Es liegt im obersten Stock des Kaufhauses, man kann durch die Panoramascheiben schön über den Marktplatz blicken. Aber hier ist nichts los. Ein paar Rentnerinnen, eine andere Frau in meinem Alter und eine Kleinfamilie, das sind die einzigen Kunden. Und inmitten dieser hauptsächlich weiß gehaltenen Harmlosigkeit wirken alle ein bisschen deplatziert. Ich hab keine Ahnung, wie man aussehen müsste, um hier reinzupassen. Vielleicht eher so sektenartig. In weiße Walle-Walle-Gewänder gekleidet. Mit dicken Edelsteinketten. Aber auf keinen Fall so normal angezogen, wie hier alle rumlaufen. Ich esse einen Croque Monsieur. Mag ich gerne, obwohl mir beim Essen auffällt, dass ich ja quasi schon wieder eine Art Sandwich esse, wenn auch eine etwas versiertere. Da muss ich mal drauf achten. Memo an mich selbst: auch mal was anderes essen als Dinge auf Brotbasis.

Man muss dem Restaurant immerhin zugutehalten, dass es nicht ganz so schlimm ist wie die Kaufhausrestaurants in Deutschland. Manchmal, da gehe ich in Berlin ins Kaufhaus und setze mich dort ins Restaurant, ebenfalls im obersten Stock. Das so ziemlich einzig Essbare dort sind die Nudeln vom Pasta-Buffet. Die werden aber nach Gramm bezahlt. Und der Grammpreis ist üppig. Man zahlt dort also für einen vergleichsweise kleinen Teller Pasta unter Umständen so viel wie in einem Nobelrestaurant. Nur ohne die Bedienung. Und die Qualität. Und das Ambiente. Man balanciert dann sein Tablett vorbei an Rentnern, die sich aufbrausend unterhalten. Oder an Rentnern, die alleine an ihren Tischen sitzen und traurig ins Nichts starren. Und an Rentnern, die entschlossenen Schrittes zum Raucherbereich gehen. Manche Rentnerinnen essen gegen 12 Uhr ihren Nachmittagskuchen, vermutlich weil sie schon um 7 Uhr gefrühstückt haben. Und dazwischen immer wieder Menschen, die es sich mal »gönnen« hier essen zu gehen. Und Familien mit Kindern, die entweder schreien oder rumrennen oder beides gleichzeitig machen. So sieht es in jedem Kaufhausrestaurant aus. Wenn ich mitten in der Stadt in Trostlosigkeit abtauchen will, dann gehe ich dort hin. Ich habe außerdem die Erfahrung gemacht, dass, je wilder, ausgeflippter, lebenslustiger diese Restaurants wirken wollen, je mehr sie so gestaltet wurden, dass sie wie ein kleiner, südeuropäischer Marktplatz wirken, je mehr sie besondere Frische verströmen möchten, umso trostloser sind sie und ihr Publikum. Keine Ahnung, warum. Aber isso.

Dieses holländische Kaufhausrestaurant ist deutlich besser von der Atmosphäre her. Aber dennoch: Es kann nicht vertuschen, dass es auch ein KHR ist. Dieser spezielle Vibe dieser Läden, den wird man wohl nicht los. Wie so eine Art Fluch.

Ich verlasse das Kaufhaus wieder und setze meinen Stadtbummel fort. Ich spaziere zurück in Richtung Hotel, denn dort waren ja die Läden, die ich so toll fand. Zum Beispiel ein Comicladen, der irrsinnig viel Spielzeug hat. Leider ist nichts für mich dabei, obwohl ich kurz überlege, mir ein paar holländische Superheldencomicausgaben aus den Achtzigern zu kaufen, weil die so schön aufgemacht und alle im Angebot sind. Ich lasse es dann aber doch, weil, naja … weil es eben holländische Superheldencomics sind. Ich hab ja außerdem auch noch das Masters-Buch aus Amsterdam im Gepäck, das sollte als Comic-Verpflegung wohl reichen.

Ich trete aus dem Laden und was sehe ich da auf der anderen Straßenseite? Einen großen Plattenladen! Ich hatte schon ganz vergessen, danach zu suchen, da fällt er mir einfach so vor die Füße. Ich gehe sofort rein. Plattenkisten, so weit der Laden reicht. Grob sortiert nach Genre, inklusive einiger Billigkisten. Weißes Neonlicht. Platten stapeln sich in allen Ecken. Ein paar vergilbte Poster an den Wänden oder ausgeblichene Exponate besonderer Plattenboxen. Es ist ein wenig schmuddelig. Es ist das Paradies. Das ist genau die Art von Plattenläden, die ich so liebe. Bei denen weiß man: Hier sind irgendwo ein paar Schätze verborgen. Und man findet sie nur mit viel Geduld und schnellen Fingern, die sich durch die Vinyls wühlen. Ich gehe immer zuerst zu den Billigkisten. Hier Schätze zu finden, Platten, die mich auf Anhieb interessieren, ist das Allerschönste. Und ich finde einiges an interessanten Platten, unter anderem eine von Katja Ebstein, die von Stephan Sulke und Protestsong-Legende Robert Long geschrieben wurde. Die Platte heißt »He, du da!«. Der Name schon. Ich muss die haben. Ich wühle noch etwas weiter, finde noch ein paar andere interessante Schmankerl. Als ich mit der Zwei-Euro-Kiste fertig bin, gucke ich noch mal, was ich alles ausgesucht habe. Ich gestehe mir 20 Euro für meinen Einkauf zu und muss deswegen aussortieren. Ein paar Platten, die ich zunächst noch interessant fand, müssen im Laden bleiben. Viele kleine Schätze schaffen es in die Auswahl. Der Soundtrack eines alten Robert-Altman-Films, den ich nicht kenne, zum Beispiel. Oder die Platte einer britischen, offenbar Achtzigerjahre-New-Wave/Punk-Band, die »Dalek, I love you« heißt. Katja Ebstein schafft es natürlich auch in den Recall. Ich gehe glücklich aus dem Laden. Plattenkauf macht happy. Auch wenn ich die Dinger jetzt für den Rest meiner Reise mit mir rumschleppen muss.

Wenig später sitze ich auf meinem Hotelbett und lese die Plattencover der neuesten Errungenschaften. Plattencover lesen, das war das Allergrößte für mich als Teenager. Ich hab das Cover von »Nach uns die Sintflut«, dem Ärzte-3er-Live-Album, rauf und runter gelesen, mir alle Fotos genau angeguckt. Ich war auf der Suche nach Dingen, die ich übernehmen, mir aneignen könnte. Zum Beispiel wie Farin Müller Milch trinkt. Oder Bela mit diesen supercoolen Totenkopfringen und dem Jack-Daniels-T-Shirt. Ich hab mir Grüße durchgelesen und versucht, die zu entschlüsseln, die nicht zu entschlüsseln waren. Es gab, als ich noch klein war, exakt drei Quellen für Schallplatten: den kleinen Plattenladen in der Nähe meiner Oma, Karstadt in Wesseling und manchmal hatten meine Geschwister die Güte, mich nach Köln mitzunehmen, zu Saturn. Als ich etwas älter wurde, durfte ich mit der Bahn alleine nach Köln fahren und ich erinnere mich noch genau, wie ich mir damals das erste Album von »Depp Jones«, Belas Band nach dem Ärzte-Split, gekauft habe: »Return to Caramba«. Ich öffnete die Verpackung, zog die Innenhülle raus und las mir alles durch. Auch die Songtexte. Und in meinem Kopf malte ich mir aus, wie die einzelnen Songs wohl klingen mochten. An Texten konnte man ja immer gut erkennen, was wohl die Strophe ist, was die Bridge und so weiter. Und so malte ich mir die Platte in den buntesten Punkrock-Farben aus. Meine Kopfband schrammelte sich einen ab und drehte voll durch und Bela sang dazu, wie es halt nur Bela konnte. Ich war eigentlich schon King Køng Fan, die Band von Farin nach dem Ärzte-Split, aber Depp Jones konnten ja auch nicht schlechter sein und würden vielleicht sogar das Warten auf das nächste Album von KK verkürzen. Irgendwann war ich zu Hause und rannte in mein Zimmer, um die Platte aufzulegen. Okay, sie klang nicht ganz so, wie ich mir das vorgestellt hatte. Aber das war jetzt vermutlich auch egal. Sie war trotzdem stark und ich hörte sie an diesem Tag noch mehrere Male rauf und runter. Aber dieses Plattenlesen, das habe ich beibehalten.

Und jetzt sitze ich hier auf einem niederländischen Hotelbett und versuche mir vorzustellen, wie Katja Ebstein klingt, wenn sie singt:

»Die Intellektuellen,
die hören gerne Blues.
Bei denen tanzen die Forellen,
im selbst gemachten Apfelmus.«

Was soll man sich denn dazu für eine Musik vorstellen? Ich rätsle rum und es will mir irgendwie nichts einfallen. Ich bleibe lange daran hängen, an dieser Überlegung, aber nichts. Irgendwann lege ich die Platte weg. In den kommenden zwei Wochen werde ich sie nicht hören können, ich sollte mich also nicht verrückt machen.

Ich habe Lust, noch ein bisschen fernzusehen. Ich entdecke einen Sender, den ich spontan zu meinem neuen Lieblingssender küre. Er heißt »ID« und das ist die Abkürzung für »Investigation Discovery«. Es ist also ein Discovery-Channel, aber bei diesem geht es nur um Verbrechen und ihre Aufklärung. Genial! Ich gucke eine Crime-Doku nach der anderen. Mal geht es um Stalking, mal um Anna Nicole Smith. Dann gibt es eine Sendung mit dem großartigen Titel: »Who the fuck did I marry?« und eine andere namens »Happy Never After«. Ein fantastischer Sender. Genau die Art von Unterhaltung, auf die ich gerade total Bock habe. Und während sich die Fälle auf dem Bildschirm in immer hysterischere Höhen schrauben, gleite ich gemütlich in den Schlaf.

Ich werde wach von einem Traum, das passiert bei mir nicht so oft. Sofort schreibe ich ihn auf, das hat sicher was mit meinem Abenteuer zu tun. Vielleicht liegt in diesem Traum ja eine tiefere Erkenntnis über meine Reise. Ich will das hier natürlich mit Bedeutung aufladen. Nachdem ich den Traum aufgeschrieben habe, bleibe ich ein bisschen liegen, um richtig wach zu werden. Dann nehme ich mein Notizbuch noch mal zur Hand, um nachzulesen, was ich geträumt hab. Dort steht, wortwörtlich:

Träume von Reise: Fahre nach Wesseling. Erkenne nix mehr wieder. Lass mir alte Plätze zeigen. Auch Köln. Esse Indisch mit Karotten Orangen Mandeln Erbsen. Kann mich nicht genau erinnern und doch, weine, weil ich mich erinner + vergesse. Was einem damals wichtig war, ist jetzt egal: Weine auf der Taxirückbank in mein Essen. Salzig. Fahrer hat Mitleid. Erster Gedanke nach dem Aufwachen: Jetzt träum ich schon die Reise, auf der ich mich befinde!

Etwas ratlos lese ich den Text einige Male. Ich war wohl

doch noch im Halbschlaf. Das erinnert mich daran, wie ich mal auf einer Jugendfreizeit ganz in der Nähe meiner Heimat eine Nacht lang mit einem Mädchen in einem Zelt lag und wir so müde wie möglich werden wollten, um in diesen komischen Zustand zu gelangen, in dem man noch nicht schläft, noch weiterredet, aber sich Sekunden später nicht mehr daran erinnern kann, was man gerade gesagt hat, das Hirn eigentlich schon im Schlafmodus war. Wir haben in diesem Zustand ein ganzes Gespräch geführt und uns kaputtgelacht. So ähnlich sind wohl auch heute Morgen meine Traumnotizen entstanden. Am lustigsten daran ist, dass ich mich wirklich eigentlich an nichts von dem erinnern kann, was ich da aufgeschrieben habe. Schräg.

Ich werde immer wacher. Heute geht die Reise weiter, obwohl, eigentlich wird sie heute irgendwie unterbrochen. Ich lege einen Zwischenstopp ein, der von langer Hand geplant war und nichts mit meiner Reise zu tun hat. Ich werde heute zu Gast sein in der »Ultimativen Chartshow« bei RTL. Im Studio, auf der Couch bei Olli Geissen. Erst fand ich es ziemlich unpraktisch, dass das ausgerechnet in meine Reisezeit fallen musste, dann fand ich es aber irgendwie total gut: Wie so ein Ausflug auf einen ganz fremden Planeten, mitten auf meinem Selbstfindungstrip, das war doch lustig. Auch deswegen hatte ich die Entscheidung getroffen, nach Nijmegen zu fahren, das nicht so irrsinnig weit von der deutschen Grenze und vom Rheinland entfernt ist: Denn so konnte ich mich von einem Fahrer abholen lassen, der mich vom Urlaub bis ins Studio fuhr. Ich war unsicher, ob das nicht ein wenig dekadent rüberkam, aber irgendwie war es auch total absurd und deswegen so lustig. Und natürlich saugemütlich.

Mein Zeitplan sieht so aus, dass ich um 12 Uhr auschecken

muss, aber erst um 13 Uhr abgeholt werde. Zeit schinden ist angesagt, deswegen packe ich meinen Koffer in aller Ruhe, ganz gemütlich. Alles bekommt seinen Platz. Mir ist ein Shirt in die Matratzenritze gerutscht, deswegen ziehe ich kurz die Matratze hoch … und entdecke einen Fünfzigeuroschein unter dem Bett. Wie cool ist das denn? Ich habe keine Ahnung, wie der dort hingekommen ist, aber ich freue mir einen Ast ab. Es beschäftigt mich noch eine Weile, warum da ein Fuffi unterm Bett liegt. Mal denke ich an einen Falschgeldköder, dann an irgendeine seltsame Sexgeschichte, die hier stattgefunden haben könnte. Am Ende kommt mir das Mantra meiner Grundschullehrerin wieder in den Sinn und ich denke, wenn ich schon ein Shirt so komisch in dieser Ritze verlieren konnte, dann konnte das irgendein Gast vor mir auch mit einem Fünfziger schaffen. Moment mal, bedeutet das eigentlich, dass die Laken nicht so oft gewechselt werden? Dafür muss man die Matratze doch auch anheben? Ach Quatsch, die waren frisch. Und den Schein hat einfach irgendwer da verloren. Wie auch immer es war: Ich freu mich über die unvorhersehbare Urlaubsspende. Und hoffe, dass den niemand verloren hat, der das dringend brauchte.

Irgendwann ist es kurz nach zwölf und nun kann ich wirklich keine Zeit im Zimmer mehr totschlagen. Ich checke aus und gehe ein bisschen spazieren, mit meinem Koffer. In einem Laden gucke ich nach deutschen Zeitungen. Da ich das aber, wie bescheuert man manchmal ist, nicht zugeben will, als mich der Verkäufer anspricht, schwenke ich sofort um und frage nach einem Zehnerpack Briefmarken für meine Postkarten. Das ist doch irgendwie auch total bekloppt, dass ich in Holland (Hallo?) nicht zugeben will, dass ich Deutscher bin. Ich versuche dann immer so amerikanisch wie möglich zu klingen, wenn ich englisch rede. Ich spreche ganz gut englisch, aber ich habe mit großer Sicherheit auch einen nicht zu überhörenden Akzent. Wobei mir mal ein Australier in Neuseeland gesagt hat, ich klänge sehr amerikanisch, als käme ich aus Oregon. Aber wir waren damals auch beide betrunken – sein Urteilsvermögen mag da sehr eingeschränkt gewesen sein. Nun stehe ich in einem holländischen Kiosk, supernah an der deutschen Grenze und möchte vermeiden, als Deutscher wahrgenommen zu werden. Ich finde es unangenehm, dass ich in solchen Situationen manchmal nicht souveräner reagieren kann, aber okay. Briefmarken braucht man ja immer.

In dem Mini-Supermarkt kaufe ich mir, welch Überraschung, ein Sandwich. Es schmeckt nach absolut nichts und so langsam ist es wirklich grotesk, warum ich mir immer noch diese Scheißdinger kaufe. Ich sollte daraus lernen. Aber, machen wir uns nix vor, das werde ich nicht. Auf dieser Reise werden sicherlich noch viele geschmacklose Sandwiches in meinem Magen landen. Mehr als mir lieb sein sollte.

Und dann ist mein Fahrer plötzlich da. Ein gemütlicher, älterer, kölscher Typ, der ganz überrascht von Nijmegen ist. Ihm gefällt das Städtchen auch auf Anhieb. »Als Kölner fährt man ja eher nach Venlo«, sagt er und schwärmt noch ein bisschen. Wir verstauen meinen Koffer in der Limousine und fahren los.

Die Fahrt kommt mir ewig vor. Ich hatte wirklich gedacht, Köln sei hier um die Ecke, aber da hab ich mich wohl ein wenig verschätzt. Wir fahren durch die immer gleichen Landschaften. Irgendwann passieren wir die Grenze auf der Autobahn und ich komme mir ein wenig wie ein Cheater vor, weil ich nicht in einem Zug sitze. Das ist natürlich Quatsch und ich finde es selber lustig, dass ich so etwas denke. Aber ein bisschen wurmt es mich doch.

Irgendwann kommen wir an, in den Studios in Hürth, in der Kölner Peripherie. Hier war ich in den Neunzigern oft, als ich als Siebzehnjähriger gerade zu einem der ersten Fernsehgesichter von Viva geworden war. In diesen Studios wurde »Hans Meiser« gedreht, und genau in dieser Show hatte ich meinen ersten Fernsehauftritt außerhalb von Viva. Ich trug eine Ärzte-Wollmütze, weil ich immer Wollmützen aufhatte. Vorne drauf war das Ärzte-Logo, hinten war das Wort »Arschloch«, in Anlehnung an ihren großen Anti-Nazi-Hit

Die ultimative Köln-Show

»Schrei nach Liebe« aufgestickt. Was zu lustigen Kameraeinstellungen führte, denn in der Sendung war es immer so, dass die Gäste vorne im Bild von hinten angeschnitten zu sehen waren, während man im Hintergrund Meiser die Frage stellen sah. Man sah mich also hauptsächlich von hinten und das bedeutete: Jedes Mal, wenn Meiser im Bild war und eine einfühlsame Frage stellte, stand neben ihm »Arschloch«. Ich glaube, die Regie hatte damit auch ihren Spaß. Und Hans Meiser sowieso.

In denselben Studios wurde »RTL Samstag Nacht« produziert. Ich hab die Show liebend gern geguckt, als ich noch jung war. Zu Viva-Zeiten war ich dann selber einmal zu Gast, zusammen mit meiner damals besten Freundin Heike. Das war der Wahnsinn. Als die Sendung abgesetzt wurde, hat Hugo Egon Balder eine Zeit lang neu gecastet, für ein eventuell komplett neues Ensemble. Zu dem Casting wurde ich eingeladen und ich war unfassbar schlecht. Vielleicht war ich nicht komisch, vielleicht war es mir egal. Jemand, der mit siebzehn

Fernsehstar wird, ist in den ersten Jahren vielleicht auch nicht ganz vor einer gewissen Scheißegal-Haltung gefeit.

Jetzt war ich also wieder hier. In diesen heiligen Hallen. Ich werde auch gleich supernett empfangen und in meine Garderobe gebracht. Und dann heißt es erst mal: warten, warten, warten. Ich zappe mich durchs deutsche Fernsehen und merke, dass ich nichts verpasst habe. Dann mache ich mich ein bisschen frisch, nasche von den Schokoriegeln und werde dann abgeholt zur sogenannten Studio-Begehung. Die Verantwortlichen der Sendung sagen kurz »Hallo« und alle zusammen gehen ins noch publikumsleere Studio, um sich schon mal anzusehen, wo man nachher auf der großen Couch sitzt. Das ist absolut normal und üblich, nicht dass man nachher in der Show irgendwie übereinanderklettern muss oder eine awkward Situation entsteht, bei der man vor der Couch steht und nicht weiß, wohin. Trotzdem, als die Aufnahmeleiterin spricht und mir den Platz zeigt und ich mich mal hinsetzen muss und wir dann gefragt werden, ob es dazu noch irgendwelche Fragen gäbe – da komme ich mir dann doch ein bisschen beschränkt vor. Leute, ich muss mich hier nur auf eine Couch setzen und reden. Ich glaube, die Skills dazu habe ich. Sag ich natürlich nicht. Aber denke ich. Und kichere.

Ich warte weiter. In der Garderobe nebenan ist Howard Carpendale untergebracht. Das ist lustig: Ich höre, dass er spricht, verstehe aber kein Wort. Aber ich erkenne sofort seine Sprachmelodie. So wie der Howie spricht, so spricht eben nur der Howie. Ich nenne diesen Moment: »Das legendäre Howie-Murmeln von Hürth«.

Auf dem Flur treffe ich Oli P. Man kennt sich von früher. Dieser ganze Besuch hier scheint ein Ausflug in meine Neunziger-Vergangenheit zu werden. Oli treffe ich immer gerne, der ist einer der freundlichsten Menschen im Showbusiness. Genauso herzlich ist auch unser kurzes Treffen. Großes Hallo, feste Umarmung. Und wir freuen uns, später noch ein bisschen reden zu können. Im Moment ist aber jeder im Kopf erst mal bei der Show.

Es geht los. Da ich erst im zweiten Block zu Gast bin, muss ich schon wieder warten. Mir wird es alleine in der Garderobe zu langweilig, deswegen gehe ich ins Studio runter und warte dort, in den Kulissen. Da kann ich der Show folgen und ein bisschen gucken, was da alles so passiert. Howard Carpendale erklärt on air, dass seine Musik ein Botschafter für den Frieden sei, ein für mich dann doch etwas bizarrer Moment. Die Aufnahmeleiterin entdeckt meine Schuhe mit dem aufgedruckten Kölner Dom und fragt mich, ob sie sie fotografieren darf, um sie auf Instagram zu posten. Klar darf sie. Lustig, wie wenig mir Instagram gefehlt hat bislang. Ich werde von Freunden ja gelegentlich gerne als geradezu internetsüchtig bezeichnet. Aber es ist vermutlich einfach so: Wenn es nicht da ist, macht's mir auch nix.

Dann werde ich verkabelt. Hinter diesen Kulissen sprechen alle doch recht laut miteinander, so mein Eindruck. Sonst flüstern alle immer, hier spricht man in normaler Zimmerlautstärke, während vorne auf der Bühne die Show läuft. DJ Bobo tritt auf.

Ich warte noch immer, trinke noch ein Wasser, weil ich dann kurz vor dem Auftritt doch nervös bin. Etwas, was immer schlimmer wird. Ich dachte, man bekäme da Routine, aber während mir das als junger Mann gar nix ausgemacht hat, spüre ich heute vor jedem Auftritt, wie mein Kreislauf kurz überlegt, ohne mich weiterzumachen. Da klammer ich mich dann immer an so ein Glas Wasser und trinke langsam

Schluck für Schluck, erinnere mich daran, dass ich ja hier bin, weil man mich sehen will. Atme langsam ein und aus. Versuche mir bei jedem Schluck vorzustellen, wie sich das Wasser in meinem Körper verteilt. Und dann geht es meistens auch und ich bin einsatzbereit. So wie jetzt. Praktisch, denn genau in diesem Moment muss ich auf die Bühne.

Ich nehme auf dem Sofa Platz (ja, ich konnte mich noch dran erinnern, wo ich sitzen soll!), während eine MAZ läuft. Für den Fernsehzuschauer habe ich mich also nachher ganz plötzlich materialisiert. Als das Licht angeht, begrüßt mich Olli Geissen in der Runde und das Publikum klatscht freundlich. Ich bin jetzt quasi der Ersatz für Oli P.

Es ist lustig. Irgendwie mache ich eine außerkörperliche Erfahrung. Ich sitze da und mache alles mit, muss in einem besonders unangenehmen Moment sogar »Back for good« Playback singen, wofür ich schlageresk ins Publikum gehe und einer Frau zärtlich über die Haare streichle, was sie mit einem kurzen, kaum merkbaren Blick quittiert, mit dem man locker die Hölle zufrieren könnte. Sie fand das also offenbar nicht so witzig. Ich lasse von ihr ab und irgendwie wirkt meine Performance recht halb gar. Dann sitze ich wieder auf der Couch, wir reden über dies und das, es gibt noch ein paar kleine Ratespielchen. Ich performe nicht so gut, wie ich könnte, merke ich, aber da ich anscheinend gerade keinen Zutritt zu meinem Körper habe, kann ich nicht eingreifen und gucke mir halt weiter zu.

Und dann ist die Sendung auch schon vorbei. Die Zeit, wenn man dort sitzt, vergeht irre schnell. Dr. Alban ist noch aufgetreten – eine Performance, die niemand nachvollziehen konnte. Dann kam die letzte MAZ, in der ich das Schlusswort sprechen durfte. Und dann geht es raus aus dem Studio, zurück in die Garderobe, packen. Es wurden noch ein Umtrunk und ein kleiner After-Show-Snack angekündigt.

Hot Dogs! Es gibt Hot Dogs! Ich schlage gleich zu, esse zwei von den Würstchen, denn seit dem geschmacklosen Sandwich heute Vormittag habe ich noch gar nichts gegessen. Ich sitze alleine am Tisch, da taucht Oli P. auf, mit seiner ganzen Familie im Schlepptau. Alle setzen sich zu mir und wir albern ein bisschen rum. Ich fühle mich wirklich wohl unter diesen netten Menschen. Und ich bin auch ein bisschen froh, mal wieder soziale Kontakte zu haben. Ich kann noch mit Menschen sprechen, Gott sei Dank.

Dann ein großer Aufruhr: K. I. T. T. ist da! Ich hab gar nicht so richtig verstanden, warum. War der in der Show? Auf jeden Fall hat Oli P. irgendwie das Auto aus Knight Rider rangeschafft. Also, einen perfekten Nachbau, der auf Knopfdruck auch so typische K. I. T. T.-Kommentare ablässt. Megacool. Alle gehen raus, um sich dieses Spektakel mal anzusehen. Dazu macht jeder Selfies im und am Auto. Handys blitzen ohne Ende. Ich nehme meine Analogkamera und mache auch ein paar Bilder von mir und dem superintelligenten Auto. Ich war vielleicht nicht der größte Fan der Serie, aber diese Gelegenheit muss ich nutzen.

Als ich zurück in den After-Show-Raum gehe, sind fast alle weg. Ich überlege zurückzufahren, da winkt mich DJ Bobo an seinen Tisch, an dem er mit ein paar Bekannten sitzt. DJ Bobo, das muss man wissen, ist einer der höflichsten Menschen ever. Das hab ich bei dem schon damals bewundert. Man muss also gar kein Arschloch sein in diesem Geschäft.

Er freut sich ehrlich, mich zu sehen und schon nach kurzer Zeit werfen wir uns die Anekdoten aus dem Showirrsinn der Neunzigerjahre um die Ohren, weil wir uns einfach so oft über den Weg gelaufen sind oder uns über dieselben seltsamen Figuren am Wegesrand gewundert haben. Er erzählt von seinen Kindern, ich von meiner Tochter. Er ist ein wirklich guter Zuhörer, man möchte ihm alles erzählen. Olli Geissen und Abdel Karim, der in der Show als eine Art Geissen-Sidekick fungierte, kommen auch noch dazu, ebenso die Produzentin. Die Kölschfrequenz erhöht sich deutlich an unserem Tisch. Aufgeregt werden alte Geschichten hervorgekramt. Wir lachen uns kaputt, stoßen an und werden so jung wohl nie wieder zusammenkommen. Ich sehe mich lachen, als ich mich kurz verlasse und kehre so schnell wie möglich zu mir zurück. Dieser Abend ist schön, dieser Abend ist kostbar. Wir sind hier keine dicken Kumpels, aber eine Gruppe von Menschen, die gemeinsam in Erinnerungen schwelgen und einen schönen Abend haben. Das ist vielleicht auch sehr kölsch gedacht. Es ist herrlich. Ich bin ganz beseelt, als ich gegen Mitternacht in die Limousine meines Fahrers steige. Solche Abende, die sind etwas Besonderes.

Im Hotel packe ich mein Gepäck aufs Zimmer und beschließe, noch mal vor die Tür zu gehen. Die Hot Dogs haben nicht gereicht, außerdem hab ich ein paar Bierchen intus – allerhöchste Eisenbahn für einen feinen Mitternachtssnack. Es ist unter der Woche und so viel hat um diese Uhrzeit nicht mehr geöffnet, nicht mal in der Kölner Innenstadt. Aber dann sehe ich den Pizzaservice, bei dem ich in den Neunzigern immer bestellt habe, und weil das so schön zu meiner heutigen Neunzigernostalgie passt, gehe ich mir dort eine Pizza holen.

Zurück auf meinem Zimmer schleudere ich meine Klamotten weg und sitze dann glücklich auf dem Bett und esse die Pizza von meinem ehemaligen Stammpizzadienst. So schließt sich der Kreis.

Hui! Als ich aufwache, merke ich sofort, dass ich deutlich verkaterter bin, als ich erwartet hatte. Ich trinke alles an Wasser, was die Minibar hergibt. Dann nehme ich eine Ibuprofen. Hab ich zum Glück eingepackt. Würde ich eigentlich nie machen, aber ich hab gedacht, dass mir das auf dieser besonderen Reise noch mal nützlich werden könnte. Dann schlafe ich wieder ein. Ich muss dieses Zimmer auf jeden Fall bis zur letzten Minute nutzen. Es geht mir einfach ein bisschen scheiße.

In der letztmöglichen Minute checke ich aus und laufe dann erst mal mit meinem Koffer durch die Stadt. Ich will auf jeden Fall meine geliebte Freundin Suzie treffen, die hier in Köln lebt, und ein Ticket nach Basel muss ich mir noch kaufen, weil ich in Deutschland ja mit meinem Interrailticket nicht fahren darf. Basel ist nur eine Durchgangsstation, von dort soll es am nächsten Morgen direkt weiter nach Italien gehen.

Ich bummle ein bisschen durch die Stadt und mache erst mal das Sinnvollste, das, was jeder an meiner Stelle getan hätte: Ich gehe Bücher shoppen.

Es ist absolut bescheuert und irrational, aber ich kann kaum an einer Buchhandlung vorbeigehen, ohne mir etwas zu kaufen. Ich liebe einfach diese Auswahl. Und die Idee, dass es noch so viele, von mir ungelesene Bücher gibt. Ich vergesse vollkommen die Zeit und blättere und lese an und lese mich fest … und plötzlich sind es nur noch dreißig Minuten, bis mein Zug fährt. Und ich brauche noch ein Ticket. Ich gehe schnell zum Bahnhof, kaufe meine Fahrkarte und eile zu meinem Zug. Als ich mich auf meinen Platz fallen lasse, fällt mir ein, dass ich Suzie ganz vergessen habe. Deswegen wühle ich das Handy aus dem Koffer. Ich schreibe ihr eine SMS, dass ich schon im Zug sitze und sie schreibt spontan das herzzerreißendste Gedicht der Welt:

»Es war ein Prinz aus Wesseling,
der hatte zehn Finger und an einem trug er einen Ring.
Dieser sah aus wie eine Krone.
Er hatte eine Freundin, die wohl in Köln wohne,
genauer gesagt am Eigelstein.
Sie wartete auf ihn auf einem Bein,
doch der Prinz aus Wesseling,
mit einer Krone als Ring,
kam einfach nicht.
Er brach, was er verspricht.
Das Girl vom Eigelstein fiel dann einfach um
und ward für immer stumm.
Und das, was man hier für Regen hält, sind ihre Tränen
und was man hier als Herbststurm kennt, das ist ihr Gähnen.«

Ich hab gelacht und mich gleichzeitig geärgert, dass wir uns nicht mehr getroffen haben. Deswegen schrieb ich ihr ein Gedicht zurück:

»Er sagte, er will es versuchen,
er musste den nächsten Zug buchen.
Er ging in ein Büchergeschäft
und kaufte dort so manches Heft.
Die Zeit war für ihn zu knapp bemessen,
er wollte noch mit seiner kölschen Prinzessin essen.
Doch das war ein großer Schlamasel,
denn er brauchte noch den Zug nach Basel.
So musste er hetzen,
konnte nicht mit ihr schwätzen.
Und ritt auf seinen Tränen Richtung Schweiz.
Und dachte an die Perle des Eigelsteiz.«

Der Zug fährt los, ich schalte mein Handy aus und stopfe es irgendwo ganz tief in meinen Koffer. Mein Abenteuer geht jetzt offiziell weiter.

Ich mache es mir in meinem Sitz gemütlich und packe meine neuen Bücher aus. Unter anderem ein Rätselbuch mit lauter Wortspielen. Ich kichere die ganze Zeit vor mich hin. Seltsam, dass das in Zügen superungern gesehen wird, wenn man lachen muss. Meine beste Freundin findet es ja schon verwunderlich, dass ich überhaupt laut auflachen muss, wenn ich etwas Lustiges lese. Aber was soll ich machen? Wenn es witzig ist, ist es halt witzig. So wie dieses Buch, das ich gerade in Händen halte. Der übertrieben hohe Grad an Konstruiertheit macht es erst so lustig und so vertreibe ich mir angenehm die Zeit. Ich hatte mir am Bahnhof noch ein paar Snacks geholt: Croissants, Schokolade, was zu trinken. Aber da ist es bei mir im Zug immer exakt wie im Kino: In der ersten halben Stunde, in der ich sitze, ist einfach alles weg. Egal ob der Film schon angefangen hat oder nicht.

Früher war das anders: Ich erinnere mich an das erste Multiplex-Kino in unserer Nähe. Und in den Sommerferien (oder wenn wir sonst Zeit dazu hatten) sind wir dort mit unseren Rennrädern hingefahren und haben uns so viele Filme wie möglich in diesem Superkino angeguckt. Da hab ich auch »Batman« gesehen oder den ersten »Werner«-Film. Es war damals noch cool, dass endlich »Werner« verfilmt wurde.

Eines Tages bin ich dort, es muss in den Ferien gewesen sein, mal wieder alleine hingefahren. Ich bin gerne alleine ins Kino gegangen, hat sich bis heute bei mir auch nicht geändert. Ich war 14, aber es gab einen Film, der ab 16 war, den ich unbedingt sehen wollte: »Arachnophobia«, einen Spinnen-Horrorfilm. Ich hab mich so groß gemacht, wie es ging, und tatsächlich die Karte bekommen. Neben großer Freude regierte aber auch die große Angst: Hoffentlich würde mich jetzt niemand mehr nach meinem Alter fragen! Ich kaufte mir Nachos (damals auch absolut neu) und eine Cola und ging in den Kinosaal. Der Kartenabreißer schien in meiner Fantasie skeptisch an mir runtergeguckt zu haben. Ich wollte mir möglichst krampfhaft nichts anmerken lassen. Der Film ging los. Gebannt aß ich meine Nachos und verfolgte das Geschehen auf der Leinwand. In einer Szene wird ein Baum mit etwas eingesprüht, was Spinnen betäubt. Die fallen dann zusammengekrümmt in Fangnetze von Forschern. Als einer von denen mit seinem Kameraobjektiv ganz nah an eine Spinne zoomt, springt diese plötzlich auf und rennt weg. Ich habe mich im Kino noch nie so erschreckt. Dann aber konnte ich wieder durchatmen. War ja nur eine Erschreck-Szene. Im nächsten Moment aber wunderte ich mich: Wo sind meine Nachos? Peinlicherweise hab ich mich so erschreckt, dass ich sie einfach hochgeworfen habe, woraufhin sie durchs halbe Kino geflogen sind. Die Vorstellung war zum Glück nicht sehr gut besucht, aber ich hörte jemand aus den hinteren Reihen sich beschweren. Sofort sank ich auf meinem Platz zusammen. Die Angst, dass ich vielleicht jetzt doch noch erwischt werden könnte, war riesig. Auch eine geile Kinderfantasie: Als wenn dann mitten im Film noch mal alle Gäste auf ihr Alter überprüft würden. Den Rest des aufregenden Films verbrachte ich in Lauerstellung. Jedes Geräusch, das nicht von der Leinwand kam, ließ mich aufhorchen und als der Film vorbei war, war ich schneller aus dem Saal als je jemand zuvor.

Wenn ich heute im Kino sitze, schaffen es die Nachos mit Glück überhaupt bis zum Hauptfilm. Vielleicht mache ich das aber auch nur so zur eigenen Sicherheit. Nicht, dass die mir noch mal aus der Hand fliegen und jemand die Käsesoße aus seinen Haaren waschen muss.

Es regnet die ganze Zeit wie bekloppt. Ich fahre wirklich quer durch das Land und überall dasselbe Mistwetter. Aber hier im Zug ist es ja gemütlich. Am Nebentisch sitzt ein allein reisendes Kind und hat irgendwann entdeckt, dass es ein Handy dabei hat. Also ruft dieser vielleicht 10-jährige Junge so ziemlich alle Verwandten an, die er hat, und das sind eine ganze Menge. Und jedem wird erzählt, wie die Reise ist, wie es gerade in der Schule läuft, wie es im Schachclub läuft, welche Karl-May-Bücher er jetzt schon alle gelesen hat, wie es bei Mama ist, wie es bei Papa ist, was er sich zu Weihnachten wünscht, wie gut sein Englisch schon ist. Ja klar, das ist auf eine Art niedlich, aber der ist so laut – da ist das auf eine andere Art auch supernervig. Und zwar big time. Als ich ihn zum dritten Mal erzählen höre, wie super er Winnetou fand, möchte ich ihm das Telefon aus der Hand schlagen. Er ist auch ein kleiner Angeber, so wie wir als Kinder vielleicht alle mal waren. Aber muss ich das jetzt hier und heute ertragen? Außerdem fand ich Karl-May-Bücher immer scheiße. So, jetzt ist es raus.

Er ist auch irgendwann raus, und zwar aus dem Zug und die Reise verläuft unspektakulär, bis der Zug bei Freiburg über die Grenze fährt und schon wenige Minuten später am Baseler Hauptbahnhof hält.

Ich steige aus dem Zug. Es ist dunkel, es regnet. Aber irgendwie habe ich direkt mein Explorer-Gefühl zurück. Als würde ich eine fremde, neue Welt betreten. Hey, ich bin in der Schweiz, in einer Großstadt, das ist jetzt nicht unbedingt der Dschungel von Papua-Neuguinea. Aber das ist doch egal. Ich mag dieses Entdecker-Gefühl und deswegen lasse ich es auch zu.

Hemmungsloses Basel

Vor dem Bahnhof finde ich mehrere Straßenbahnhaltestellen. Von dort sollte ich zu meinem Hotel finden. Neben mir, direkt am Bahnhofseingang, spielt eine richtige Band. Alte Männer mit Ziehharmonika, kleinem Schlagzeug, Gitarre, Kontrabass und Zither. Sie spielen eine sehr angejazzte Version von »My Way«. Natürlich ist das ein totgespieltes Lied, aber hier und jetzt und in meiner Situation kann ich mir nichts Besseres vorstellen. Plötzlich fühlt sich alles ganz bedeutend an. »My Way«. Okay. Let's do this.

Zu meiner eigenen Überraschung finde ich mich auf den Fahrplänen sehr schnell zurecht, ebenso mit den Fahrkartenautomaten. Schnell habe ich das richtige Ticket und die Vermutung, mich in der richtigen Tram zu befinden, die mich zu meinem Hotel bringt. Verwundert studiere ich den Netzplan der Bahn: Hier kann man mit der Straßenbahn sowohl nach Deutschland als auch nach Frankreich fahren. Ja, schon klar, die Lage Basels ist keine große Überraschung. Aber für mich, so auf der Durchreise, schon kurios.

Ich werde nur eine Nacht hierbleiben, denn morgen geht es weiter nach Italien. Und da ich keine Lust hatte, mir ein paar Stunden an irgendeinem Bahnhof die Zeit zu vertreiben, hab ich mir eben ein Hotel gebucht, das ich schon sehr früh wieder würde verlassen müssen. Also wirklich sehr früh. Sehr, sehr früh. Unfassbar früh. Gegen sechs Uhr fährt mein Zug nach Mailand und ich muss mir vorher am Bahnhof noch einen Ticketzuschlag kaufen. Trotzdem: Als ich das Hotel in Basel gebucht habe, habe ich gelesen, dass es auf der Amüsiermeile der Stadt liegt. Und da hab ich gedacht: Das kann doch ganz witzig werden. Dann kann ich da noch durch ein paar Kneipen ziehen und was trinken und vielleicht lustige Leute kennenlernen. Backpacker-Style eben. Das Hotel ist sehr günstig und hat im Erdgeschoss eine Bar. Super, hab ich so gedacht, dann fall ich von der Bar direkt ins Bett. Auch wenn mein Käterchen aus Köln mir ein wenig die Lust versaut hat, heute noch mal auszugehen. Und dann auch noch alleine. Aber hey: Wenn ich all die glitzernden Bars sehe, in denen Halligalli auf der Amüsiermeile ist, dann krieg ich sicher auch direkt Bock loszuziehen.

Die Straßenbahn hält da an, wo sie anhalten soll. Läuft doch. Es regnet zwar, aber was ich aus dem fahrenden Fenster alles gesehen habe, hat mir gefallen. Basel scheint irgendwie gefangen zwischen niedlich und Großstadt – auch wenn Baseler das vielleicht nicht gerne hören. Aber ich fand das direkt sehr heimelig, auf eine spezielle Art. Mag ich.

Nun steige ich aus, direkt in den Regen. Ich werde mir jetzt wirklich mal einen Schirm kaufen müssen. Mein Koffer und ich ziehen los. An der Ecke vor mir ist ein riesengroßer Supermarkt. Das muss ich mir merken, denn hier irgendwo soll schon mein Hotel sein. Dann kann ich mir dort später Proviant kaufen gehen. Da ich keinen Führerschein habe und mein Leben lang nur Beifahrer war, habe ich ein recht gutes Orientierungsvermögen und finde mich in der Fremde immer schnell zurecht. Einfach weil ich darauf trainiert bin Wege aufzuspüren, die Augen rundum für jemand anderen offen zu halten, um etwaige Ziele auszumachen. Das hat meine Zurechtfindungssinne sehr geschärft. Ich freu mich, dass ich auf Anhieb meine Straße finde. Jetzt sind es nur noch ein paar Meter zum Hotel.

Ich bin manchmal so ein Otto, dass ich mich vor mir selbst schäme. Es gibt einfach Momente in meinem Leben, in denen ich eine Vorstellung oder eine Idee habe, die so fern gesunden Menschenverstandes ist, dass man mich für einen Fünfjährigen im Körper eines fast Vierzigjährigen halten könnte. Das sind die Momente, in denen sich die Naivität Bahn bricht und mein Denken derart verhüllt, dass ich einfachste Sachverhalte so falsch verstehe, wie man nur irgendetwas falsch verstehen kann. Und wo ich hier gerade in Basel wenige Meter vor meinem Hotel stehe, mitten im kalten Regen, der mir das Gesicht runterläuft und langsam meinen Mantel aufweicht, während ich einfach nur ankommen will, werde ich mir meiner gelegentlichen Ausfälle gewahr. Manch einer wird sich schon vor drei Absätzen gewundert haben, mir wird es erst jetzt bewusst: »Amüsiermeile« ist das etwas elegantere Wort für Straßenstrich und nicht für Ausgehviertel. Der Weg zu meinem Hotel ist mit Professionellen gepflastert. Und ich bin im Moment die einzige Person, die hier langmuss, der man deutlich ansieht, dass sie hier nicht arbeitet. Sprich: Ich bin Beute.

Ich würde mir so gern vor die Stirn schlagen. Ich hab mir allen Ernstes ein Hotel am Straßenstrich gebucht, weil ich dachte, es könnte ein lustiges Amüsierviertel sein. Bescheuerter geht es wirklich nicht. Ich gehe entschlossenen Schrittes zum Hotel, wobei die Damen mich natürlich alle angraben, recht direkt, recht aggressiv, mit einem »Come here, little Boy …«, »Want some ficki-ficki?« oder »Hey Sweetie, wanna come with me?«. Ich winke ab, sage nur »No! No!« und gehe weiter. In meinen Gedanken aber entspinnt sich ein Dialog mit den Frauen. Ich gehe hier gerade mit einem Koffer entlang. Wie viele Kunden kommen denn mit einem Koffer vorbei? Ich wage zu behaupten, dass sich der Anteil derer, die das machen, im eher unteren Segment befindet. Mein innerer Dialog geht in etwa so: »Also lasst mich doch bitte durch, ich bin doch offensichtlich kein Kunde und wenn ihr diese einfachen Signale richtig deutet, erspare ich euch ein wenig Frust und ihr mir ein wenig Unwohlsein – also Win-win für alle.« Nachdem ich das »gesagt« habe, lassen sie hängenden Kopfes von mir ab. Das tut mir jetzt auch irgendwie wieder leid. Deshalb versuche ich Wege zu finden, sie wieder aufzuheitern. Wie gesagt: blühende Fantasie und so.

In echt baggern sie unbeeindruckt von meinen Gedanken weiter und wollen mich in ihre Etablissements ziehen. Bis ich vor meinem Etablissement stehe. Der Hoteleingang ist direkt neben dem Bareingang. Ich muss klingeln. Der Türöffner summt und statt an einer Rezeption oder einem Empfang oder etwas Ähnlichem stehe ich direkt in einem Büro. Die beiden Männer, die das Hotel managen oder leiten oder darauf aufpassen, auf jeden Fall die beiden, die gerade *in charge* sind, sitzen zwischen Papierbergen in einem vollgestopften Raum. In den Regalen liegen Ordner, Schlüssel, lose Blätter und Bücher. Auf einem Tisch stehen ein Fax, ein Drucker und eine Telefonanlage. In der hinteren Ecke, von beiden Schreibtischen aus gut einsehbar, steht ein riesengroßer Flatscreen-TV, auf dem Livebilder der hiesigen Überwachungskameras zu sehen sind. Eine Kamera in der Bar, eine im Flur, eine vor den Toiletten. Ich betrachte das Treiben in der Bar gespannt. Eine Dame sitzt bei einem Typen halb auf dem Schoß. Eine andere tanzt. Mehrere Typen sitzen an der Bar und trinken Bier. Die Musik ist dumpf durch die Wände zu hören. Es ist irgendwie bizarr, diese Bilder hier zu sehen und gleichzeitig die Geräusche von nebenan zu hören. Es wirkt alles so inszeniert. Als wenn ich plötzlich Teil einer Scripted-Reality-Sendung wäre. Ich starre auf den Bildschirm, während der Hotelmann mir irgendwelche Pläne raussucht. Ich erwarte, dass jeden Moment irgendetwas Schräges in der Bar passiert. In solchen Bars zu so einer Zeit, da passieren doch andauernd die seltsamsten oder krassesten Dinge, oder? Vermutlich nicht. Nicht schräger als in allen anderen Kneipen auch. Männer trinken Bier. Manchmal so viel, dass sie laut werden, vielleicht mal vom Hocker rutschen, aber meistens trinken sie einfach ihr Bier und torkeln irgendwann nach Hause. Aber ich habe so viele Erwartungen an meine Reise, dass ich den Bildschirm anstarre, als wollte ich ihn dazu zwingen, etwas passieren zu lassen.

»Hiermit können Sie in ganz Basel die Straßenbahn nutzen«, räuspert sich der Hotelmann, der meinen Eincheck-Vorgang ausführt, und hält mir eine kleine weiße Karte entgegen. Ich nicke, stecke sie ein, und dann werde ich zu meinem Zimmer geführt. Auf dem Weg zum Fahrstuhl entdecke ich eine Tür mit der Aufschrift »BAR«. Aha! Eine direkte Verbindungstür zum Barraum. Und es gibt nur einen Fahrstuhl zu den Zimmern. Das bedeutet doch dann auch: Da sind die Zimmer der Mädels, wenn es vom Barraum einen direkten Zugang zum Hotellift gibt. Damit die es nicht so weit haben, wenn sie wieder Kundschaft abschleppen. Und dazwischen ist mein Zimmer, oder wie? Ich bin etwas beunruhigt. Ich hab keinen Bock auf sexsüchtige Besoffskis, die an meine Zimmertür hämmern, weil sie denken, dahinter verberge sich ein erotisches Abenteuer.

Mann, meine Fantasie geht aber wirklich immer krass mit mir durch. Das Zimmer ist vollkommen in Ordnung, sehr sauber, sehr aufgeräumt, mit Blick auf den Hinterhof und die niedlich dekorierten Balkone und Fenster der Nachbarn. Ich leg mich erst mal kurz hin. Durchatmen. Ankommen. Aufwärmen.

Dann steh ich auf, ziehe einen trockenen Pullover an, ziehe auch meinen immer noch viel zu nassen Mantel mangels Alternativen wieder an und verlasse das Hotel. Der Supermarkt will erobert werden und wer weiß, wie lang der hier geöffnet hat. Schnellen Schrittes und mit hochgeschlagenem Kragen gehe ich die Straße zurück, so weit am Straßenrand wie möglich, denn die Mädchen stehen an den Häuserwänden. Ich werde natürlich trotzdem ein paarmal angesprochen. »YOU! Come with ME!« Aber ich lächele nur und sage wieder mein bestimmtes »No!«. Das haut ganz gut hin.

Im Supermarkt gibt es viele schöne Sachen. Hier treffen sich auch alle möglichen Küchen. Viele italienische Produkte. Dieser Supermarkt ist riesig, eher ein kleines Kaufhaus. Im Obergeschoss bummle ich ein wenig herum und sehe dann eine Tonne voller Schirme. Die sind im Angebot. Genial, endlich würde ich einen Schirm für diese Reise haben …

Wenn ein einfacher Regenschirm im Angebot nicht immer noch so viel kosten würde wie eine Wohnung in Zentrumsnähe. Ich bin im falschen Laden. Nein, im falschen Land. Zumindest um Schirme zu kaufen. Ich würde auch heute noch nass werden müssen, dieser einfache schwarze Schirm im Angebot sprengt mein Schirm-Budget. Mit einer Tüte leckerer Getränke und Naschereien trete ich wieder raus in den Regen, zurück zum Hotel. Ich hab kurz darüber nachgedacht, später noch essen zu gehen, habe aber beschlossen, fünfe grade sein zu lassen. Ich habe mir genug Proviant besorgt, um den Abend im Hotel gemütlich vor dem Fernseher ausklingen lassen zu können. So sitze ich da, mit Rivella, mit einem Salat mit Plastikgabel, mit einem Bananenjoghurt, mit Schokolade, mit einem San Pellegrino, mit einem Sandwich. Und gucke, was der Freitagabend so hergibt. Irgendwo läuft ein Actionfilm und ich bin happy.

Tack, tack, tack. Ich glaube, ich hab das Geheimnis um die Tür zur Bar gelüftet: Die Zimmer für die Mädels sind in der Etage über mir. Ich höre Stöckelschuhe über meinem Kopf hin und her laufen. Es wird gemurmelt. Vermutlich einigt man sich gerade auf den Preis. Ich mache den Fernseher ein kleines bisschen lauter, es laufen gerade die Ehrlich Brothers, zwei deutsche Zauberer, die so eine übergroße Show machen, in der sich einer der beiden aus einem überlebensgroßen iPad auf eine Harley-Davidson zaubert. Ich stelle meinen Wecker auf fünf Uhr und schlafe ein.

Es ist drei Uhr. Über mir gibt es eine lautstarke Diskussion. Die männliche Stimme scheint etwas zu lallen. Die weibliche ist ganz entschlossen. Es geht eine Zeit lang hin und her. Ich drücke mir das Kissen auf den Kopf in der Hoffnung, die letzten beiden Stunden Schlaf noch mitnehmen zu können. Aber das Kissen auf dem Kopf verringert leider auch die Sauerstoffzufuhr und da ich nicht vorhabe, ausgerechnet in diesem Zimmer zu ersticken, muss ich Prioritäten setzen. Dann ist mit einem Mal Ruhe. Ganz abrupt. Ich wundere mich erst. Aber dann denke ich, für meine Verhältnisse überraschend misanthropisch: »Und wenn sie sich erstochen haben …«, drehe mich um und schlafe wieder ein.

Um fünf Uhr klingelt der Wecker aber dann wirklich und ich stehe auf, fast automatisch. Ich springe ins Bad, dusche, föhne, packe meine Sachen und bin gegen halb sechs auf der Straße. Mein Zeitplan geht voll auf. Auschecken bedeutet hier den Zimmerschlüssel in einen speziell dafür ausgehängten Briefkasten im Flur werfen. Als ich nach draußen trete, ein kleiner Schock: Die Mädels stehen immer noch da. Alter! Halb sechs? Das ist doch wirklich keine Uhrzeit mehr, zu der man noch mit Kundschaft rechnen muss. Ich werde ein bisschen traurig, würde sie am liebsten alle nach Hause schicken, finde mich aber gleichzeitig auch ein bisschen ätzend, denn wer bin ich, mich hier so väterlich aufzuspielen, auch wenn es nur in meinem Kopf ist? An meinem Tramhalt warten zwei betrunkene Menschen, die anscheinend gerade aus einem Club gefallen sind. Die leere Tram kommt und die Fahrt geht los. Ich gucke aus dem Fenster. Basel schläft tief und fest. Ein paar Putzfrauen in Bürohäusern. Ein paar Bäcker in der Backstube. Ansonsten alles dunkel. Am Hauptbahnhof steige ich aus und eile zu den Ticketautomaten, um mir meinen Zuschlag zu holen. Aber schnell merke ich: da geht nix. Der Zuschlag, den ich brauche, ist an den Automaten nicht erhältlich. Warum auch immer. Was könnte der Grund dafür sein? Sorry, zu aufwendig zu programmieren, oder wie? Ich verstehe es nicht. Mein Zeitplan läuft gerade aus dem Ruder, denn eigentlich wollte ich schon längst auf dem Weg zum Gleis sein, stattdessen muss ich warten, bis der Ticketschalter öffnet. Kurz vor sechs öffnet sich ein Rollo und eine nette Bahnmitarbeiterin nimmt sich meines Wunsches an. Sehr schnell hab ich, was ich brauche und ziehe fröhlich meines Weges. Doch nicht so knapp alles. Ich war ja auch der einzige Mensch am Schalter. Der Bahnhof ist noch recht verpennt. Ich kaufe mir mein Frühstück an einer Espressobar. Die Preise sind auch hier ordentlich, aber fuck it, was soll's? Da ich bar nur Euro in der Tasche habe, zahle ich damit, bekomme aber Franken zurück. Hmpf. Doof. Hier komme ich doch erst mal nicht wieder hin.

Nach kurzer Suche finde ich mein Gleis. Mein Zug ist noch nicht da, deswegen kann ich es mir noch etwas gemütlich machen. Da entdecke ich einen Snackautomaten und beschließe, mir noch ein paar Getränke für die Reise zu besorgen. Dafür kann ich (Halleluja!), das gesamte schweizerische Wechselgeld ausgeben. Ich freue mich mehr, als man sich vermutlich über so eine Kleinigkeit freuen sollte. Dann rollt mein Zug ein und ich gehe auf meinen Platz. Auf in Richtung Mailand.

Ich gucke aus dem Fenster, sehe die Schweiz langsam aufwachen und merke, wie ich dabei langsam einpenne. Ich werde dringend einen Waschsalon suchen müssen, wenn ich in Italien bin. Meine Reiseklamotte muss einmal komplett gereinigt werden. Ich bin fast auf der Hälfte der Tour, also passt das ja, denn so ungefähr hatte ich mir das ausgerechnet. Meine Augen werden immer schwerer, da erblicke ich noch etwas Superaufregendes: Wir fahren durch Thun – nicht, dass ich das kennen würde, aber es steht auf den Schildern am Bahnsteig, den wir passieren – und ich sehe meinen ersten Neuschnee in diesem Winter. Ich werde wieder ganz wach und aufgeregt. Schnee sieht von einem warmen Platz aus betrachtet immer so toll aus. Ich freue mich total. Mein erster Schnee.

Im Zug ist es weniger harmonisch. Der Zug ist komplett ausgebucht, was anscheinend überall auf der Welt zu den immer gleichen Komplikationen führt. Menschen setzen sich auf Plätze, die sie nicht reserviert haben, und wenn diejenigen kommen, die reserviert haben, wird ihr Recht erst einmal angezweifelt. Dabei wissen ja die, die nicht reserviert haben meistens, dass sie nicht reserviert haben, denken aber, durch freches Anzweifeln von Tatsachen die ganze Geschichte noch mal drehen zu können. Dieses Verhalten habe ich noch nie begriffen. Aber gut. Überall im Abteil gehen Diskussionen los. Wer wie wo wann sitzen darf. Vielleicht liegt es auch an der Temperatur: Ich freue mich ja, wie gesagt, den Schnee von der Wärme aus betrachten zu können, aber ich habe langsam das Gefühl, ich habe ein Sauna-Abteil gebucht. Es ist unheimlich warm im Zug, die Heizung läuft auf vollen Touren. Ich bin mir nicht sicher, ob ich hier überhaupt schlafen kann.

Neben mich setzen sich zwei Damen, die kaum Gepäck dabeihaben. Sie sind schon etwas älter, aber sehr elegant. Oder sehr darauf bedacht, elegant zu wirken. Es würde mich nicht wundern, wenn sie jetzt einen kleinen Champagner aus der Tasche holen würden. Aber nein, Moment. Eigentlich wäre das total primitiv. Sie haben eine viel echtere Eleganz. Sie haben es nicht nötig zu protzen. Sozusagen sichtbares Understatement. Ich überlege mir, was sie in diesem Zug machen und komme zu dem Schluss, dass sie wohl nach Mailand fahren, um ein bisschen shoppen zu gehen. Vielleicht fahren sie aber auch nur zu einer Vernissage, obwohl, dafür sind sie zu früh. Ich beschließe anzunehmen, dass sie einfach beides miteinander verbinden.

Ich denke über die bisherige Reise nach. Bis jetzt hat sie mir ganz gut gefallen, aber irgendwie habe ich das Gefühl, dass mir ein Highlight fehlt. Irgendwie ist alles an mir entlanggerutscht. Ich suche noch die Momente, bei denen ich sofort spüre, dass sie für die Ewigkeit sind. Jetzt werde ich auch noch unheimlich streng mit mir selbst: Dass ich da in Holland einfach so einen Tag zum Faulenzen eingelegt habe, ist nicht okay. Ich hab nur noch knapp zehn Tage. Das kann doch nicht sein, dass ich auf so einer besonderen Reise bin und einen ganzen Tag davon auf einem Hotelbett in der Nase bohre. Damit muss Schluss sein. Ein bisschen mehr Abenteuer-Disziplin muss her. Ich schimpfe wirklich hart mit mir im Zug. Abhängen wird es in diesem Urlaub nicht mehr geben. So!

Als ich aus dem Fenster blicke und mir die Landschaft bewusst mache, fällt mir etwas auf, über das ich mich als Kind schon gewundert habe, wenn wir mit dem Auto aus der Schweiz nach Italien kamen: Die Alpen sind plötzlich weg. Als gäbe es einen harten Schnitt in der Landschaft. In einem Moment staunt man noch über die Berge, im nächsten ist das Land flach und die weißen Bergspitzen sind nur noch ein verblassendes Panorama hinter einem. Immer verpasse ich den Moment, in dem ich feststellen könnte: »Ah, hier, dies sind die letzten Bergausläufer, die Alpen dürften damit durch sein.« Das passiert irgendwie heimlich. Ich stelle mir das vor wie bei Zauberern, die mit der einen Hand wedeln, damit man nicht drauf achtet, was die andere macht. Dieses in der Hand Dinge verschwinden zu lassen, heißt das nicht »palmieren«? Ich gluckse und kichere recht laut. Palmieren. Ich geh kaputt. Das ist doch wohl das beste bescheuerte Wort aller Zeiten: Palmieren. Ich kriege mich gar nicht mehr ein und lache weiter doof vor mich hin. Alle Blicke richten sich nach und nach auf mich. Ich kann mich nicht mehr beruhigen. Ich stelle mir vor, wie jemand mit gespitzten Lippen, einem gezwirbelten Schnurrbart, einem schwarzen Zylinder und einem Monokel das Wort »palmieren« sagt. Dann stelle ich mir jeden meiner Freunde, männlich und weiblich, in diesem Outfit, dieses Wort sagend vor. Also, ich habe Spaß. Aber das ist sicherlich die unheimliche Übermüdung. Nach müde kommt ja bekanntlich doof.

Endlich hält der Zug. Durchs Fenster habe ich schon diese typischen Häuser gesehen in diesen typischen Farben. Gelblich. Orangelich. Rötlich. Wäscheleinen überall. Ich bin wirklich in Italien. In Mailand. Hier muss ich umsteigen, habe aber ein wenig Zeit.

Ich gehe in einen Zeitschriftenladen und kaufe mir einen alten Micky-Maus-Comic, die hier allerdings »Topolino« heißen. Interessanterweise werden alte Taschenbücher neu eingeschweißt hier verkauft. Comics sind eben zeitlos. Auf dem Comic, den ich auswähle, ist Micky Maus mit einem Oscar in der Hand abgebildet. Das finde ich irgendwie cool. Dann kaufe ich mir noch einen ganz typischen Trash-Krimi-Comic aus den Siebzigern: »Diabolik«, bei den Italienern heiß geliebt. Dazu nehme ich noch die aktuelle Ausgabe des italienischen »Rolling Stone«, ein Wasser, eine Cola und, wie immer, ein Sandwich. Dann gehe ich zum Fahrkartenautomaten, um mir den Zuschlag für meine nächste Fahrt zu holen.

Im Gegensatz zu den Schweizer Automaten ist es ein Einfaches, den passenden Zuschlag zum Interrail-Ticket zu finden. Ich freue mich. Nun muss ich die Nummer meines Interrail-Tickets eingeben, damit die mit aufs Ticket gedruckt wird, sodass der Kontrolleur auch weiß, dass das alles zusammengehört. Und da durchfährt es mich wie ein Blitz, denn beim Griff in die Manteltasche spüre ich … Leere. Das Ticket!

Man sagt, in den letzten Momenten des Lebens würde man alles noch mal vor dem inneren Auge Revue passieren lassen. Keine Ahnung, was ich davon halten soll. Aber in diesem Moment sehe ich einen Schnelldurchlauf-Film der letzten dreißig Minuten. Alle Eventualitäten werden durchgespielt. Im Zug? Aber ich habe den Sitz noch so genau gecheckt, auch die Sitztasche an der Rückenlehne vor mir. Da war nichts. Beim Aussteigen? Das hätte ich doch gemerkt, wenn mir da was aus der Tasche gefallen wäre. Hatte mich jemand angerempelt? Ist mir irgendwer zu nahe gekommen? Der Kiosk! Habe ich es da ausgepackt und liegen lassen? Ach, warum hätte ich das tun sollen? Ich führe einen Tanz am Automaten auf, bei dem man meinen könnte, ich bettele um Regen. Ich greife panisch in die Außentaschen des Mantels. Gucke erneut in die Innentasche. Klopfe den Mantel noch mal ab. Die Hosentaschen. Nirgendwo ist mein Interrail-Ticket zu finden. Dies scheint das Ende meiner Reise zu sein. Hektisch reiße ich den Reißverschluss meines Koffers auf. Erst den zum oberen Fach, da bewahre ich oft Getränke und Ähnliches auf, wenn ich unterwegs bin. Auch darin: Kein Ticket. Ich durchwühle meinen Rucksack. Alle Bücher, alle Zeitschriften, alle Fächer. Mein letzter Rettungsversuch sieht so aus: Ich muss zurück zum Gleis und hoffen, dass der Zug noch nicht weggefahren ist. Zur Not wühle ich auch im Müll. Ich renne los. Voll bepackt. Mit schwerem Koffer ist das Rennen viel komplizierter. Und auf einem vollen Bahnhof, auf dem gerade der Berufsverkehr losgeht, erst recht. Ich hoffe einfach nur, dass diese Reise an dieser Stelle nicht zu Ende ist. Oh Mann, ich hoffe das so sehr!

Ich klopfe mich noch mal ab, während ich Richtung Gleis renne. Die Hoffnung stirbt bekanntlich zuletzt. Und dann, die Überraschung des Tages: Dieser Mantel besitzt zwei Innentaschen. Wer konnte das denn ahnen? Also ja, ich habe das Ticket in die Innentasche gesteckt und da war es auch noch. Ich habe nur vergessen, dass diese weitere Innentasche existiert. Ich bleibe sofort stehen, atme aus, schließe kurz die Augen. Als ich sie aufmache, ist das Ticket immer noch da. Alles klar. Jetzt bin ich jedenfalls WACH. In Großbuchstaben.

Und dann sitz ich auch schon im Zug Richtung Rimini. Der letzte Zwischenhalt, bevor ich am Ziel bin. Mir sitzt eine ältere Italienerin gegenüber. Sehr fit, sehr modern. Aber sie trägt eine Multifunktionsweste, mit zehntausend Fächern in den unterschiedlichsten Größen, wo jedes Fach für eine superspezielle Sache gedacht ist. Organisierte Menschen kennen das – ich nur vom Hörensagen. Aber das Accessoire, das mich wirklich irritiert, ist ihr Brustbeutel. Sie hat da wirklich alles Wichtige drin. Ist das jetzt ein Ding? Brustbeutel? Kommen die wieder? Waren die nie weg? Oder bin ich gar nicht in der Position, mich darüber zu amüsieren, denn ein Brustbeutel wäre auch für mich vielleicht eine Lösung, wenn man sich an das Malheur vor ein paar Minuten erinnert? Okay, okay. Ich sag ja nix mehr. Aber echt mal: Brustbeutel!

Die Brustbeutel-Frau telefoniert aufgeregt. Ich knabbere an meinem Schinken-Käse-Sandwich und gucke aus dem Fenster. Es regnet. Alles ist Grau in Grau in Grau. Wir fahren vorbei an unspektakulären Weiten. Die Felder sind alle leer. Es ist halt November. Manchmal kommen wir durch kleinere Städte. Um die Bahnhöfe herum ist die Architektur meistens besonders scheußlich, stelle ich fest. Die Mehrfamilienhäuser sehen aus, als würden sie vor allem von der Hoffnung und dem guten Willen ihrer Bewohner zusammengehalten. Angelaufene Fassaden, versiffte Schilder, viel Rost, wenig Putz. Vielleicht sieht es überall um Bahnhöfe herum so aus. Ich versuche zu vergleichen: Wie sehen die Bahnhofsviertel um Köln, Berlin, Hamburg aus? Fazit: Die italienischen Bahnhöfe sehen irgendwie vergessener aus.

Dennoch halte ich auf meiner Route an Bahnhöfen, an denen ich gerne aussteigen und speisen würde. Parma zum Beispiel. Irgendwo leckeren Schinken essen gehen. Mir läuft das Wasser im Munde zusammen. Wir fahren durch Bologna. Oh, hier aussteigen und mir eine Portion original Spaghetti Bolognese gönnen. Der Zug fährt auch noch durch Modena und ich kann nur an leckersten Aceto Balsamico denken. Auf dieser Route wird mir klar, wie unumstößlich Italien auch Essen für mich bedeutet. Ich würde mich tatsächlich als Kind italienischer Küche bezeichnen. Eigentlich seltsam. Aber Sauerkraut, Braten und Eintöpfe werden immer in der zweiten Reihe stehen bei mir, hinter sämtlichen Pasta- und Pizza-Variationen. Wenn man alleine nur die Klischee-Gerichte miteinander vergleichen wollen würde, käme man zu dem Ergebnis: Fuck you, deutsches Essen.

Ich bin irrsinnig gespannt auf Cervia, Ort meiner Jugend. Da war ich wirklich seit Ewigkeiten nicht mehr. Ob ich überhaupt irgendetwas wiedererkennen werde? Die Zeiten ändern sich und die Stadtbilder ebenso. Auf der Kölner Hohe Straße, der Haupteinkaufsstraße, ist, wenn ich mir das so recht überlege, kein Laden mehr dort, den es auch schon in den Achtzigern gab. Wie auch immer: Ich habe an Cervia keine konkreten Erinnerungen, aber ich hoffe, mich zu erinnern, wenn ich dort bin.

In diesem Gedankenloop stecke ich gerade fest. Draußen im Regen rennt ein Baggerfahrer in das Führerhäuschen seines Arbeitsgefährts. Am Horizont Fabriken. Wild aussehende Fabriken mit schwarz angelaufenen Rohren und Schornsteinen, die dicke Wolken in die Luft blasen. Ich liebe diesen Anblick. Als würde ich durch das Set eines Tim-Burton-Films fahren.

Bei meinen Beobachtungen döse ich immer wieder weg. Und wache dann schreckhaft auf. Ich hab Angst, eine Station zu verpassen. Deswegen kann ich mich nicht auf den Schlaf einlassen. Aber ich bin total übermüdet. Alles verschmiert in meinem Hirn zu einem undefinierbaren Dämmerzustand, in dem ich meine Umgebung zwar noch wahrnehme, aber nicht mehr bewusst einordne. In meinem Kopf meldet sich plötzlich ein Ohrwurm: »Burli« von der Ersten Allgemeinen Verunsicherung. Echt jetzt? Warum bitte dieses Lied? Mir fällt ein, dass das ja mal verboten wurde, ich glaube vom Bayerischen Rundfunk. In dem Lied geht es um einen Jungen, den jeder kennt, eben das »Burli«, und er scheint Opfer höherer, radioaktiver Strahlung zu sein (damals, nach Tschernobyl, DAS Thema), weswegen er ein bisschen mutiert ist. Aber alle finden ihn süß. Das war wohl zu viel Sarkasmus für die Sendeanstalt im Süden. Unsere schöne Kernkraft macht so etwas Böses nicht, oder so. Je mehr man drüber nachdenkt, umso absurder, dass man den Song nicht spielen wollte. Aber davon abgesehen: Er ist grässlich. Er ist auch ein bisschen volksmusikesk, vermutlich, um die Persiflage noch deutlicher zu machen. Ich fand das Lied megawitzig als Kind und vielleicht ist hier auch der Link, warum mir der Song ausgerechnet jetzt ins Ohr stolpert. Das macht es nur leider nicht besser. In meinem Halbschlaf kann ich mich kein bisschen dagegen wehren. Zum Glück hält der Zug dann an meinem letzten Umsteigebahnhof für diesen Tag: Rimini.

Rimini, der große High-Life-Urlaubsort an der Adria. Würde man ihm gar nicht zutrauen, wenn man jetzt mit mir hier auf dem Bahnsteig stünde. Kaum Passagiere. Mit mir am Gleis warten ein Opa und zwei junge Typen, später kommt noch eine Frau dazu – vielleicht etwas älter als ich. Wir scheinen die einzigen Menschen zu sein, die auf diesen Zug warten. Vielleicht sind wir am Ende auch die Einzigen, die mit diesem Zug fahren? Nachdem ich einige Zeit Löcher in die gegenüberliegende Mauer gestarrt habe, fährt er ein. Er ist vergleichbar mit einem Regional-Express. Und nachdem alle eingestiegen sind und sich auf ihre Plätze gesetzt haben, geht es nach einer weiteren Wartezeit von ungefähr zwanzig Minuten dann auch endlich weiter. Meine Aufregung toppt jetzt meine Müdigkeit locker. Cervia, qui vengo!

Die Bahnfahrt ist ein andauernder Glücksmoment. Wenn ich aus dem Fenster gucke, sehe ich Häuser, die mir in ihrer besonderen Art total vertraut vorkommen. Das Wetter ist zwar immer noch zum Abgewöhnen, aber das bemerke ich gar nicht mehr. Die Straßen sind hier kerzengerade. Deswegen sieht man von der fahrenden Bahn aus immer mal wieder das Meer. Sehr viele Fensterläden sind verriegelt, Rollläden runtergelassen. Aber dazwischen immer mal ein Licht, ein Mensch, ein Auto. Und wieder das Meer, für einen kurzen Augenblick, am Ende der Straße. Ich möchte auf meinem Sitz hoch- und runterwippen. Jetzt, hier, das – genau auf dieses Gefühl habe ich gehofft. Diese Aufregung aus einer tief verwurzelten Vertrautheit heraus. Ich sauge alles auf. Dieser Bummelzug fährt im Grunde genommen die ganze Zeit parallel zum Meer. Ich könnte kaum glücklicher sein.

Diese Architektur, die Art, wie die Ferienhäuser hier aussehen, das habe ich schon mal irgendwo gesehen: 2001 in den Hollywood Hills. Ich war damals mit dem DSF in Los Angeles, weil dort die E3, eine wichtige Videospielmesse, stattfand. Abends waren wir auf eine Party von der Freundin unseres Kameramanns eingeladen, die gerade in L. A. lebte. Das ließen wir uns natürlich nicht entgehen. Wir kauften noch etwas Bier, um nicht mit leeren Händen anzukommen, dann fuhren wir die Straße in den Hollywood Hills hoch. Irgendwann kamen wir an dieses Haus, in dem es schon ordentlich zur Sache ging – zumindest lautstärketechnisch. Wir klingelten, traten ein und riefen so was wie »The Germans are here!«, weil wir ja wussten, dass wir als »die Deutschen« angekündigt worden waren. Auf unseren Ruf hin jubelten alle auf und wir mischten uns fröhlich ins Gedränge.

Es war wie ein gelebtes Klischee und trotzdem so gut. Das Haus war ein Bungalow auf Stelzen mit riesiger Panoramascheibe und Blick auf das nächtliche L. A. Ein unfassbar toller Blick. So ließ es sich leben. Ich holte mir ein Bier nach dem anderen, tanzte ein bisschen zu Achtzigerjahre-Musik und guckte mich um.

Vor der Tür traf ich ein Pärchen, beide Punks. Sie erzählten mir, sie hätten gerade einen Vertrag bei einem *der* amerikanischen Punklabels unterschrieben und wollten das jetzt feiern. Sie würden noch auf eine andere Party gehen und weil wir uns auf Anhieb gut verstanden, fragten sie mich, ob ich mitkommen wollte. Ich winkte ab. Ich war ja mit meinen Kollegen unterwegs und kannte mich in L. A. nicht so gut aus. Aber als sie mir lachend erklärten, dass die Party im Haus auf der anderen Straßenseite sei, da war ich natürlich sofort dabei.

Es handelte sich um eine Einweihungsparty. Ein typisches Start-Up-Kiddo hatte das Haus vor Kurzem gekauft und wollte nun eine Party schmeißen und wahllos einfach jeden einladen, weil er angeblich eh keine richtigen Freunde hatte. Ich fand das ein bisschen traurig, aber irgendwie war es auch cool. Als wir vor dem Haus standen, hatte ich so was wie Urlaubsfeeling: dieser geschwungene Beton, diese dunkle Farbe, diese Eleganz, aber gleichzeitig war da auch etwas Altmodisches – das erinnerte mich nur zu gut an die ganzen neuen Ferienbunker an der Adria, an denen wir immer vorbeimussten, wenn wir morgens zum Strand gingen.

Im Haus herrschte das absolute Partychaos: Auf dem Dach machte jemand Musik mit einem Kinderplattenspieler und sprach zwischendurch in ein kleines Mikro. Dies sei ein kleiner Piratensender, wurde mir erklärt. Im Lichthof, neben dem Pool, hielt ein kleiner Typ einen aufgeregten Vortrag über Madonna und Leonardo DiCaprio und bot dabei sein selbst gemachtes Fanzine an, in dem nur fotokopierte und dann zu Collagen zusammengestellte Schnappschüsse der von ihm aufgeregt erwähnten Prominenten zu sehen waren. Vor dem Kühlschrank, der bis obenhin voll mit Bier war, stand ein Typ mit schwarzem Mantel und Sonnenbrille, der immer nur »I'm the Matrix«, sagte, wenn man sich ein Getränk holte. Und eine aufregend aussehende Dragqueen blies einem Typen am Billardtisch einen, ganz en passant. Mittendrin der Besitzer des Hauses: ein Nerd wie aus dem Klischeebilderbuch. Etwas pummelig, weißblonde Haare und eine dicke Brille. Er machte dann mit uns allen eine Führung durch sein neues Haus.

An einer in die Wand eingelassenen Tür blieb er stehen und präsentierte uns dann das »Herzstück des Hauses«. Er öffnete die Tür und wir standen in einem riesengroßen, superaufwendigen Tonstudio mit 48-Kanal-Mischpult, fetter Bandmaschine und allem, was dazugehörte. Nicht nur bei mir prangte ein riesengroßes Fragezeichen über dem Kopf. Er machte einen Schrank auf, in dem sich Bänder für die Bandmaschine stapelten und erzählte dann, dass dies wohl das Haus von Gene Simmons, dem Bassisten von KISS, gewesen sei und auf den Bändern seien sicher noch irgendwelche Aufnahmen der Band, aber er könne die halt nicht hören, weil er ja keine Ahnung habe, wie man die Bandmaschine bediene. Ich wusste nicht, was mich mehr verwunderte: Dass jemand von einer Band wie KISS sein Haus mit seinem Studio einfach inklusive irgendwelcher Aufnahmen verkauft oder wie uninteressiert man daran sein kann, wenn man das im eigenen Haus hat. Ich würde mir noch am Tag des Einzugs beibringen lassen, wie ich so ein Band einlege. Schon aus totaler Neugier.

Das war zu viel Input für mich. So viel Seltsames auf einem Haufen hatte ich noch nicht erlebt. Ich ging auf die Straße, wo auch meine Kollegen schon warteten, weil alle wieder zurück ins Hotel wollten. Alle hatten Spaß gehabt an diesem Abend und gut gelaunt fuhren wir zurück. Unser Kameramann wunderte sich erst jetzt, dass er seine Bekannte gar nicht getroffen hatte und schrieb ihr eine SMS. Sie antwortete, dass sie alle den ganzen Abend auf uns gewartet hätten, im Haus Nummer 10. Das erklärte einiges, denn wir hatten in Haus 8 gefeiert. Den Besitzern schien »The Germans are here!« als Begründung für unser Auftauchen vollkommen ausgereicht zu haben.

Dort wurde jedenfalls der Stein gelegt dafür, dass ich diese Ferien-Apartment-Häuser in diesem ganz bestimmten Stil nun immer Gene-Simmons-Häuser nenne. Das leuchtet doch ein, oder? Ich sehe auf jeden Fall eine Menge davon und auf einmal hält der Zug genau da, wo ich aussteigen will.

»Jugend forscht« in Cervia

Es regnet wie aus Eimern. Man denkt ja immer, irgendwann muss so ein Regenguss auch mal wieder vorbei sein, aber hier scheint es sich heute eingeregnet zu haben. Ich trete aus dem Bahnhofsgebäude. Neben mir ein Imbiss. Eine Bar. Ein Tabacchi. In Italien sind das ja immer Mischformen. Die zwei Typen, die vor dem Laden abhängen, mit einer Kippe in der Hand, beäugen mich misstrauisch. Scheint keine typische Zeit für Touristen zu sein. Ich blicke mich ein wenig um. Nein, hier kommt mir irgendwie noch gar nichts bekannt vor. Nun, wir sind ja damals auch nie mit dem Zug angereist. Ich gehe die große Straße entlang, die vom Bahnhof wegführt. Auf diese Weise bin ich noch immer ins Zentrum gelangt.

Der Regen lässt kein bisschen nach. Ich sollte wenigstens meinen Kapuzen-Hoodie anziehen. Der ist zwar aus Baumwolle, aber wenigstens schützt mich das ein bisschen. Mein Mantel ist einfach zu dünn und schon vollkommen durchnässt. Ich will über die Straße gehen, um mich unter dem Vordach eines Geschäfts umzuziehen. Ein Auto kommt auf mich zu, wird immer langsamer. Es kommt fast zum Stehen und ich denke, der Fahrer will mich über die Straße gehen lassen. Aber als ich losgehe, merke ich, dass er einfach nur langsam fährt und niemals vorhatte anzuhalten. Im Auto sitzt ein alter Mann, der kaum über das Lenkrad gucken kann. Was außerhalb seines Wagens passiert, scheint er auch nur noch rudimentär mitzubekommen. Falls es ihn überhaupt interessieren sollte. Falls er überhaupt wissen sollte, wo er sich gerade befindet. Das wäre jetzt ganz schön unglamourös, im

Schritttempo überfahren zu werden. Deswegen mache ich einen großen Sprung (mit Koffer!), gerade noch rechtzeitig. Der Opa tuckert friedlich an mir vorbei, ohne mich auch nur bemerkt zu haben.

Ich ziehe mich schnell um und denke noch, dass ich mir wirklich mal einen Schirm kaufen sollte.

Bald stehe ich auf der Piazza von Cervia. Gegenüber sehe ich das Rathaus, inklusive kleiner Polizeiwache. Ein Schild weist auf einen kleinen Flohmarkt im Hof des Rathauses hin, aber da ist alles dunkel, da will ich irgendwie nicht hin. Ich schaue mir die Geschäfte auf der anderen Straßenseite an. Ich bin ein ganz klein wenig enttäuscht, denn bei mir klingelt noch gar nichts. Irgendwie kann ich mich an diesen Platz nicht erinnern. Wie seltsam. Ich weiß, dass wir oft nach Cervia gefahren sind, abends. Gewohnt haben wir immer in einem Vorort, »Pinarella di Cervia«, was so was wie Cervias Pinienwäldchen heißt. Aber dieser große Hauptplatz hier, der lässt noch nichts bei mir klingeln. Ich bin fast ein bisschen enttäuscht. Ich hatte mir einen weitaus größeren Aha-Effekt erhofft. Auf einmal höre ich aber vertraute Töne. Warum kommt mir die Musik so bekannt vor, auf so eine seltsame Art?

Schlager der Fünfzigerjahre tönen leise über den Platz. Das »Knallrote Gummiboot«. »Die Nacht ist nicht allein zum Schlafen da«. Deutsche Wirtschaftswunderschlager. Und sofort entdecke ich die Quelle: Ein Café, sehr neu und schick, aber alles ist im Stil der Fünfziger gehalten. Der deutschen Fünfziger wohlgemerkt. So viele Fragen schießen mir durch den Kopf. Finden die das gut? Oder finden die deutschen Touristen das gut? Ist das nicht unendlich altbacken? Oder ist das für hier unendlich gewagt? Ich habe ja meinen Koffer dabei und auch keine Zeit, mich dort reinzusetzen. Es ist nichts los in diesem Laden. Es ist nichts los in dieser Stadt. Auf dem Platz herrscht gähnende Leere. Es regnet aber auch immer noch wie bekloppt.

Ich biege ab, ich weiß, dass ich Richtung Meer muss und ich weiß, wie die Straße heißt, in der sich mein Hotel befindet. Alles andere muss ich irgendwie rausfinden. Ich suche nach Stadtplanaushängen oder Hotel-Schildern. Ich suche einfach nach irgendwelchen Hinweisen. Dabei folge ich nur meinem Instinkt. Ich gehe durch Passagen und Straßen, die sich irgendwie »richtig« anfühlen.

Und dann dieses Einkaufszentrum. Zwei oder drei Türme, Wohnhäuser, die an der Straße zu jeder Seite hin Ladenzeilen anbieten. Das kenne ich doch, schießt es mir in den Kopf. An diesen Läden habe ich mir als Kind schon die Nase an den Schaufenstern platt gedrückt, weil es da so cooles Spielzeug gab. Und dieser Supermarkt, der Co-op, der kommt mir auch noch bekannt vor. Ich bin auf einer heißen Spur. Zwischen den Häusern blicke ich auf einen Parkplatz und mitten auf dem Parkplatz ist ein alter Turm. Eine Festung oder so was Ähnliches. Rotorange angestrahlt. Und klar, den kenn ich noch. Meine Rechnung ist voll aufgegangen: Wenn ich Sachen wiedersehe, an die ich mich erinnern kann, kommen auch Erinnerungen zurück. Hier bin ich richtig. Hier würde ich gleich hin zurückkommen. Aber erst mal muss ich mein Hotel finden. Dank eines Straßenschildes weiß ich auch bald, dass ich auf dem richtigen Weg bin. Jetzt nur noch Richtung Meer laufen. Ich komme an einem Sala Giochi vorbei, einer Spielhalle, und sie hat geöffnet. Mensch, hab ich ein Glück. Das deute ich als gutes Omen. Es war wohl richtig hierherzukommen.

Gut, wie weit das verdammte Meer noch weg sein würde,

konnte nun wirklich niemand ahnen. Ich laufe und laufe und laufe und ziehe und ziehe und ziehe meinen Koffer hinter mir her. Aber nichts davon verdirbt mir die Laune. Auch nicht der Regen, obwohl ich mittlerweile bis auf die Unterwäsche nass bin. Das ist mir alles völlig egal. Ich will genau hier sein. Das ist es. Mein Hotel ist wirklich nur durch eine Straße vom Strand getrennt. Wie super das ist. Ich bin so freudig aufgeregt beim Check-in, dass die Dame an der Rezeption sich gleich mit mir freut. So einen aufgeregten Gast haben die um diese Jahreszeit wohl selten.

Ich gehe in mein voll okayes Zimmer, werfe den Koffer aufs Bett, ziehe mir trockene Klamotten an und gehe sofort wieder zurück zum Einkaufszentrum. Ich brauche Nahrung und Getränke. Und ich will schon jetzt ein bisschen Erinnerungsbaden betreiben. Außerdem kann ich mir ja mal einen Schirm kaufen.

Am Straßenrand stehen mehrere kleine rot-weiß gestreifte Buden. Das sind Imbisse, an denen es Piadina gibt. Piadine sind sehr dünne Fladenbrote, die mit Käse oder Schinken oder ähnlichen Dingen belegt und erhitzt werden. Eine dünne Pizza ohne Tomatensoße. Also, im weitesten Sinne. Die habe ich schon als Kind geliebt. Als ich am kleinen Centro Commerciale angekommen bin, hole ich mir direkt eine Piadina mit gekochtem Schinken und Pecorino. Auch hier wirkt der Piadina-Macher so, als hätte noch nie jemand sein Essen so freudig entgegengenommen. Ich freue mich unendlich. Mein Piadina und ich machen einen kleinen Schaufensterbummel. Keine Ahnung, ob die Läden noch dieselben sind. Benetton kann möglicherweise schon immer hier gewesen sein. Aber das ist nicht so wichtig. Ich, der Ort, das Essen, das Rumlaufen – die Summe der Dinge gibt mir das wohlige Gefühl »angekommen« zu sein. Da ist eine direkte Verbindung in die Vergangenheit.

Als Kind bin ich hier rumgelaufen. Wollte ein Eis. Wollte in die Spielhalle. Wollte eine neue Masters-Figur. Wollte ein cooles Shirt mit meinem Namen drauf. Ich sehe den siebenjährigen Nilz hier herumlaufen mit seinem türkisen Lieblings-Benetton-Shirt. Die Sommerbräune wirkte durch meine weißblonden Haare noch dunkler. Allerlei fremde Italiener wollten mir durch die Haare wuscheln, weil sie sie so schön fanden. Mir war das unangenehm. Außerdem nannten sie mich gerne »Ragazza«, und ich wusste schon, dass das »Mädchen« bedeutet. Das fand ich immer ätzend. Ich bin doch kein Mädchen!

Ich lass den kleinen Nilz noch ein bisschen draußen rumspielen und gehe in den Supermarkt. Dort kaufe ich das absolute Must-Getränk für den kleinen Nilz, wenn er in Cervia war: Gassosa. Das ist Zitronenlimonade. Ganz einfach. Aber nur hier hat die so besonders geschmeckt. Weil die auch anders hieß als andere Limonade. Gassosa war etwas Besonderes. Ich habe als Kind stets drauf bestanden, dass wir ein paar Flaschen mit nach Hause nehmen, wenn der Urlaub vorbei war. Zu Hause hat sie dann gar nicht mehr so gut geschmeckt. Klar, vermutlich hat sie auf der Heimreise einfach ein bisschen Kohlensäure verloren. Oder es ist einfach so, dass Sachen, die im Urlaub wie der Himmel schmecken, wie das Beste, was man jemals gegessen und getrunken hat, zu Hause ihren Glanz sofort verlieren. Vielleicht wirken sie nur in Kombination mit örtlichen Gerüchen. Vielleicht sind sie aber auch einfach nur mit einem Fluch belegt, der jeden Zauber sofort verschwinden lässt, sobald man die Stadtgrenzen passiert. Äbbelwoi schmeckt auch in Frankfurt am besten, Kölsch in Köln. Eine traurige Erkenntnis.

Aber jetzt bin ich ja hier, jetzt kann ich meine geliebte Limo genießen. Deswegen nehme ich gleich eine große Flasche Gassosa mit ins Hotel.

Auf dem Supermarkt-Jutebeutel sind zwei Hände abgedruckt, die ein Herz formen. Und so fühle ich mich. Diese Geste könnte ich hier auch den ganzen Tag vor mir hertragen. Ich spüre ganz viel Glück und Wärme für meine Umgebung. Egal, wie tot es hier wirkt, wie verwaist die Straßen sind, die sonst vor Spaziergängern platzen, gerade um die Abendzeit. Ich sehe die alle, auch wenn sie nicht hier sind.

Zurück auf meinem Zimmer snacke ich ein bisschen, trinke Limonade und gucke einen Krimi im italienischen Fernsehen. Ich spüre totale Zufriedenheit. Dieser Tag hat sich gelohnt. Als ich mich ausziehe, fällt mir ein einzelner Franke aus der Hosentasche. Oh nein, ich dachte, ich wäre mein ganzes Schweizer Kleingeld losgeworden. Ich freue mich ein bisschen über dieses Souvenir. Die Münze würde ich von jetzt an immer in meiner Hosentasche tragen, beschließe ich. Irgendwie passt sie zu dieser Reise.

Tag Elf. Halbzeit, zumindest was die Gültigkeit meines Tickets betrifft. Wenn ich so zurückdenke, fühlt es sich gar nicht so richtig nach Halbzeit an. Eher so, als wäre gerade erst alles losgegangen. Diese Reise macht mich ein klein wenig zu dem kleinen Häwelmann, der Star einer meiner ersten Hörspielplatten in meiner Kindheit. Der kleine Häwelmann war nie zufrieden und wollte immer höher fliegen und hat auf niemanden gehört und ist dann dem Mond tierisch auf den Sack gegangen und wäre am Ende fast ertrunken, als die Sonne aufging, weil er den Hals nicht vollkriegen konnte. Ich sollte also vielleicht zufriedener sein mit dem, was ich habe? Bin ich das nicht? Vielleicht mache ich mir aber im Positiven genau so etwas vor wie im Negativen: Die Reise läuft doch super bisher. Ich wechsle den Ort andauernd, sogar das Land und ich erlebe die absurdesten Dinge. Eigentlich ist alles perfekt und genau so, wie ich es mir erhofft habe. Das ist die beste Reise aller Zeiten. Ich kann mich glücklich schätzen, all das zu erleben und jetzt genau hier zu sein. Ich sollte überhaupt wieder viel mehr im Hier und Jetzt sein. Auf einer Reise, auf der man Kindheitserinnerungen nachjagt, vielleicht nicht das einfachste Unterfangen, aber hey: Niemand hat gesagt, dass das hier einfach wird. Jetzt fühle ich mich wie so ein amerikanischer Serienheld. Cool.

Heute werde ich ganz gezielt auf den Spuren meiner Kindheit wandeln. Ich will am Strand langgehen und das Strandbad finden, an dem wir immer unseren Sonnenschirm hatten, und von dort aus den Weg zurück zu unserem damaligen Apartment gehen. In der Hoffnung, noch viele Dinge wiederzufinden: die Spielhallen, den Aufsteller für das Freiluftkino, der am Strandeingang stand, den Campingplatz, die Pizzeria. Vielleicht gibt es ja sogar noch die alte Bar, in die wir damals oft abends gegangen sind und in der ich dann eine Einschlaf-Gassosa trinken durfte. Und mit ganz viel Glück ist noch der Laden unter unserem Apartment da. Ein Gemischtwarenladen, in dem ich als Kind viel Zeit verbracht hab. Das wäre der Hammer!

Nach einer kleinen Stärkung also ab an den Strand. Die Expedition geht los. Wenn das Meer links von mir ist, dann muss ich nur am Ufer entlanglaufen und werde so automatisch an mein Ziel kommen. Aber schon nachdem ich die Straße vor dem Hotel überquert habe, merke ich, dass hier etwas anders ist. Ich war ein einziges Mal, als ich gerade mitten in der Pubertät war und auf meinem Walkman nur Nirvana lief, mit meinen Eltern im Herbst hier. Ich fand es damals beeindruckend, alle Strandhäuser waren zugenagelt, die Fenster mit Brettern beschlagen. Das war ein cooles Bild. Damit habe ich jetzt auch wieder gerechnet. Aber als ich ans Ufer gehen will, sind nicht die kleinen Häuschen vernagelt – oder zumindest nicht nur die. Die Strandbäder haben eine Art durchgehende Zaunwand zum Meer hin gebaut. Manche Paneele dieses Zauns haben kleine Scheiben eingesetzt, damit man sieht, was dahinter ist. Also Sand. Viele lassen nicht mal durchgucken. Der Strand ist im Grunde genommen gesperrt, nein, versperrt. Ich werde bekloppt. Was ist das denn für ein Quatsch? Denen gehört doch nicht das Meer, da müssen die mich doch ranlassen? Es nieselt leicht, was mir ein bisschen egal ist. Egal ist mir aber nicht, dass ich jetzt hier die ganze Zeit an der Straße langlaufen soll. So haben wir nicht gewettet, Freundchen.

Ich gehe die Strandpromenade entlang und mustere jedes Strandbad aufs Genaueste. Sollte irgendwo eine Lücke im Zaun sein, dann geh ich da durch. Vielleicht ist es auch verboten, zu dieser Jahreszeit am Strand langzulaufen? So ein Quatsch, denk ich mir, man kann doch das Meer nicht verbieten. Das würde man allerhöchstens in Deutschland versuchen und schon dort damit nicht durchkommen – hier in Italien ist das ja wohl vollkommen undenkbar. Das Meer wegsperren. Pah! Jedes Mal, wenn ich mir einbilde, eine Lücke zu entdecken, gehe ich hin, aber ich scheine kein Glück zu haben. Es ist kein Durchkommen. Ich bin schon langsam ein wenig frustriert und überlege, über einen der Zäune zu klettern. Manche der Strandbäder sind sogar mit Überwachungskameras ausgestattet. Was ist denn hier los?

Und da, endlich, eine Lücke. Keine Ahnung, ob die extra

dort ist oder ob die jemand vergessen hat oder ob die sogar von jemandem wie mir gemacht wurde, der nicht einsehen wollte, nicht an den Strand zu kommen. Aber sie ist da und ich muss nur über den schienbeinhohen Zaun des Strandbads schreiten, um zur Lücke zu kommen. Ich zwänge mich durch und sehe: Sand. Direkt hinter dem Zaun wurde eine Art künstliche Düne errichtet, die sich so ziemlich über die ganze Länge des Strandes erstreckt. Vermutlich um die Bagni noch mehr zu schützen. Also kraxele ich den Sandberg nach oben.

Als ich oben angekommen bin, hab ich den totalen Überblick. Ich sehe die Düne – kilometerlang. Dazu ist sie ganz breit, ich kann gemütlich auf ihr langlaufen. Ich sehe nun die Bucht von Pinarella vor mir: Der Strand ist eingekeilt zwischen zwei Städten, Milano Marittima im Süden und Cervia im Norden. Dazwischen der Strand meiner Kindheit. Verschiedenste Erinnerungen poppen wieder auf. Auch hier waren Stock-stech-Experimente mit angespülten Quallen der Renner. Oder das Spielzeugmoped: Einmal am Tag kam ein Händler am Strand vorbei, der knapp an der Brandung entlangfuhr. An seinem Moped hatte er einen Anhänger, darauf irrsinnig hoch Spielzeug aufgetürmt. Und an besonders guten Tagen durfte ich mir etwas von den Sachen aussuchen. Meistens waren es Plastiksoldaten oder ähnliche Figuren, mit denen ich im Sand spannende Abenteuer nachspielen konnte. Der Klassiker war aber ein Spiel, das auch meine Geschwister gerne spielten, wenn sie genug vom Beachball hatten: eine Art Plastikrugbyball, durch den zwei Schnüre liefen. An jedem Schnurende waren zwei Griffe. Nun stellte man sich gegenüber, jeder einen Griff in jeder Hand und durch ruckartiges Auseinanderreißen der Arme wurde der Plastikrugbyball auf den Schnüren zum Gegenüber geschossen. Besonders gut aufeinander eingespielte Partner konnten den Ball so ewig und in einer scheinbar fließenden Bewegung hin- und herschießen. Ich habe höchstens zwei, drei Bälle geschafft, bevor es viel zu anstrengend für mich wurde. Ein anderer Händler lief jeden Tag zwischen den Schirmen umher und verkaufte frische Kokosnuss-Filets, indem er so laut wie ein Presslufthammer »COCO! COCO BELLO!« rief, im Dauerloop. Klar, dass er in unserer Familie »Cocobello« genannt wurde.

Manchmal kam ein großes Segelschiff und hat so nah wie möglich am Strand geankert. Dann konnte man dort hinschwimmen, an Bord klettern und eine Rundfahrt mitmachen. Ich glaube, für 10 000 Lire pro Person. Ha, erst mal das Geld trocken dahinkriegen! Am Strandbad konnte man auch Tretboote mieten. Fast jeden Tag ist irgendein Tourist zu weit damit rausgefahren und hat es aus eigener Kraft nicht mehr zurückgeschafft. Der Strandbademeister hat das dann von seinem Hochsitz aus beobachtet, wenn er nicht gerade an der Bar stand und beim Kaffee den neuesten Klatsch austauschte. Und dann hat er sich ein Motorboot geschnappt und die Person gerettet. Der Strandbademeister war ein alter, weißhaariger, drahtig-muskulöser Italiener. Der wirkte wirklich wie ein Kapitän, der kein Schiff mehr hatte. Wie traurig eigentlich. Aber er schien sehr zufrieden.

Erinnerungen wie diese überfluten mich, als ich den Strand entlanggehe. Hier am Strand hab ich das erste Mal »Moonwalker« gelesen, die Biografie von Michael Jackson. Hier bin ich aber auch mit Malcolm-X-Gedächtnis-Wollmütze und Badehose langgelaufen, weil es halt cool war. Wenn ich nichts mehr zu lesen hatte, hab ich mir vom Urlaubstaschengeld am Kiosk John-Sinclair-Heftchen gekauft. Überhaupt: Das Wasser war mir meistens suspekt, ich lag lieber lesend auf dem Liegestuhl. Das war so schön, wenn einem während des Lesens die Sonne auf den Pelz brannte. Alle Geräusche um einen wurden dann so dumpf. Die spielenden und johlenden Kinder im Wasser, ein entferntes Radio, die Eisverkäufer und der Cocobello. Alles wurde verschluckt vom leichten Wind, vom Meeresrauschen. Ein ganz besonderer Sound, der das Eintauchen in ein Buch wahnsinnig begünstigte. Ausnahme: die Momente, in denen meine Geschwister mir einen Eimer Wasser über den Kopf schütteten. Dann war Strandjagd angesagt.

Als ich noch kleiner war und es mich noch nicht so interessiert hat, irgendwas am Strand zu lesen, lief ich immer zwischen den Strandbädern umher. Auch um zu gucken, wer vielleicht noch ein Eis hat, das ich noch nicht kannte. So kam mir eines Tages die Idee zu einem Experiment: Wenn man noch Kind war, hat man von seinem Strandbad eine Art Hundemarke bekommen. Ein großer, runder, geprägter Chip an einer Kette um den Hals, auf dem stand, von welchem Bagno man kam, inklusive eingravierter Bagno-Adresse. Mir wurde erklärt, dass, wenn ich mich mal verlaufen sollte, ich nur auf den Chip zeigen müsse und sofort würde sich jemand um mich kümmern und mich zurückbringen. Keine Ahnung, warum, aber irgendetwas an der Geschichte kam mir komisch vor. Ich hielt das für Fake, weil ich in meinem Kinderköpfchen so etwas gedacht habe wie »Die kennen doch meinen Namen gar nicht, woher sollen die wissen, wo ich hinmuss?«. Es war nicht sonderlich durchdacht von mir, das gebe ich zu. Aber das waren die Experimente meiner Kindheit nie.

Apropos »nicht sonderlich durchdacht«: In einer Folge von »Die Abenteuer von Tom Sawyer und Huckleberry Finn«

wurden die beiden eingesperrt. Der Verbrecher hat aber den Schlüssel außen stecken gelassen. Tom Sawyer nahm nun eine Zeitung, schob sie unter der Tür her, drückte mit einem kleinen Ast den Schlüssel aus dem Schlüsselloch, zog die Zeitung wieder rein und befreite sich so. Ich fand das irrsinnig clever. Mein Zimmer hatte aber keinen Schlüssel – meine Eltern werden sehr gut gewusst haben, wieso –, also wich ich auf das Zimmer meiner älteren Schwester aus, die gerade nicht da war. Nun konnte ich ja nicht von außen abschließen. Ich hatte schon eine Zeitung und ein Stück Draht, welches mir als Stöckchen-Ersatz dienen sollte. Ich schloss also die Tür von innen ab und drückte dann mit aller Kraft den Schlüssel über den überall in unserem Haus verlegten Teppich unter der Tür nach draußen. Dann drückte ich die Zeitung hinterher, die ging schwer raus und zerknüddelte. Dann saß ich mit dem Draht in der Hand vor der verschlossenen Zimmertür und langsam dämmerte mir der Fehler im Versuchsaufbau. Nächster Schritt war, ganz klar, so lange und laut zu weinen, bis meine Mutter von unten hochkam, um mich aus meiner misslichen Lage zu befreien. Was mag sie gedacht haben, als sie vor dem Zimmer stand und eine zerknüllte Zeitung und einen Zimmerschlüssel vorfand? Den Anblick stelle ich mir lustig-seltsam vor. Sie hat mich auf jeden Fall gerettet und ich wurde vorsichtiger bei der Nachstellung spannender Fernsehmomente.

Aber als Kind an diesem Strand, da ging ich wieder aufs Ganze, da setzte ich alles auf eine Münze. Ich lief also ein paar Strandbäder weiter. So weit, dass ich wirklich dachte, ich wäre nun viele, viele Strandbäder weit weg von meiner Basis – und dann bin ich Gefahrensucher sogar noch ein paar weitergegangen. Es war ziemlich gewagt.

Als ich in einem Bagno ankam, das mir jetzt schon wirklich fast in Köln zu stehen schien, probierte ich den Power-Move. Ich ging hinein an die Bar und wartete, bis mich jemand fragte, ob ich was wollte. Ich zeigte bestimmt, aber auch ein bisschen eingeschüchtert auf meine Marke. Ein großes Trara begann, viele Stimmen sprachen aufgeregt, es wurde die Gelegenheit ergriffen, mir den Kopf zu tätscheln, und ein Mann nahm mich an die Hand, schenkte mir ein Eis und ging mit mir los. Den ganzen Weg wieder zurück. Ja, gut, wenn man das im Nachhinein betrachtet, dann bin ich vermutlich nur sechs oder sieben Häuser weit gekommen. Jedenfalls ging der Mann mit mir den ganzen Weg, erzählte etwas auf Italienisch, was ich nicht verstand, und als wir bei unserem Bagno angekommen waren, wurde ich den dortigen Italienern übergeben, die sich freuten, als wäre ihr verlorener Sohn aus dem Krieg zurückgekehrt. Diese Marke hat also wirklich funktioniert und es ist sogar noch ein Eis dabei rausgesprungen. Das war wohl das erfolgreichste Experiment in meinem gesamten Forscherleben.

Dieser Strand ist aber tatsächlich ewig weit. Ich laufe und laufe, aber von dem alten Strandbad ist noch nichts zu sehen. Ein paar Leute spazieren durch den Sand. Manche mit Hund. Dieses Hochhaus am Ende des Strands, das fand ich schon früher so beeindruckend. Wenn ich es jetzt sehe, geht es mir nicht anders: Irgendwie wertet es den Strand so auf, das zu sehen – wobei ich dennoch froh bin, dass es so weit weg ist. Zwischen den Strandbädern klaffen immer wieder Lücken. In diesen stehen ganz einfache Hütten, offene Umkleiden mit größeren Toilettenanlagen. Die waren mir als Kind suspekt. Ich bin immer gerne bei Ferienfreizeiten mitgefahren. Hier in Italien funktionierten die aber anders: Die Kinder mussten über die gesamten Sommerferien mitfahren und waren immer uniformiert. Ich habe das als Kind nicht verstanden, wie es sein kann, dass Familien die Ferien nicht gemeinsam verbringen möchten. Und dieser Eindruck von Drill – ich fand es geradezu unheimlich. Wie Kinderarmeen, die dort in den Bootcamps ausgebildet werden. Deswegen habe ich immer einen großen Bogen um diese Gruppen gemacht.

Ich laufe nun bestimmt schon zwei Stunden auf dieser Riesendüne. Mir kommt keines der Strandbäder auch nur im Entferntesten bekannt vor. Und ich finde mich total damit ab. Es ist kein Problem für mich. Es wäre ja auch ungewöhnlich gewesen, hier alles so vorzufinden, wie ich es als Kind verlassen hab. Da sehe ich allerdings ein Bagno namens »Lux«, das kommt mir bekannt vor. Es war nicht unseres, das hieß »Germano«, glaub ich, aber dieses »Lux«, da klingelt was. Wie bei diesen Metallsuchgeräten schlägt bei mir gerade alles aus. Eilig gehe ich weiter. Und stehe davor, vor meinem alten Strandbad, in direkter Nachbarschaft zum Bagno »Lux«. Es heißt nicht mehr »Germano« (sollte es jemals so geheißen haben), sondern ist neu angestrichen und heißt jetzt »Medi-Terraneo«. Einen schlechten Namen durch einen anderen schlechten Namen zu ersetzen, macht es nicht zu einem anderen Ort. Ich stehe wirklich vor einem zentralen Dreh- und Angelpunkt meiner Kindheit. Meiner Sommerferien. Wusch, da ist sie wieder: die Erinnerungswelle, die über mich hinwegschwappt. Wie bei Vorher-Nachher-Vergleichsbildern verwandelt sich alles, was ich in der Jetzt-Zeit sehe, in die Szenerie von damals. Vorne rechts, am Weg zum Strand, da stand der große und der kleine Murmelautomat. Der kleine war supercool: Man warf 200 Lire ein, bugsierte die Murmel durch ein halbwegs schwieriges Labyrinth und wenn man sie bis zum letzten Loch gerettet hat, dann hat man sie gewonnen. Der andere Automat war viel größer, dafür billiger. Und man konnte die Murmel nicht gewinnen, nur die Ehre. Dennoch: Beide Automaten waren große Kleingeldfresser und ich habe sie geliebt. Was ich ganz und gar nicht geliebt habe, sehe ich, wenn ich in Richtung der Garderoben gucke: die Toiletten. Löcher im Boden mit extra Fußabdrücken zum Draufstellen. Ich fand die wahnsinnig ekelhaft und hab mir den Toilettengang so gut wie möglich verkniffen, bis ich abends endlich in der Nähe eines richtigen Klos war. Ich erinnere mich an die Eiskarte, die immer vorne an einer Säule hing. Die habe ich jeden Tag mehrere Male inspiziert. Ich konnte die quasi auswendig. Besonders gut hat mir das Scooby-Doo-Eis geschmeckt. Ein Sandwicheis, bei dem die Waffeln aus weichem Kuchen bestanden, auf den mit Lebensmittelfarbe Comic-Bilder gedruckt waren. Definitiv eines meiner Lieblingseise. Dann gab es noch die Flöten-Lutscher, die jeden am Strand in den Wahnsinn getrieben haben.

Ich werde richtig traurig, im November hier zu sein. Ich möchte jetzt den Sommer erleben. Ich vermisse den heißen Sand, auf dem ich mir immer die Füße verbrannt habe. Ich vermisse, auf eine Biene oder eine Muschelkante zu treten. Den Werbeflieger für die Disco über die Küste fliegen sehen. Das Leben am Strand ist so ein herrliches. Ich würde es jetzt liebend gern erleben.

Stattdessen spaziere ich mit meinem schwarzen Mantel umher. Ich gehe den Weg des Strandbads lang, Richtung Straße. Ein neuer Weg wurde angelegt und er führt mitten durch die Bocciabahn. Ich bin entsetzt. Boccia hab ich damals sehr gerne gespielt. Mit meinen Eltern oder meinen Geschwistern. Oder meinem holländischen Kumpel Arjan. Er fällt mir plötzlich wieder ein. Bei einem der letzten Urlaube hier war er mein Strandbuddy. Wir haben alles zusammen gemacht. Die Pubertät setzte schon langsam ein und wir suchten italienische Mädchen, mit denen wir uns vielleicht irgendwie verständigen konnten und bei denen vielleicht sogar ein Küsschen raussprang. Die Sprachbarriere war zu groß und wir vielleicht eben noch den einen Tick zu jung. Aber ich erinnere mich, wie wir beide tagsüber Boccia gespielt haben. Hier, auf unserer Bocciabahn, durch die jetzt ein Fußgängerweg führt. Ich bin fast so etwas wie wütend. Ein Auto fährt im Schritttempo an mir vorbei. Vielleicht bin ich auch nicht der vertrauenserweckendste Mensch hier gerade, aber ehrlich: Wie jemand, der Strandbäder aufbricht und klaut, was es da zu holen gibt – Liegestühle? Rettungsringe? –, sehe ich nicht gerade aus. Ich gehe durch den Pinienwald. Heute ist alles nass, der Boden matschig. Spaß ist was anderes. Aber durch dieses kleine Wäldchen sind wir jeden Morgen gegangen. Mir gefällt das unheimlich gut. Als ich an der Straße ankomme, mache ich die traurige Feststellung: Das Brettchen, auf dem immer angeschlagen war, welcher Film am Abend im Freiluftkino gezeigt wurde, war weg. Das bedeutete vermutlich auch: bye, bye Freiluftkino! Ich habe das geliebt. Jeden Morgen hab ich aufgeregt nachgeguckt, welcher Film an diesem Abend wohl gezeigt würde. Natürlich alle italienisch synchronisiert, aber das war mir egal. An einem Abend ging ich mit meiner Schwester in »Das Wunder in der 8. Straße«, ein Film über zwei Ufos, tellergroß, die auf einem Haus in New York notlanden, das von alten Leuten bewohnt wird und von gierigen Investoren abgerissen werden soll. Die Ufos bekommen kleine Baby-Ufos, die sich mit den Hausbewohnern anfreunden und gemeinsam die bösen Investoren bekämpfen. Eines Tages müssen die Ufos zurück ins All. Diese ganze Szene ist von so einer unfassbar rührenden Rührigkeit, dass ich mich gar nicht mehr einbekommen und nur noch geheult habe – und das, obwohl ich kein einziges Wort verstanden habe. Meine Schwester hat sich toll um mich gekümmert, vermochte mich an diesem Abend aber auch nur noch schwer zu beruhigen. Das war aber auch niedlich mit den Ufos! Und wenn ich den Film heute sehe, habe ich mindestens einen dicken Kloß im Hals (na gut: Ich heule immer noch, aber pssst!).

Nun, das Kino scheint es nicht mehr zu geben. Aber meine Erinnerung daran und an diesen einen ganz besonderen Abend, die besteht nach wie vor.

Jetzt geht es nur noch geradeaus, zu unserer Unterkunft. Die Straße hat sich gar nicht so sehr verändert. Es gibt immer noch keinen Bürgersteig. An der Ecke ist der riesige Campingplatz, den ich noch nie leer gesehen habe. Ein ganz seltsamer Anblick. Da war im Sommer immer Action, Tag und Nacht, und ich war als Kind ein klitzekleines bisschen neidisch, dass wir nie dort Urlaub gemacht haben. Mit Wohnmobil oder Campingwagen oder sogar Zelt. Ich habe mir vorgestellt, dass man in so einer Ministadt bestimmt tolle Leute kennenlernt. Und da irgendwie mehr mit anderen erlebt als in einem Apartment, da blieb man ja eher unter sich.

Der Campingplatz ist unheimlich lang. Dahinter befinden sich die Gene-Simmons-Häuser. Ich kann mich total gut daran erinnern. Auf der anderen Straßenseite ist in der Zwischenzeit eine neue Siedlung entstanden. Auch dort: nur Ferienhäuser. Auch die sind nicht schön, aber an die Simmons-Häuser hatte ich mich wenigstens gewöhnt. Dieser neue Häuserpark wirkt wie ein Fremdkörper.

Langsam und stetig laufe ich auf die Kreuzung zu, an der unser altes Apartment lag. Noch vorbei an dem Sportplatz, an der Wasserquelle, wo die Leute im Sommer immer Schlange standen, um ihre Kanister aufzufüllen. Und dann stehe ich davor. Unser altes Ferienapartment, wo ich so viele Sommer verbracht habe. Ich setze mich auf eine Bank und gucke mir die Kreuzung an. Der Gemischtwarenladen ist weg. Da steht nun ein neuer Apartmentkomplex. Aber das Haus, in dem sich unser Apartment befand, steht noch. Ich gucke direkt auf den Balkon, auf dem ich abends so oft auf den Spaghettistühlen saß und auf die Straße geguckt oder Gameboy gespielt habe. Sogar die Bar, in der ich gelegentlich eine Gassosa bekam, steht noch. Total heruntergekommen und abgesperrt, aber sie steht noch. Wehrt sich anscheinend irgendwie gegen ihren Abriss. Eine Ruine, aber eine voller Erinnerungen für mich. Ich gucke auf das Apartmenthaus. Oben ist alles geschlossen. Aber im Untergeschoss steht eine Tür auf. Licht brennt. Stimmen. Ob da jetzt wohl Giorgio wohnt?

Giorgio war der italienischste Italiener, den ich kannte. Und er war mein Kumpel, das fand ich irrsinnig gut. Giorgio war der Sohn unserer Vermieterin. Er wohnte noch bei ihr, was in Italien ja nun wirklich nichts Ungewöhnliches ist. Außerdem half er im Laden, denn der Gemischtwarenladen gehörte ihr ebenfalls. Giorgio gab mir das Gefühl, dass ich cool war. Ich war sein kleiner Mini-Buddy. Manchmal durfte ich ihm im Laden helfen, dann gingen meine Eltern alleine zum Strand und ich blieb bei ihm. Ich habe Radiergummis, Stifte und Postkarten sortiert, während Giorgio mit immensem Charme Stützstrümpfe an die Omas im Dorf verkaufte. Jeder liebte diesen Sunnyboy und jeder Italiener liebte meine Haare, deswegen waren wir ein super Team. Manchmal nahm

Giorgio mich sogar auf seiner Vespa mit, wenn er Erledigungen machen musste. Ich durfte dann auch mal Gas geben. Wenn wir in eine Bar oder einen Supermarkt kamen, wo er kurz vorbeischauen wollte, gab es sofort ein großes »Hallo«. Giorgio ist da! Und er hat dieses seltsame Kind mit den leuchtenden Haaren dabei. Das war dann gleich ein kleines Spektakel. So einen coolen Urlaubskumpel hatten nicht viele. Ich hab mich immer auf Giorgio gefreut. Und er hat mich jedes Mal mit seinem breiten Lächeln begrüßt und durch die Luft gewirbelt.

Vielleicht hatte er Sorgen. Vielleicht war er gar kein Held. Bei Mama wohnen, mit einem deutschen Grundschüler angeben? Cool klingt das nicht. Aber vielleicht war er auch einfach nur ein herzensguter Typ. Vielleicht hat er mittlerweile eigene Kinder. Ich gucke auf das Haus und starre auf die offene Tür im Erdgeschoss. Vielleicht wohnt er jetzt dort. Vielleicht kommt er jetzt raus, weil er den Müll rausbringen oder noch mal kurz wegmuss. Vielleicht streitet er sich gerade mit seiner Frau und verlässt sauer das Haus. Und ich sitze dann auf der anderen Straßenseite und gucke ihn an. Und unsere Blicke treffen sich zufällig. Und er weiß mich nicht einzuordnen, ich ihn aber sofort. Und er sieht gar nicht mehr so jung und strahlend aus wie in meiner Erinnerung. Vermutlich wäre nun der Zeitpunkt, das Mantra meiner Lehrerin auszuprobieren. Vielleicht sollte ich einfach rübergehen und gucken, nach Giorgio fragen. Nein, man soll sein Glück nicht überstrapazieren. Hallo, Giorgio, hallo, altes Haus. Ich war da. War euch nah. Es war schön. Aber ich habe beschlossen, meine Erinnerung zu behalten. Und gut gelaunt stehe ich auf und spaziere durch den leichten Regen davon.

Ich denke noch einige Zeit darüber nach, ob diese Entscheidung die richtige war. Ich überlege noch ein paarmal, wieder zurückzugehen. Aber alles hat seine Zeit und seinen Zeitpunkt. Giorgios und meine Zeit war damals. Und da soll sie auch bleiben. Vielleicht ist das auch die erste, spannende Erkenntnis über mich auf dieser Reise. Nostalgie finde ich interessant, aber nur bis zu einem bestimmten Punkt. Ab dann wird sie unangenehm, fast lästig. Und dann soll man sie vermutlich einfach links liegen lassen und weiterziehen.

Ich gehe ein Stück zurück und biege dann am Campingplatz in die Straße ein. An der nächsten Kreuzung war früher eine Pizzeria. Und siehe da: Es gibt sie immer noch! Ich freue mich jedes Mal, wenn Sachen noch an ihrem Platz sind. Aber sie ist geschlossen. Verrammelt. Waren in Cervia wenigstens noch ein paar Läden geöffnet, so ist hier, im Vorort, wirklich alles komplett dicht. Leben ist Erinnerung. Die Gitter vor den Läden sind schon lange geschlossen. Das erkennt man auch an den vielen Briefen, die einfach in die Gitterschlitze gesteckt wurden. Die meisten Hotels haben Holzwände vor die Eingänge gestemmt. Die Straßen sind voller Wasser und abgefallener Piniennadeln. Ich sauge die Ruhe auf. Atme diese Trostlosigkeit ein. Die Tristesse an einem Ort, den ich mit absolutem Leben verbinde, fühlt sich gut an. Irgendwie passend. Ich versuche mir vorzustellen, wie das war, als alle geschlossen haben. Man trifft sich noch mal auf der Straße, quatscht ein bisschen. Tauscht sich aus. Sagt so Dinge wie »Ach ja, jetzt haben wir es wieder hinter uns«. Und dann klappen nach und nach alle die Fensterläden zu. Einer nach dem anderen. Man kann vermutlich in einer Woche zugucken, wie ein ganzes Viertel ausstirbt. Aber es gibt hier ja vereinzelt auch Wohnungen. Wie verrückt muss es sein, inmitten dieser Saisongebiete zu wohnen? Ein halbes Jahr lang hat man den größtmöglichen Zirkus vor der Haustür und dann denkt man ein halbes Jahr lang, man wohne in einem kontaminierten Gebiet, Tschernobyl-Style. Je länger ich darüber nachdenke, desto mehr wünsche ich mir, hier einmal zu leben. Das einmal so direkt mitzubekommen. Vielleicht ist das eine besonders inspirierende Art zu leben. Ruhe und Lautstärke, direkt nebeneinander. Ich verliebe mich immer mehr in den Gedanken. Gucke mir die Häuser genauer an, an denen »Zu vermieten«-Schilder hängen.

Es mag nur eine Spinnerei sein, aber ich liebe es, in solche Gedanken abzutauchen. So tief in einem Was-Wäre-Wenn zu versinken, dass es sich für einen Moment, in dem ich unachtsam bin, wie echt anfühlt. Vielleicht ist das meine Art der Meditation. Aber was ich mir in fremden Ländern am liebsten vorstelle, ist, dort zu leben.

Plötzlich stehe ich vor einem riesigen Komplex. Eine Hotelanlage, die einen ganzen Block einnimmt. Und im Gegensatz zu allem, was ich bislang gesehen habe, ist dieses Hotel nicht nur geöffnet, es scheint auch aus allen Nähten zu platzen. Auf dem Parkplatz vor der Tür stapeln sich die Autos geradezu. Sogar ein verkleideter Page steht da und empfängt die Gäste. Mitten in der künstlichen Einöde künstliches Leben. Mir wird schwindelig. Ich krieg das alles irgendwie nicht so richtig zusammen und gehe schnell weiter. Vielleicht fand da ein Kongress oder etwas Ähnliches statt. Für mich auf jeden Fall zu viele Menschen.

Je näher ich Cervia komme, desto öfter sehe ich vereinzelt geöffnete Läden. Ich komme sogar an einer Pizzeria vorbei, in der ordentlich was los zu sein scheint. Aber ich bin so verschwitzt von meiner Wanderung, dass ich beschließe weiterzugehen.

Ich meine, plötzlich einen Geistesblitz zu haben und bin dankbar für meinen Notizblock. Hektisch schreibe ich auf: Zombie-Hotels und Apartment-Leichen. Offensichtlich meine Zusammenfassung der Immobiliensituation an der Promenade von Cervia. Ich freu mich über die Formulierung, und noch viel mehr darüber, dass ich sie aufschreiben und gleich wieder vergessen konnte. Plötzlich geht mir auf, dass heute Sonntag ist. Ich habe auf dieser Reise mein Zeitgefühl verloren. Kein Kiosk, kein kleiner Laden hat geöffnet. Ich muss mir langsam Gedanken machen, wo ich Nahrung, wo ich Getränke herbekomme. Und auch wenn ich den Weg so keinesfalls geplant habe – auf einmal stehe ich wieder vor meinem Hotel.

Am frühen Nachmittag wache ich aus meinem »Mittagsschläfchen« auf und trete mir ein bisschen selber in den Hintern: Jetzt ist Waschtag! Ich packe wirklich alle meine Klamotten zusammen, außer denen, die ich trage, und gehe zum Waschsalon rüber, den ich vorhin entdeckt hatte und der großartigerweise sonntags geöffnet hat, und ich bin nicht der Einzige mit dieser Idee. Mehrere Maschinen laufen schon, obwohl niemand da ist. Ich warte ein bisschen, bis eine Oma mit ihrem Enkelkind kommt und eine Waschmaschine mit lauter Tisch- und Bettwäsche leert. Die schnappe ich mir sofort und werfe alle meine Klamotten rein. Dann wähle ich das Programm mit dem extra Weichspüler und meine Maschine startet. Ich setze mich mit meinem holländischen Sudoku-Heft in die Ecke und vertreibe mir die Zeit. Im Waschsalon ist eine Menge los. Ein Pärchen kommt mit seiner Wäsche und zankt ein wenig. Eine ältere Dame kommt ebenfalls mit ihren Tischdecken und setzt sich mir gegenüber. Sie versucht ein Gespräch mit mir zu beginnen. Erst verstehe ich sie nicht richtig und dann ist der Gesprächsversuch auch schon gescheitert und wir sitzen uns schweigend gegenüber. Irgendwann sind ihre Tischdecken fertig getrocknet. Sorgfältig legt sie sie zusammen und geht, nicht ohne mir noch einen wundervollen Tag zu wünschen. Kurze Zeit später ist meine Wäsche ebenfalls fertig. Gemütlich leg ich sie zusammen und packe sie wieder in meine Tasche. Nun riecht meine Wäsche nach italienischer Wäsche. Ich freue mich total. Ja, okay, es ist nur Wäsche, aber es passt perfekt zu meiner heutigen Stimmung. Ich will ja ein Teil dieses Ortes werden, da ist es nur folgerichtig, wenn meine Klamotten auch nach hier riechen.

Nachdem ich die Sachen auf mein Hotelzimmer gebracht habe, zieht es mich noch mal raus. Es ist mein letzter Abend. Ich möchte noch was Besonderes essen, vielleicht noch ein paar Postkarten kaufen und ein wenig bummeln. Auf dem Weg in die Stadt setze ich meine Kopfhörer auf. Ich habe ein bisschen Musik auf meinem MP3-Stick und entscheide mich für das Lied »Toki Wo Hanarete« aus dem Album »Akarui Maboroshi« von Kicell. Eine tolle, japanische Platte, die ich mal zufällig via Shazam in einem japanischen Imbiss entdeckt habe. Das Lied ist unglaublich gut, es passt perfekt zu meiner Stimmung, ein ganz kleiner, niedlicher, etwas träger Popsong. Mir fällt auf, dass ich in diesem Moment zum ersten Mal in diesem Urlaub Musik höre. Ich bin so aufgeregt und freue mich so sehr über die musikalische Untermalung, dass ich den Song direkt zu meinem Urlaubs-Theme-Song küre. Dieses Lied soll nun über allem schweben. Sphärisch genug ist es ja. Es scheint genau zu erzählen, wie sich gerade alles um mich herum anfühlt. Ich gehe an dem Einkaufszentrum vorbei, direkt an den Hafen. Viele Schiffe sind festgemacht, geradezu eingemottet. Ich setze mich auf eine Bank, lausche der Musik und lasse mich ein wenig treiben. Ich war in der Pubertät sicherlich superanstrengend für meine Eltern. Gerade auf unseren Urlaubsreisen. Sie haben mit mir alle Teile Italiens bereist, die sie interessiert haben – was ja nicht unbedingt heißt, dass die mich auch interessiert haben. Trotzdem haben sie stets versucht, auch für mich das Beste draus zu machen. Und wo ich jetzt hier so sitze, spüre ich eine tiefe Dankbarkeit, dass ich das alles sehen und erleben durfte.

Ist es das jetzt? Ist das jetzt die Essenz meiner Reise? Wollte ich genau hier an genau diesen Punkt kommen? Ich hätte jetzt gerne ein Bier. Mir ist kalt. Ich habe Hunger. Eigentlich würde ich gerne noch etwas länger so bedeutend rumsitzen, gleichzeitig komme ich mir total bekloppt dabei vor. Vielleicht muss man gar nicht alles mit Bedeutung aufladen. Vielleicht muss man nicht ständig sein eigenes Leben reflektieren, selbst wenn man das zum Thema seiner Reise gemacht hat. Ich glaube, wirkliche Reflexion findet auf einer ganz anderen Ebene statt, nicht auf der bewussten. Der Moment, als ich die Musik angemacht habe, wie ich heute an der Wäsche gerochen habe, wie ich am Bagno stand oder von unserem Apartment weggegangen bin – darum geht es doch eigentlich. Das ist doch viel reflektierter, als sich an einem Hafen sitzend Gedanken über die eigene Vergangenheit zu machen.

Ich gebe mich vertrauensvoll in die Hände meines Magens: Er soll mich zum Essen führen und er soll mich jetzt glücklich machen. Und es funktioniert: Er führt mich zu einer Pizzabude, die mir vorher noch nie aufgefallen ist. Ich suche mir verschiedene Pizzastücke aus, lasse sie einpacken und gehe zurück zum Hotel, mein neues Lieblingslied auf den Ohren. Auf dem Zimmer angekommen, mache ich es mir gemütlich.

Im Fernsehen läuft eine spektakuläre Show, wie sie nur im italienischen Fernsehen laufen kann. Bunte Kostüme, vollbusige Frauen und dauerredende Moderatoren in einer Welt wie aus einem Bubble-Gum-Comic. Ich liebe es. Und genieße diesen Moment im Schneidersitz in Boxershorts auf meinem Bett, dazu das showigste Showfernsehen der Welt, frische, italienische Pizza in meiner Hand. Ich mache die Balkontür auf. Die Luft ist salzig. In meinem Bett ist Sand. Unendliche Zufriedenheit fühlt sich genauso an. Morgen geht die Reise weiter.

Duschen, packen, anziehen. Ich checke aus. Ganz gemütlich. Heute reise ich zwar weiter, aber nicht sehr weit. Deswegen kann ich mir den Luxus gönnen, alles etwas langsamer anzugehen.

Mit meinem Koffer schlendere ich Richtung Bahnhof. Den Weg kenne ich ja jetzt. Das Wetter ist durchwachsen, aber es ist wenigstens trocken. Ich friere ein bisschen. Auf dem Weg zum Bahnhof mache ich an einem kleinen Laden halt, der mir schon mehrfach aufgefallen ist. Ein Souvenirladen, in dem sich alles um ein Produkt dreht: Salz. Anscheinend ist »Sale dolce« DIE Spezialität von Cervia. »Süßes Salz«. Das hört sich erst mal komisch an. Süßes Salz, denke ich, das nennt man bei uns eigentlich Zucker. Als ich dann aber eine Prise probiere, verstehe ich, um was es geht. Es ist definitiv Salz. Salziges Salz. Aber es spricht gleichzeitig auch die Süß-Rezeptoren an. Obwohl es eben Salz ist. Ich hab eine Schwäche für solche Seltsamkeiten und nehme einen kleinen Beutel mit.

Einmal über die Piazza mit dem Wirtschaftswundercafé, vorbei an der Bank, vor der ich fast überfahren wurde, und geradewegs zurück zum Bahnhof. Es ist wirklich saukalt. Gut, es ist ja auch Mitte November, aber ich hatte es mir hier temperaturmäßig trotzdem etwas entspannter vorgestellt. Am Bahnhof kaufe ich, wie immer, an den herrlich unkomplizierten italienischen Ticketautomaten meinen Zuschlag. In der unbeheizten Wartehalle, in der es gefühlt noch ein, zwei Grad kälter ist als draußen, aber dafür wenigstens windstill, sehe ich auf dem Plan, dass ich über eine Stunde auf meinen Zug warten muss. Ich versuche, mit meinen Zugverbindungsbuch alternative Routen durchzuplanen, damit ich hier nicht so ewig rumstehen muss. Aber wie ich es auch drehe und wende: Es wäre immer ein grotesker Umweg. So, als würde ich von Köln nach München über Hamburg fahren. Es macht am meisten Sinn zu warten. Im Sommer kommen die Züge im Minutentakt an. Aber Sommer ist halt gerade nicht.

Ich setze mich auf eine Bank. Neben mir sitzt ein alter Mann, mir ist nicht so ganz klar, ob er auch wartet oder ob er einfach hier vergessen wurde. Ich esse eines der übertrieben vielen Sandwiches, die ich mir gemacht habe. Ich musste ja ein ganzes Brot nehmen und habe deswegen jetzt einen Beutel voll mit circa 15 Sandwiches, jeweils mit Pesto, Pecorino und Schinken. Ich habe den halben Morgen mit Broteschmieren verbracht. Schmecken ganz gut. Bisschen trocken vielleicht, aber zu trinken habe ich ja zum Glück genug. Das Sandwich ist viel zu schnell aufgegessen. Hm. Was soll ich jetzt machen?

Ich packe meinen Logiktrainer aus. Das sind Textpuzzle, bei denen man aus lauter »Wenn, dann«-Aussagen Abläufe und Zusammenhänge konstruieren muss. Ich find das ganz entspannend, aber wenn man ein paar davon hintereinander gelöst hat, dann wird's auch schnell öde. Deswegen sitze ich schon nach fünfzehn Minuten wieder ohne Buch in der Wartehalle und starre die Wand an. Ich kann und mag mich irgendwie gerade auf nichts konzentrieren. Aber warum? Ich bin ja jemand, der mit einer sogenannten Engelsgeduld ausgestattet ist. »Kommste heut nicht, kommste morgen« ist für mich gar kein Problem. Aber es gibt diese seltenen Momente in meinem Leben, da stoße auch ich an meine Grenzen. Und gerade ist einer dieser Momente. Ich gucke den Opa neben mir an. Wie das wohl so ist? Da hat man so viel erlebt, so viel mit- und durchgemacht, und am Ende sitzt man alleine ins Leere starrend an einem Bahnhof im Nirgendwo und neben einem sitzt ein bärtiger Tourist, der Sandwiches in sich reinstopft und die totale Unruhe ausstrahlt. Ich an seiner Stelle würde nicht gerne neben mir sitzen. Deswegen stehe ich auf und beschließe, den Rest der Zeit am Gleis zu warten. Auch wenn es vermutlich noch kälter sein wird.

Ich stelle mich ans hintere Ende des Bahnsteigs. Noch eine halbe Stunde, bis der Zug kommt. Ich esse noch ein Sandwich. Eine Gruppe Schüler kommt auf mich zu. Ein paar Jungs hüpfen immer zwischen Gleis und Bahnsteig hin und her. Ein bisschen mutprobig. Die hören nicht mal damit auf, als der Zug in den Bahnhof einfährt. Und selbst das scheint relativ harmlos, weil der Zug maximal mit Schrittgeschwindigkeit einfährt. Eine der offensichtlich häufigsten Unfallursachen in Cervia scheint »langsames Überfahren« zu sein.

Endlich sitze ich im Zug. Erst mal geht es zurück bis nach Rimini. Vor dort nach Bologna und von da aus nach Rom. Ich freue mich total auf Rom. Meine große Lieblingsstadt. Oder meine liebste Großstadt. Beides stimmt. Ich gucke aus dem Fenster, es ist Vormittag, das Wetter ist unwirtlich. Aber ich sauge alles auf, was ich draußen sehen kann. Noch einmal Adria einatmen. Jeden möglichen Blick aufs Meer mitnehmen, aufbewahren, behalten. Ich komme mit totaler Sicherheit wieder. Ich will das alles noch einmal im Sommer erleben. Will sehen, ob es den Spielzeugmoped-Mann noch gibt. Ob der Cocobello Nachfahren hat. Ob ich mein Bagno auch im Sommer wiederfinde. Und in die Spielhalle will ich auch noch mal.

Also mach's gut, Adria! Danke für die Flashbacks. Und: Hallo, Rimini! Da bin ich wieder. Mensch, zwei Tage später ist dein Bahnhof immer noch genauso potthässlich. Ich setz mich ans Gleis und warte auf meinen Anschluss. In den Zug in Richtung Bologna steigen deutlich mehr Menschen ein. Ich überlege noch, ob ich die nähere Umgebung des Riminenser (das heißt bestimmt so!) Bahnhofs erkunden soll, da kommt schon mein Anschlusszug. Na gut! Auf dem Weg nach Bologna überlege ich, ob es da am Bahnhof wohl ein Restaurant gibt, in dem man eine schnelle Pasta bekommt. Es muss dort doch Läden geben, die »Bolognese to go« anbieten. Alles andere wäre doch ziemlich bekloppt, oder? Der Gedanke an Spaghetti Bolognese aus dem Becher erzeugt prompt gute Laune. Fröhlich gucke ich aus dem Fenster, mein Lächeln bricht die Betonwüsten auf, zerschneidet das Himmelgrau und lässt die Landschaft erstrahlen.

Als der Zug in Bologna hält, steige ich hoffnungsvoll aus. Der Geschmack dieser Fast-Food-Bolognese, die ich mir vorgestellt habe, ist ziemlich gut. Jetzt muss ich sie nur noch in echt finden. Vorher muss ich aber mein Anschluss-Gleis suchen. Und der Weg dorthin führt mich durch einen Tunnel. Einen langen Tunnel. Einen wirklich sehr langen Tunnel. Irgendwie wurde dieser Bahnhof erneuert und ich werde gerade zum neuen Teil geführt. Dieser liegt halb unter der Erde. Am Ende des Tunnels stehe ich also vor einer langen Rolltreppe nach unten. Als ich am Gleis ankomme, bin ich gute fünfzehn Minuten zu früh. Mein Zug ist noch nicht angeschlagen. Ein Wagenstandsanzeiger ist nirgendwo zu sehen. Meine Güte, ich bin so schrecklich deutsch, dass ich mich vor mir selbst schämen muss. Sich zu ärgern, dass es keinen Wagenstandsanzeiger gibt. Schon das Wort! Deutscher wird's wohl nicht mehr. Ich stehe an einem italienischen Bahnsteig und suche händeringend nach deutscher Ordnung. Ja, ich möchte wissen, an welchem Buchstaben ich mich aufstellen kann, damit ich direkt in den richtigen Waggon einsteige. In meinem Kopf disse ich mich dafür aufs Härteste. Ich gucke mich um. Gut, niemand beobachtet mich. Ich sehe vermutlich superdämlich aus, wie ich so mit mir selbst ringe. Mein Blick wandert nach oben, in Richtung Decke und da entdecke ich sie: Wagenstandsmonitore. Das ist ja noch viel besser! Alles in mir jubiliert.

Ich gehe zu dem Monitor, der meine Waggon-Nummer anzeigt und der Zug fährt ein. Tatsächlich hält der richtige Wagen an der richtigen Nummer und ich steige fröhlich ein. Jetzt hab ich es bald geschafft, für diesen Tag.

Als ich im Zug sitze und mit Hochgeschwindigkeit durchs Land rausche, denke ich über den weiteren Verlauf dieser Reise nach. Ich sollte sie vielleicht von hinten planen: Ich weiß ja, wann ich zu Hause ankommen muss, also kann ich einfach überlegen, was ich noch alles sehen möchte. Ich habe noch genügend Zeit, mehrere Orte meiner Jugend zu besuchen. Und eigentlich würde ich auch mal gerne mit dem Schiff fahren – auf manchen Strecken ist das nämlich mit dem Interrail-Ticket durchaus möglich. Davon würde ich sehr gerne Gebrauch machen. Ich esse noch ein selbst geschmiertes Sandwich. Langsam kann ich die auch nicht mehr sehen.

Irgendwann ändert sich das Licht. Das liegt nicht nur an

der Tageszeit. Die Landschaft ändert sich, lässt nicht mehr viel Licht durch oder reflektiert es anders. Der Himmel wird dunkler, aber es bleibt hell, weil so viele Lichter angehen. Endlich sind wir da. Mein geliebtes Rom. Ich halte es kaum noch aus und stehe auf. Wo ich schon mal stehe, kann ich mich auch gleich anziehen und bereit machen. Langsam fährt unser Zug immer tiefer in die Stadt hinein. Okay, ich bin viel zu früh aufgestanden. Alle bleiben noch gemütlich sitzen, der Römische Bahnhof ist noch nicht in Sicht. Ich verspreche hiermit, mich nie mehr über Touristen zu amüsieren, die irgendwo zu früh aufstehen. Ich bin jetzt offiziell einer von ihnen.

Ich habe ja schon viele Bahnhöfe erlebt, aber Rom ist definitiv der wuseligste. Was hier los ist! Ich bleibe bewusst stehen, möchte den Anker lassen, dieser Hetze und Aufregung irgendwas entgegensetzen … Es gelingt mir nicht. Sobald ich irgendwo für einige Sekunden stehen bleibe, werde ich plötzlich wieder mitgerissen, von dieser unsichtbaren Kraft. Es ist unmöglich. Es geht nicht. Es ist nicht vorgesehen. Wer steht, vergeht. Oder so ähnlich. Selbst wenn man der am meisten in sich ruhende Mensch der Welt ist – gegen Termini (so der Name des Bahnhofs) verliert man. Termini ist der Endgegner der In-sich-Ruhenden.

Rome alone

Ich beobachte einen älteren Mann mit seinem Enkel an einer Bar. Er setzt den Kleinen, vielleicht Fünfjährigen, auf den Barhocker und bestellt einen Espresso. Der Kaffee kommt, er rührt Zucker hinein. Dann trinkt er den Espresso in einem Zug und knallt die Tasse auf den Tresen. Fast schon automatisch nimmt der Enkel die Tasse und leckt den Zucker raus. Das Ganze ist so choreografiert, dass es wohl ein festes Ritual zwischen den beiden ist. Der Opa zahlt, hievt seinen Enkel vom Hocker und die beiden ziehen weiter. Ach Italien, in solchen Momenten hab ich dich wirklich übermäßig gern.

Ich habe mir den Weg zum Hotel eingeprägt, ich muss in etwa so gehen: rechts raus, die dritte Straße links hoch, die zweite rechts rein, dann die nächste links und nach ein paar Hundert Metern müsste mein Hotel auf der linken Seite sein. Und, Hurra, mein Orientierungssinn hat mich mal wieder nicht im Stich gelassen. Ich finde mein Hotel sofort, oder besser gesagt: Ich finde mein Hotelapartment sofort, denn in dem Haus, in dem mein Hotel auf der siebten Etage ist, sind laut Schildern noch fünf weitere Hotels beherbergt. Es sind also eher Hotel-Wohnungen. Ich klingle und der Summer ertönt. Der Fahrstuhl ist cool, weil das so ein altes, vogelkäfigartiges Metallteil ist. Das Haus ist aber eher unheimlich. Riesig groß, aber irgendwie keine Menschen zu sehen, obwohl man spürt, dass hier mehrere unterwegs sind. Das Haus frisst Existenz. Ähnlich wie das seltsame Amsterdam-Hotel mit seiner Treppe ins Nichts. Wenn man nicht viel für die Übernachtung zahlen will, führt einen das an sehr seltsame Orte.

Der Rezeptionist ist auf jeden Fall überfreundlich. Und er erklärt mir, dass man in diesem Hotel im Voraus bezahlt. Kein Problem, damit habe ich sowieso gerechnet, wenn ich ehrlich sein soll. Aber dann der Schock: Das Zimmer kostet ungefähr dreimal so viel wie bei der Buchung angegeben. Habe ich etwa irgendwelche versteckten Kosten übersehen? Das muss eine deutsche Urangst sein, die Panik vor den »versteckten Kosten im Ausland«, dass man bestimmt übers Ohr gehauen wird, wenn man nicht im schön brav reglementierten Deutschland ist. Das größte Mysterium des Tages löst sich dann aber schnell auf, als ich den Buchungszettel genauer studiere: Den zu hohen Preis muss ein »Nick« zahlen, ein Tourist aus den USA, wie ich der Buchung entnehmen kann. Tja, Nick, schlecht gebucht, würde ich sagen! Es mag aber auch sein, dass Nick das gar nichts ausmacht. Ich würde in Amerika sicherlich auch zu viel für ein schäbiges Motel zahlen. Je weiter weg von zu Hause, desto egaler ist es, wie sehr man übers Ohr gehauen wird. Steile These, Nilz!

Der Rezeptionist und sein Kumpel, der in der Zwischenzeit dazugestoßen ist, erzählen mir noch was von einer Dachterrasse, die ich unbedingt auschecken müsste, aber die ist ja morgen sicher auch noch da. Das Zimmer ist absolut in Ordnung für den Preis (ein letztes Mal: Haha, Nick!). Die Spiegel an der Wand sind die von Ikea, diese wellenförmigen Spiegel. Die hängen auch in Deutschland in vielen Wohnungen und schreien: »Mein Besitzer hatte keinen Bock, Geld für einen Spiegel auszugeben!« Das Bad stinkt wie alle Bäder in italienischen Hotels. Keine Ahnung, ob das alte Leitungen sind oder schwefelhaltiges Wasser oder schwefelhaltiges Wasser in alten Leitungen – in italienischen Bädern hält man es nur so lange aus wie es wirklich, wirklich nötig ist.

Es kribbelt überall in mir, ich kann nicht länger in meinem Hotelzimmer bleiben. Ich will raus, rumlaufen, Rom einatmen. Diese besonders besondere Stadt.

Rom ist ein niemals endender Traum von mir. Der Beginn dieser Liebe ist vor etwa 25 Jahren zu verorten. Meine Geschwister waren alle aus dem Haus und ich fuhr jeden Sommer alleine mit meinen Eltern in den Urlaub. Die neue Freiheit mit nur einem Kind zu reisen haben die beiden auskosten wollen. Der Plan lautete also: Italien erobern. Wir sind jedes Mal in eine andere Region dieses Landes gefahren, dass sie so sehr geliebt haben. Da ich immer heftiger pubertierte, fand ich das Ganze auch zunehmend nerviger. Ich wollte viel lieber zu Hause rumliegen, mit Freunden abhängen und den neuesten Klatsch und Tratsch der Clique austauschen anstatt mit meinen Eltern durch italienische Dörfer zu fahren. Das führte natürlich zu Krach und zu Situationen wie dieser, die meine Eltern mir bis heute nur allzu gerne aufs Brot schmieren: Wir fuhren mit dem Auto wie immer irgendwo durch Italien. Es war Mittagszeit und Hunger machte sich breit. Wir waren in irgendeiner kleinen Stadt. In Italien ist das Zentrum der Altstadt mit »Centro Storico« ausgeschildert und meine

Eltern folgten, wann immer es möglich war, diesen Wegweisern in der Annahme, man würde dann schon im schönsten Teil des Ortes landen. Ich hörte Musik auf dem Walkman und hatte einfach keinen Bock mehr auf Altstädte, Fischmärkte, Möbelrestaurateure und kleine Restaurants in Seitengassen. Keinen Bock auf langsam rumlaufen und sich jede Häuserwand angucken. Und deshalb tat ich das einzig Mögliche: Boykott. Ich weigerte mich auszusteigen, nachdem wir geparkt hatten. Meine Eltern dachten erst, das wäre ein Witz, aber es war mir selten so ernst im Leben wie in diesem Moment. Ich hatte das Gefühl, das alles schon tausendmal gesehen zu haben. Ich wollte keine alten Gebäude mehr sehen. Ich wünschte mir McDonald's herbei, meine Freunde, Fernsehen, das ich verstehe. Nachdem meine Eltern kichernd begriffen haben, wie ungeheuer ernst es mir war, gingen sie los zu ihrem Altstadtbummel. Ich blieb im Auto, das zum Glück im Schatten geparkt war. Ich richtete mir mein Kissen irgendwie an der Fensterscheibe ein, drehte die Musik auf und blieb mit menschenmöglichster Schlechte-Laune-Miene sitzen. Klar hatte ich Hunger, klar wollte ich aus dem stickigen Wagen raus – aber es ging hier ums Prinzip und ich durfte auf keinen Fall mein Gesicht verlieren. Is klar, ne?

Vor unserem nächsten Italien-Urlaub haben meine Eltern dann überlegt, wie solche Situationen vermieden werden können. Sie wollten unbedingt vier Tage in Frascati, einem Städtchen in der Nähe von Rom, verbringen, das bekannt ist für seinen guten Wein. Die schlechte Laune eines sechzehnjährigen Teenagers war quasi vorprogrammiert. Doch meine Eltern machten mir den besten Vorschlag aller Zeiten: Ich sollte ein tägliches Budget bekommen, um alleine nach Rom zu fahren. Alleine. Mit 16. Nach Rom.

Das war natürlich ein riesiges Abenteuer für mich. Wir machten eine Uhrzeit aus, zu der ich spätestens wieder in Frascati sein musste, und dann war ich tatsächlich auf mich alleine gestellt. Ich hatte meinen Walkman, frische Batterien und Lire in der Tasche – und ich war so was von bereit. In Rom gibt es zwei U-Bahn-Linien, die wie ein lang gezogenes X verlaufen. Am Hauptbahnhof treffen sich die Linien und ansonsten hat man versucht, die Stadt so großflächig wie möglich zu vernetzen. Ich wusste nahezu nichts über Rom und hatte deshalb beschlossen, einfach an allen interessant klingenden Stationen mal auszusteigen. Was hatte ich schon zu verlieren? Vier Tage lang gehörte die Stadt mir. Ich konnte tun und lassen, was ich wollte. Als erste Anlaufstation wählte ich die Spanische Treppe. Ein großer Treffpunkt, immer was los, vielleicht auch schöne Mädchen – das war doch perfekt. Außerdem konnte ich essen was und wann ich wollte und direkt neben der berühmten Treppe gab es einen McDonald's.

Apropos Essen: Ich habe wahnsinnigen Hunger, deswegen irre ich nun durch die Straßen in der Nähe meines Hotels und suche eine Nahrungsquelle. Als Erstes stolpere ich natürlich über einen Supermarkt und fast magisch zieht es mich hinein – aber ich beschließe, standhaft zu bleiben. Nein, heute keine Sandwichkultur! Ich bin in der tollsten Stadt der Welt, ich sollte in ein gutes Restaurant gehen.

Dass es regnet, macht die Sache irgendwie nicht einfacher. Morgen werde ich mir auf jeden Fall einen Schirm kaufen, so viel ist sicher. Ich kann mich nicht entscheiden, in welchem der vielen Restaurants ich nun speisen soll. Eines ist klar: Leere Läden sind zu meiden. Das schließt schon mal ein gutes Viertel der Restaurants aus. Außerdem sollte es italienische Küche sein. Damit fällt ein weiteres Viertel der Restaurants weg.

Ich versuche durch die schummrigen Fenster zu erspähen, ob die Stühle gemütlich aussehen. Und wieder fallen zwei, drei Läden weg. Dann stehe ich vor einem Restaurant, das perfekt zu sein scheint: Offenbar gibt es das schon lange, es sieht ein ganz klein wenig verranzt aus. Aber es ist rappelvoll, vor allem mit Italienern, was ich als gutes Zeichen werte. Allerdings ist schon am Eingang eine lange Schlange, ich müsste auf jeden Fall noch warten, bis ein Tisch frei würde. Und eines hab ich im Regen mit knurrendem Magen sicher nicht: Geduld. Deswegen gehe ich weiter. Eine Kellertrattoria hat es mir kurzzeitig angetan, aber auch dort: gähnende Leere. Bis auf ein deutsches Touristenpaar mit Multifunktionsjacken über ihren Stuhllehnen, das einsam an einem Tisch seine Pasta isst und dabei mit müdem und traurigem Blick von den zwei Kellnern des Restaurants beobachtet wird. Nein, bitte nicht.

Da, ein Restaurant, das recht neu zu sein scheint: »The Bramble«. Komischer Name. Eine junge Frau steht am Eingang und bittet mich hinein. Es sieht bemüht cool eingerichtet aus und ich werde auf der Straße abgegriffen – zwei Abtörner vereint. Und trotzdem gehe ich rein. Ich hab keine Lust mehr. Es scheint immerhin hell, es gibt eine Art offene Küche und man hat sich immerhin Mühe gegeben. Außerdem sitzen hier viele junge Menschen. Wie schlimm kann es also schon sein?

Ein cooler, junger Dude bringt mir die Karte und fragt, ob ich schon was trinken möchte. Ich bestelle einen Rosé. Und eine Cola, gegen den schnellen, ersten Durst. Dann widme ich mich der Speisekarte, die gar nicht mal so doof wirkt. Wenn man diesen ganzen missratenen Style überall abzieht, bleibt Essen, das sich ganz vielversprechend anhört. Ein anderer junger Kellner bringt mir meine Getränke und nimmt meine Bestellung auf. Ich esse Pasta Pepe e Cacio und danach Straccetti. In Italien ist Pasta ja nur der erste Gang und danach isst man noch Fleisch. Es gibt ein altbekanntes Sprichwort, das da lautet: »When in Rome, do as the Romans do …« und da ich mich unbedingt daran halten will, bestelle ich Nudeln und Fleisch. Die Cola ist in Sekunden weggezischt. Der Rosé ist schön fruchtig und gut gekühlt. Sehr lecker. Am Nebentisch sitzen ein paar ältere italienische Herren und unterhalten sich über die Weltpolitik, wobei sie immer wieder auf die Kommunisten zu sprechen kommen. Mir ist nicht ganz klar, ob sie pro oder contra Kommunismus sind, aber sie suchen eifrig eine Lösung für die Welt. Dabei sehen sie so herrlich unterschiedlich aus. Der eine wie ein Künstler mit wallendem grauem Haar und einem weichen Schal, der andere in einem Anzug mit Weste wie ein vornehmer Anwalt. Einer in einem einfachen Pullover, als käme er gerade von einer ganz langweiligen Arbeit. Und einer mit Brille und wirrem Haar, vielleicht Schriftsteller. Ich habe den Männern in meinem Kopf ihre Rollen zugeteilt und gucke ihnen jetzt dabei zu, wie sie sie ausfüllen. Zwischendurch wandert mein Blick durch den großen Raum. Ein bisschen schick ist es hier schon, aber auch ein wenig prollig. An einer Wand ist eine Bibliothek angebracht respektive tapeziert. Also Tapete mit Buchrückenmuster. Es ist ein wenig grotesk. Es ist doch so: Wer sich ein großes Bücherregal in die Wohnung stellt, der liest sicher gerne, aber der ist sich auch der Wirkung bewusst, die so ein gefülltes Bücherregal auf Gäste hat. Was aber denke ich über einen Gastgeber, der sich Bücherrückentapete an die Wand gekleistert hat?

»Okay, der scheint cool zu sein, weil er schon gerne Bücher in der Bude hätte, er hat sie halt nur nicht, weil er immer so viel zu tun hat, wann soll der denn da mal zum Lesen kommen? Also tun wir einfach so, als hätte er all das gelesen und fragen ihn mal, welches ihm am besten gefallen hat, oder? Kann ja auch sein, dass er die alle auf dem Kindle hat.«

Ich bleibe noch ein wenig an dem Buchgedanken hängen, da wird mein erster Gang serviert. Nudeln in einer ganz herrlichen Pecorino-Pfeffer-Sauce. Ich genieße jeden Bissen. Es ist so unfassbar lecker. Ich habe das Gefühl, ich atme den Teller ein, so schnell ist er leer gegessen. Gierig nehme ich auch den letzten Rest Sauce noch mit dem dazu bereitgestellten Weißbrot auf. Als wäre es meine Henkersmahlzeit. Aber ziemlich genauso schmeckt es auch: Göttlich! Die Kommunismus-Debatte am Nebentisch wird nun etwas lauter geführt. Der Arbeiter im Pullover echauffiert sich jetzt richtig und scheint eine flammende Brandrede zu halten. Alle diskutieren mit und lachen immer wieder lautstark. Es ist herrlich, ihnen zuzusehen. Mein Teller, der so blank gegessen ist, dass man ihn so wieder ins Regal zurückstellen könnte, wird abgeräumt. Ich bestelle noch einen leckeren Rosé und könnte mich selber knutschen: Wie gut, dass ich vor mir selbst darauf bestanden habe, heute Abend essen zu gehen. Wie gut, dass ich hier reingegangen bin, obwohl es mich nicht so angemacht hat. Während ich noch damit beschäftigt bin, mir immer wieder heftig selbst auf die Schulter zu klopfen, kommt der zweite Gang, das Straccetti. Das ist eigentlich in dünne Streifen geschnittenes Rindfleisch, schön angebraten, mit etwas Zitrone und Rucola. Ein äußerst einfaches Essen, aber ich nehme die erste Gabel und könnte mich in den Teller werfen, so unfassbar köstlich ist das. Ich mahne mich an, zu genießen, aber ich esse es dann doch schneller als geplant. Es schmeckt so gut. Ich bin in Italien, ich bin in Rom. Ich esse das beste Essen der

Welt. Solange sie so kochen, dürfen die sich sogar den Papst nackt an die Wand kleistern, es wäre mir egal. Ich würde am liebsten dem ganzen Laden mitteilen, wie glücklich ich gerade bin. Aber ich esse heimlich, still und leise alles auf und beobachte die Diskussionsrunde weiter. Dazu bestelle ich mir einen dritten Rosé. Als mein Teller abgeräumt wird, bin ich satt und happy, aber ich habe auch das Gefühl, ich müsste aus dem Laden gerollt werden, also bestelle ich noch einen Espresso. Die Männergruppe hat sich aufgelöst. Vielleicht sind sie rausgegangen, um eine zu rauchen. Ich bekomme meinen Kaffee und frage nach der Rechnung. Als ich bezahle, werde ich noch zu einem Schnaps auf Kosten des Hauses eingeladen und ich entscheide mich für einen Limoncello, dieser immer leicht spüliartig schmeckende Zitronenlikör aus Capri. Danach habe ich Gut-Wetter-Laune und ich verlasse das »Bramble«, um zurück zum Hotel zu gehen.

Ich habe deutlich mehr Schlagseite als angenommen, aber ich freue mich darüber. Es geht mir richtig gut. Das ist eine tolle Reise, auf der ich schon viel gesehen und erlebt habe. Eigentlich genauso, wie ich es mir vorgestellt habe. Ich verstehe gar nicht, wie ich daran habe zweifeln können. Das Leben ist so unfassbar großartig, ich bin voller Liebe. Für alle und alles. Sogar für Buchrückentapete. Es nieselt noch ein bisschen, aber das macht mir überhaupt nichts aus. Rein ins Hotel, ab in den Metallkäfig-Fahrstuhl und dann an der Rezeption vorbei in mein Zimmer. Ich lasse mich aufs Bett fallen und denke noch, wie ärgerlich es ist, dass ich jetzt nicht so schnell einschlafen kann, weil ich eben noch einen Kaffee getrunken habe. Und schon bin ich eingeschlafen.

Ich habe schlecht geschlafen. Vielleicht bin aber auch einfach nur schlecht aufgewacht, denn der Kirchturm in direkter

Hotelnähe hat beschlossen, seine Glocken heute Morgen mal ordentlich durchzuläuten. Ich habe zwanghaft mitgezählt: 42-mal hat es gebimmelt. Morgens um sieben. Da will aber jemand wirklich dringend in den Himmel. Leider zuungunsten meines Schlafes.

Ach, was soll's, denke ich. Ich bin in Rom! Also stehe ich auf, mache mich frisch und ziehe mich an. Dann gehe ich zur Rezeption, an der noch der Nachtportier sitzt (vermutlich ist sieben Uhr dreißig auch zu früh für diesen Laden). Ich lasse mir die Tür zur Dachterrasse aufschließen. Und dann stehe ich da, über den Dächern Roms. Das Wetter hat beschlossen, nach so vielen Tagen Regen heute mal wieder die Sonne zu zeigen. Und wie könnte es anders sein als perfekt? Rom wacht auf im Glanz der wunderschönen Sonne. Autos rasen herum, Motorroller hupen, Fußgänger rauchen. Es ist ganz schön was los. Das ist es, was ich an dieser Stadt so liebe. Absolutes Superchaos. Und trotzdem funktioniert alles. Oder vielleicht sogar gerade deswegen. Weil man sich hier so sehr mit dem Chaos arrangiert hat, es zur einzig funktionierenden Lebensform auserkoren wurde.

Nachdem ich nun wirklich lange genug auf die Stadt draufgeguckt habe, will ich endlich Teil des Gewusels werden und gehe wieder runter. Ich laufe einfach los. Irgendwo werde ich schon ankommen. Ich gehe um den Bahnhof rum. An der Straße ist ein kleiner Kiosk und ich beschließe, erst mal zu gucken, was es so gibt. Ich liebe diese vollgehängten Straßenkioske einfach, ich kann da nicht dran vorbeigehen. Die hängen alles draußen hin, was sie haben, um Kundschaft anzulocken und sitzen in ihrem kleinen Häuschen, von dem aus sie verkaufen. Was da immer alles an Ware davorsteht! Dieser hier hat etwas ganz Besonderes: Mitten in der Auslage hängt ein verwitterter Teppich herum. Das mutet etwas seltsam an. Ich schiebe ihn beiseite und entdecke dahinter die Porno-Abteilung. Wie lustig das ist: Es ist quasi eine Open-Air-Pornoabteilung, ich habe den blauen Himmel über mir und irgendwelche Riesenbusenspezialmagazine vor mir. Die kleinste Pornoabteilung der Welt, aber trotzdem brav abgehängt. Ich bin aufrichtig beeindruckt. Von der ausliegenden Ware leider weniger. Aber toll fand ich es trotzdem.

Ich komme auf die Piazza della Repubblica – ein prachtvoller Platz mit einem noch prachtvolleren Brunnen in seiner Mitte. Diese unendlich breiten Straßen, die sind schon beeindruckend. Die Piazza beherbergt einen Kreisverkehr und es sind gerade alle auf dem Weg zur Arbeit. Der Verkehr befindet sich im ewigen Fluss. Bei so vielen Verkehrsteilnehmern gäbe es bei uns schon längst Stau, nicht so in Rom. Weil jeder einfach fährt. Alle sind sich einig, dass die oberste Priorität für jeden Einzelnen ist, in Bewegung zu bleiben und im nächsten Schritt guckt man dann mal, wie sich das mit den anderen Leuten vereinen lässt. Wenn jemand eine Nanosekunde steht oder irgendwas aufhält, ertönt ein Hupkonzert. Und trotzdem scheint alles irgendwie zu funktionieren. Das ist das Faszinosum Rom.

Neben mir entdecke ich eine Kirche, die wie in einen Felsen geschlagen wirkt. Man sieht nur das große Eingangsportal, der Rest verschwindet in einem Hügel. Ich bin so beeindruckt, dass ich da mal reingehen muss. In der Kirche ist nicht viel los. Es stehen auch keine Bänke herum, alles ist so aufgeräumt. Das große Hauptschiff kommt ganz ohne Betbänke oder Beichtstühle aus. An einer Stelle ist ein sehr langer Zeitstrahl in den Boden eingelassen, Sterne markieren Meilensteine. Sehr präzise angelegt. Ich mag diese Kirche, sie ist ein besonderer Raum. Auch die Statuen, die hier aufgestellt sind, wirken irgendwie anders. Vielleicht modern, vielleicht einfach neugieriger. Ich kann es nicht so richtig erklären, aber etwas unterscheidet diesen Ort von anderen Kirchen. Eine Frau in einem wallenden Rock betritt mit ihrer etwa fünfjährigen Tochter die Kirche. Sie stellt sich mitten in den Raum und blickt lange auf den Altar. Das Kind zerrt ein bisschen an ihr, es möchte weiter. Aber die Frau schenkt ihm keine Beachtung, sondern sinkt ganz langsam, fast schon schwebend auf die Knie. Sie faltet die Hände und schließt die Augen. Sie sieht wunderschön aus, in ihrer Pose. Ihre Demut ist ihr Geschenk an ihren Gott. Sie wirkt nicht verzweifelt oder ängstlich. Sie kniet voller Stolz. Und sie ist dabei so bei sich, strahlt so eine Ruhe aus, dass auch ihre Tochter immer ruhiger wird und sich schließlich neben ihre Mutter kniet, ohne wirklich zu wissen, warum. Ich bin ganz ergriffen, möchte mich am liebsten dazuknien oder die Frau einmal umarmen, aber plötzlich stehen die beiden auf und gehen. War das jetzt mein magischer Gottesmoment? Ich bin doch evangelisch.

Ich gehe weiter durch die Straßen. Das muss wohl das Regierungsviertel sein, denn ich habe das Gefühl, nur noch an Ministerien vorbeizulaufen. Überall kleine Wachhäuschen, Carabinieri, schwarze Limousinen. Der Bürgersteig wird immer schmaler. So wirklich will wohl niemand, dass hier auch Menschen langlaufen. Irgendwann stehe ich auf der kleinsten Piazza der Welt, eine Kreuzung, an der sich vier kleine Brunnen gegenüberstehen. Die Autos donnern vorbei. Ich beschließe, auf die einfache Karte aus dem Hotel zu gucken, damit ich mal eine grobe Richtung einschlagen kann. Und siehe da, mein Instinkt hat mich nicht getäuscht: Ich bin auf dem richtigen Weg.

Viele Bars stellen gerade erst die Stühle raus, Fenster werden geputzt und kleine Lebensmittelläden erhalten ihre Lieferungen. Die Stadt wacht wirklich gerade erst auf. Mir geht es ähnlich, also erst mal frühstücken, sprich: einen Kaffee in einer Bar am Tresen trinken, dazu noch ein Hörnchen mit Vanillecremefüllung. Ich finde eine richtige italienische Bar und kehre ein. Erst bezahlt man, dann geht man an den Tresen und bekommt sein Frühstück. Der Espresso schmeckt herrlich und es ist ein Fest, dem Treiben in dem Laden zuzusehen. Männer stürmen herein, trinken einen Espresso und rennen wieder raus. Zwei Bauarbeiter diskutieren über Fußball. Ab und zu mischt sich der Wirt lautstark ein. Seine Frau bedient dann die Kundschaft weiter. Man steht mitten in einem Klischee, aber es ist keines. Es ist Wirklichkeit. Wie bescheuert auch, dass man sich diese Gedanken überhaupt macht. Ich überlege, wie viele Klischees eigentlich gar keine sind, sondern einfach nur die Realität. Und wie unfair es ist, diese als Abziehbild zu bezeichnen. Hier, jetzt, in dieser Bar ist alles echt. Alles wirklich. Und wunderschön zu beobachten. Ich esse mein Cornetto und ziehe weiter. Die engen Gassen machen das Zusammenleben von Fußgängern und motorisierten Römern recht abenteuerlich, aber es haut alles hin. Dann stehe ich plötzlich vor einem großen Baustellenzaun. Wegweiser dirigieren mich in eine andere Richtung. Ich laufe einen kleinen Bogen und dann stehe ich vor ihr: die Spanische Treppe. Doch: Sie ist geschlossen. Wait, what?

Die können doch nicht einfach die Spanische Treppe schließen! Dieses wichtige Monument. Aber anscheinend können sie eben doch. Das ist vielleicht der Nachteil, wenn man in der Neben-Neben-Neben-Saison unterwegs ist. Die Treppe muss saniert werden, vermutlich damit sie wieder fit ist für die nächste Ladung Hunderttausender Touristen im Sommer, die auf den Stufen sitzen, Straßenmusikern zuhören und sich Freundschaftsbändchen von fliegenden Händlern andrehen lassen. Ich stehe vor dem Zaun und bin aufrichtig traurig. Aber was habe ich erwartet. Es ist November. Ich suche den McDonald's, in den ich als Teenager gegangen bin. Aber ich finde ihn nicht. Entweder war er schon immer woanders oder er ist weg. Immer ist alles weg.

Nachdem mein sechzehnjähriges Ich bei McDonald's gegessen hatte, machte ich mich auf Erkundungstour. Ich stand vor der Spanischen Treppe, die überfüllt war mit Leuten. Alle machten Fotos, sangen, lachten. Es war komplett überfüllt und gleichzeitig einer der friedlichsten Orte der Welt. Ich hatte aber keine Zeit herumzulungern. Ich wollte was erleben, etwas entdecken. Also ging ich die Straße entlang, die ich am interessantesten fand. Überall teures Zeug. Designer-Schaufenster. Nobel-Boutiquen. Das interessierte mich alles nicht. Ich war doch grunge, da war man eher abgetörnt von der Welt der Schönen und Reichen. Nicht, dass ich sonst ein Teil davon gewesen wäre. Ich schaute extra nicht in die Auslagen, ich strafte diese Bonzen mit Nichtachtung. Gut, ich war vielleicht auch nicht die Zielgruppe für Chanel-Kleidchen oder Versace-Handtaschen, aber das war egal. Ich wollte das alles nicht sehen müssen. Sehr wohl guckte ich aber hin, als ich fast am Ende der Straße diesen besonderen Laden entdeckte: Die Ware, die draußen hing, schien zerfetzt, von innen drangen laute Gitarrensounds auf die Straße. Ich hatte eine Punk- und Wave-Boutique gefunden. Mitten in Rom. Wie cool war das denn bitte?

Ich stand einige Zeit davor und schaute mir alles genau an. Es gab Aufnäher, Doc Martens in allen Farben, coole Bandshirts. Ich guckte so lange, bis eine Frau aus dem Laden rauskam. Sie war unfassbar cool. Ein Punk-Girl, aber nicht so übertrieben. Sie wusste die Punk-Akzente in ihrem Style genau zu setzen. Ich schätzte sie auf ungefähr 25. Sie sprach mich an, vermutlich weil ich schon eine ganz schön lange Zeit vor dem Laden abhing. Und wir kamen irgendwie ins Gespräch. Also, was man so Gespräch nennen kann: Ich mit Schulenglisch und keinerlei Italienischkenntnissen, sie mit italienischem Aufgeschnappt-Englisch. Das war keine Kommunikation mehr, das war ein Ratespiel. Aber sie hieß Francesca, das hatte ich verstanden und sie war anbetungswürdig. Ihr kehliges Lachen war eine Belohnung, die ich so oft wie möglich zu bekommen versuchte. Sie mochte Deutschland, kannte aber nur Berlin. Und irgendwann haben wir uns nur noch Bandnamen an den Kopf geschmissen und Songs angestimmt.

Ich probierte einiges an, immer unter Francescas gütigem Blick. Ich hatte aber gar nicht mehr genug Geld dabei und versprach, am nächsten Tag wiederzukommen. Francesca freute sich darüber. Ich mich auch. Jetzt hatte ich eine Freundin in Rom. Das war doch cool. Und ich hatte mich sogar ein bisschen in sie verguckt und wenn ich das richtig gedeutet hatte, fand sie mich auch nicht schlecht. Sie beschrieb mir noch den Weg zu einem coolen Pizzaladen, in dem ich unbedingt mal die Pizza Patate ausprobieren sollte. Dann musste sie aber weiterarbeiten, ich hatte sie immerhin bestimmt schon zwei Stunden davon abgehalten und ich wiederum wollte ja Rom erkunden. Naja, ich lief ehrlich gesagt als Erstes zu dem von ihr empfohlenen Pizzaladen und sie hatte natürlich recht: Diese Pizza mit Kartoffeln war der absolute Wahnsinn. Wie hätte es auch anders sein können? Jemand wie Francesca wusste eben, was gut war. Ich streunte noch ein wenig orientierungslos durch die Straßen und entdeckte zufällig ein Schild, das zu einer Dalí-Ausstellung bei freiem Eintritt einlud. Ich ging in die Galerie und Tatsache: Da hingen lauter original Bleistiftzeichnungen von Dalí. Nicht, dass ich ein großer Fan von ihm gewesen wäre, aber das war doch schon ein großer Name. Dass man hier einfach so umsonst in eine Ausstellung von ihm gehen konnte – das hat mich schon beeindruckt. Das musste ich Francesca erzählen. Vielleicht hatte ich in ihrer Stadt nun etwas entdeckt, was sie selber noch nicht kannte. So könnte ich mich für den Pizza-Tipp revanchieren. Als meine Eltern mich am Abend fragten, wie es mir in Rom gefallen habe, sagte ich nur: »Gut«. Sie mussten ja nicht alles wissen.

Ich erinnere mich grob daran, wo Francescas Punkladen war und gehe jetzt mal gucken, ob der immer noch da ist. Ich lasse die gesperrte Treppe hinter mir. Die Läden öffnen gerade erst, schieben ihre Blumenkübel vor die Tür, rollen ihre Teppiche aus. Ich hab das Gefühl, dass sich die Designer-Dichte verzigfacht hat. Es scheint auf dieser Straße keinen einzigen Laden mehr zu geben, in dem sich Normalverdienende etwas kaufen können. Alles ist nur nobel und teuer. Ich laufe und gucke, aber ich finde nichts. Und dann stehe ich auch schon auf der Piazza del Popolo. Ich müsste also an dem Laden vorbeigekommen sein. Aber es führen mehrere Straßen auf die Piazza. Vielleicht hab ich das verwechselt. Vielleicht ist der Laden in einer anderen Seitenstraße. Ich habe zwar eine super Orientierung, aber in gut 25 Jahren kann man schon mal was vergessen. Gut gelaunt und frohen Mutes biege ich also in die nächste Straße ein und suche nach der alternativen Boutique. Hier ist es schon gleich nicht mehr ganz so nobel, ich atme auf. Allerdings ist der erste Laden, über den ich stolpere, ein H&M. Hmpf. Nur weil ich keine Nobelläden mehr sehen kann, wollte ich ja nicht gleich wieder die Mainstream-Läden um mich herum. Ich sehe einen Weihnachts-Jogging-Anzug in der Auslage und bin ein bisschen angetan. Aber nein, ich erlaube mir nicht zuzuschlagen. Es wäre töricht, dafür jetzt und hier Geld auszugeben. Den kriege ich ja sicher in jedem H&M. Ich laufe also weiter und suche nach meinem Laden. Damals war Francesca dort angestellt. Vielleicht gehört er ihr mittlerweile?

Aber wo nix ist, kann man auch nix vermachen: Ich finde den Laden nicht mehr und komme mir ein bisschen dumm dabei vor, geglaubt zu haben, es könnte ihn noch geben. Vermutlich ist hier einfach alles verdrängt worden, was nicht horrende Mieten zahlen kann. Oder der Laden lief nicht – ist ja jetzt auch nicht mehr die angesagteste Subkultur. Und diejenigen, die sich noch dazuzählen, suchen sicher nicht auf Roms nobelster Shoppingmeile nach einem Laden für ihre Bedürfnisse. Ich hab mir da ein bisschen was vorgemacht. Also ziehe ich einfach weiter durch die Straßen, wenn auch ein wenig trauriger als zuvor.

Zu Hause in Deutschland hatte ich mir ein paar Plattenladen-Adressen rausgesucht und einen davon will ich jetzt finden. Er ist am äußersten Rand meines Stadtplanzettels, was nichts zu bedeuten hat, denn es wird nur das Zentrum abgebildet. Ich muss dafür eine Station mit der U-Bahn fahren und, Boy, ist das eine dunkle U-Bahn-Station. Die Wände sind dunkel, die Lichtquellen rar. In der Station ist es fast noch dunkler als in dem Tunnel, durch den man fährt. Wenn ich mir vorstelle, hier nachts alleine auf den Zug warten zu müssen – ich würde sehr gerne zu Fuß gehen. So ungefähr muss es sich anfühlen, lebendig begraben zu werden. Okay,

okay, ich krieg mich ja schon wieder ein. Aber es ist wirklich arg dunkel.

Als ich wieder auf die Straße trete, atme ich auf. Jetzt muss ich schon ganz nah am Laden sein. Und Tatsache: Als ich mich umsehe, entdecke ich den kleinen Laden an der nächsten Straßenecke. Ich freue mich. Plattenkauf ist der beste Kauf der Welt.

Okay, das ist wirklich ein kleiner Laden, kaum größer als meine Küche. Aber nichts spricht gegen einen kleinen Plattenladen. Die Regale sind vollgestopft, hier werde ich sicher fündig, auch wenn das Punkgirl an der Kasse mich mit dem Arsch nicht anguckt. Das ist okay. Dann kann ich ja in Ruhe wühlen. Aber, ach, Stichproben in verschiedenen Fächern zeigen, dass ich hier nur Neuware finde. Das ist ein bisschen langweilig, hätte ich doch gerne alte, italienische Popplatten geshoppt. Im Soul/Disco-Fach finde ich doch noch etwas Interessantes: Neuauflagen der Alben von Betty Davis. Betty Davis war mal ein Jahr mit Miles Davis verheiratet und hat ihm Hendrix und Konsorten nahegebracht, woraufhin Miles Davis sich und seinen Style neu erfand. Sie selber hat irrsinnig sexy Platten gemacht, aus denen man ihre Stärke in jeder Songzeile raushört. Die hat sich genommen, was sie wollte. Und ich stehe hier mit den Platten in der Hand, die ich auch gerne nehmen würde. Aber hier kosten alle Platten einfach fünf Euro mehr als in Deutschland. Und so gerne ich mir die als Andenken mitnehmen würde – irgendetwas hält mich davon ab. Zwischendurch kommt der Postbote in den Laden, liefert die Post ab und singt der Verkäuferin etwas vor. Es ändert nichts an ihrer Laune, aber wenigstens ist jetzt eine Person hier, die gut drauf ist. Ich stelle die Platten wieder zurück. Sorry, fühle ich nicht. Das wäre der sinnloseste Kauf aller Zeiten. Ich gehe und sage freundlich »Ciao«, während die Punkfrau mir hinterherguckt, als würde sie mich, meine Familie, die Familie meiner Familie und deren Familie verfluchen und zum Mond wünschen. Aber das ist mir egal. Dass ein Laden mit nicht so toller Auswahl und nicht so tollen Preisen auch nicht so tolle Verkäufer hat, ist doch nur konsequent, denke ich, und gehe lächelnd weiter.

Ich fühle mich bereit für ein kleines Mittagspäuschen. Zurück am Hauptbahnhof erinnere ich mich, dass hier in der Nähe auch ein Plattenladen sein sollte. Vielleicht habe ich dort ja mehr Glück. Schlussendlich finde ich den Laden einfach nicht. Ich erinnere mich nicht mehr an die genaue Adresse und einfach mal so rumsuchen führt zu nichts. So soll's dann eben sein. Als Entschädigung gehe ich noch in einen dieser vollgestopften Kioskpavillons und kaufe mir die DVD-Box einer italienischen Krimiserie, die in den Siebzigern spielt. Wenn ich schon keine italienischen Platten kriege, dann wenigstens DVDs. Dann gehe ich zurück ins Hotel, das ich auf Anhieb finde.

Als ich am folgenden Tag nach Rom kam, ging ich nicht direkt zu Francesca, das hätte zu needy gewirkt, so viel wusste ich schon. Ich beschloss aber, wieder an der Spanischen Treppe zu starten. Nur diesmal ging ich in die andere Richtung. Ich lief also los und staunte nicht schlecht, wie plötzlich es hier eben doch nicht mehr nur Nobelläden gab. Die Fußgängerzone wurde schnell zur dicht befahrenen Straße. Ich wunderte mich über den Verkehr und die großen Gebäude. Um mich herum Hektik, Auspuffgase und ich mittendrin, ein Sechzehnjähriger aus der Nähe von Köln. Ich ließ mich ein bisschen mitreißen und stand auf einmal vor einer Ladenpassage. Dort gab es einen Imbiss, der leckere Schinken-Käse-

Toasts anbot und da ich eh Hunger hatte, ging ich hinein. Ein Unterschied wie Tag und Nacht. Draußen herrschten Hektik und Verkehrsterror. Diese Ladenpassage hingegen fühlte sich so an, als sei hier seit Jahren niemand mehr gewesen. Es wirkte fast, als wäre sie vergessen. Ich hab ja als Kind immer davon geträumt, mal in so einem Buchladen zu landen wie Bastian in »Die Unendliche Geschichte«. Näher rankommen als damals in der Passage würde ich diesem Traum wohl nicht mehr. Es hätte nur noch gefehlt, dass alles mit einer leichten Staubschicht überzogen wäre. Ich kaufte mir einen Toast, der wirklich lecker war und guckte, was für Läden dort noch zu entdecken waren und ich fand einen superkleinen Plattenladen, der auch noch Unmengen an Kassetten hatte. Irgendwie waren die als Medium in Italien noch deutlich weiter verbreitet als bei uns.

Ich erinnere mich, wie ich an jeder italienischen Raststätte vor der Kassettenwand gestanden und gehofft hatte, da etwas von Michael Jackson zu finden, das ich noch nicht kannte, und meine Eltern zu überreden, das zu kaufen, damit wir es im Autoradio hören könnten. Hat nie geklappt, aber ich habe jedes Mal aufs Neue gehofft und gebangt. Als ich in diesem Plattenladen in Rom stand, ganz auf mich alleine gestellt, fand ich sofort zwei Kassetten, die mich interessierten: White Zombies »La Sexorcisto« mit seinem unfassbar durchgeknallten Neon-Farben-Comic-Artwork. Und Anthrax' »Sound Of White Noise«. Anthrax kannte ich, die waren cool. Dies hier schien ein neues Album zu sein. Beide Kassetten zusammen konnte ich mir leisten, aber dann würde nicht mehr viel Geld für den Rest des Tages übrig bleiben. Andererseits: Wofür würde ich noch Geld brauchen, wenn ich gute Musik hatte? (Ein Motiv, das sich wie ein roter Faden durch mein ganzes

Leben zog: Wieso Geld für Essen ausgeben, wenn man sich davon auch Platten kaufen kann?) Und so kaufte ich mir diese beiden Platten. Auf Kassette. Als ich aus dem Laden raus war, kramte ich sofort meinen Walkman aus meinem Rucksack hervor, fummelte die Plastikhülle von der White-Zombie-Kassette und legte sie ein. Lautstärke hoch, »Play« und zurück auf die römischen Straßen. Mein Urlaub hatte jetzt sogar seinen ureigenen Soundtrack. So wanderte ich in Richtung Francesca. Ich musste ihr natürlich unbedingt zeigen, welche Tapes ich mir gerade gekauft hatte. Würde sie sicher auch megacool finden.

Ich habe mir die beiden Platten extra für diese Reise auf den MP3-Player gezogen, weil ich damit auf den Ohren durch Rom laufen wollte. Mal sehen, ob es sich so anfühlt wie damals. Also schnappe ich mir den MP3-Player, meine Kopfhörer und die genauen Adressen zweier anderer Plattenläden, die ich mir ausgesucht hab. Einer davon soll riesengroß sein. Da gehe ich als Erstes hin, jetzt, wo ich wieder schön ausgeruht bin. Ich fange mit der Anthrax-Platte an, die hab ich länger nicht mehr gehört. Zuerst, na klar, Rauschen, sogenannter »White Noise«. Dann springt der Song über in schnelle Drums und fette Gitarren. Puh. Ein entspannter Spaziergang wird das hier nicht.

Irgendwann erblicke ich den gesuchten Laden an der nächsten Ecke. Der sieht aus wie ein Raumschiff: Es ist ein Buch-DVD-Musik-Laden. Alles wirkt ganz neu. Und nachdem ich im Laden zweimal im Kreis gelaufen bin, finde ich auch die Plattenabteilung, die, das sehe ich sehr schnell, mich ähnlich ernüchtern wird wie der Laden vom Vormittag. Die Auswahl ist gar nicht so schlecht, aber alles ist wieder ein bisschen zu teuer und ein bisschen zu neu. Ich wollte ja gebrauchte Platten durchwühlen, aber die gibt es hier gar nicht. Kurze Zeit liebäugele ich mit einer Vinyl-Box von »I Nomadi«, einer italienischen Popband, etwas folkloristisch angehaucht. Die sind in Italien Über-Stars, weil sie einen der größten Hits des Landes geschrieben haben, damals in den Siebzigern: »Io Vagabondo«, ein wirklich wunderschön-pathetisches Lied, dem man sein Herzblut sofort anhört. So etwas wie die heimliche Hymne Italiens. Aber die Box ist mir zu teuer und ich gehe enttäuscht aus dem Laden. Immerhin eine Adresse habe ich noch in petto. Der muss es aber jetzt sein. Die Gegend, in der der dritte Plattenladen für den heutigen Tag liegen soll, wirkt ein bisschen schöner, aber auch unspektakulärer. Ich bin jetzt mitten in einem Wohngebiet. Kaum noch Läden, dafür viele Häuser. Und dann entdecke ich mein Ziel. Große Fensterfront. Ein Plattenladen, wie ich ihn mag. Überall nur Vinyl. In den Fächern, in den Regalen, auf dem Boden. Zwei ältere Herren stehen am Tresen und unterhalten sich. Ich nicke ihnen freundlich zu, als ich den Laden betrete. Die Vorzeichen stehen gut: Die Platten, die auf dem Boden stehen, sind nicht in Schutzhüllen verpackt. Und die erste Platte, die ich sehe, ist mein Lieblingsalbum von Hall & Oates, »X-Static«. Jippieh, denke ich, und fange an, die ersten Stapel durchzublättern. Aber dann fällt mir schnell etwas auf: Auch die hüllenlosen Stapel auf dem Boden sind alphabetisch sortiert. Sofort gehen wieder die Warnlichter in meinem Kopf an. So viel Mühe gibt sich kein Laden mit seiner Ramschware. Auch merke ich schnell, dass das Vinyl kuratiert ist. Hier stehen wirklich wichtige und seltenere Platten. Und dann entdecke ich eine Kiste mit der Aufschrift »Cheap! 3 € p.p.«. Okay, dann scheint das die Wühlkiste zu sein. Der Grund dafür, dass die Platten am Boden keine Preise haben, ist nicht der, dass alle gleich billig sind. Es wird vermutlich am Tresen verhandelt. Die Ramsch-Kiste ist nicht besonders gut bestückt. Ich finde fast ausschließlich Klassik. Was für eine Enttäuschung.

Das hab ich mir nun wirklich ein bisschen anders vorgestellt. Und die Musik auf meinem Stick geht mir mittlerweile auch auf den Sack. Das ist mir viel zu aggro, viel zu anstrengend. Und diese Anthrax-Platte ist wirklich scheiße. Sorry, sechzehnjähriges Ich!

Wie cool die Anthrax-Kassette ist, dachte ich und wollte am liebsten Luftgitarre spielend durch die Straßen laufen. Ich bog ab, stand vor der Spanischen Treppe und ging diesmal in dieselbe Richtung wie am Tag zuvor. In Richtung Francesca. Ich hatte wieder kein Geld, um mir in ihrem Laden etwas zu kaufen, weil ich das gerade in die Tapes investiert hatte, aber ich hatte ja noch einen Tag und dann würde ich als Allererstes in ihren Laden gehen. Die Gitarren von Scott Ian donnerten auf meinen Ohren. Ich war cool, die Musik war cool, Rom war cool. Mit der Selbstsicherheit eines Locals ging ich an den Touris (»Pah, Touris!«) vorbei und stand nach einiger Zeit am Ort der Begierde. Ich blieb ein bisschen gewollt cool davor stehen und zündete mir eine Zigarette an. Bestimmt würde Francesca gleich rauskommen, sobald sie mich sah. Aber sie kam nicht. Ich zündete mir noch eine an – keine Francesca. Ich versuchte betont lässig an der Scheibe zu stehen und pseudo-zufällig einen Blick in den Laden zu werfen. Ich sah sie nicht. Vielleicht war sie hinten im Lager? Ich wartete noch ein Weilchen. Nichts. Ach, sie wird sicher auf einem coolen Punkrockkonzert gewesen sein letzte Nacht und deswegen heute nicht aus dem Bett gekommen sein, redete ich mir ein. Ich komme einfach am nächsten Tag wieder.

Und dann fuhr ich zum Vatikan und guckte mir den Petersdom an und kaufte mir für ein paar Lire schräge Religionssouvenirs, Armbändchen mit Gebeten drauf und so was. Ich beobachtete die Schweizer Garde in ihren seltsamen Kostümen. Als mich meine Eltern abends in Frascati fragten, wie es mir an diesem Tag alleine in Rom gefallen hatte, sagte ich: »Gut.« Die müssen auch wirklich nicht immer alles wissen.

Nach dem Plattenläden-Reinfall spaziere ich ein wenig durch San Lorenzo, das ist so ein bisschen das Kreuzberg Roms. Ein tolles Viertel. Meine beste Freundin Clara, Halb-Italienerin und vor allem Ex-Wahl-Römerin, hat es mir mal genauer gezeigt, damals, als wir noch zusammen waren. Wir waren in der Bar, in der sie immer ihren Schinken-Käse-Toast gegessen hatte und er schmeckte dort wirklich besser als irgendwo sonst. Mir ist klar, dass ich den Laden niemals wiederfinde. Ich irre umher. Irgendwie passiert hier nichts, nicht mal richtige Erinnerungen werden getriggert. Ich stehe einfach irgendwo in irgendeiner Stadt sinnlos rum. Ich bin müde. Und gefrustet. Und mir ist gerade sogar egal, wo ich bin. Mir ist Rom gerade mal egal. Wer hätte das gedacht?

Als ich später auf meinem Hotelbett liege, macht sich eine schreckliche Erkenntnis breit: Rom und ich, wir haben uns zum ersten Mal nichts zu sagen. Mir kommt ein schrecklicher Verdacht: Ist Rom womöglich gar nicht meine Traumstadt? Hab ich mir da immer was vorgemacht?

Von dieser Angst ist es nicht weit zu weiteren Zweifeln: Was soll diese ganze Reise überhaupt? Bin ich gnadenlos gescheitert? Klar, ich bin gerade besonders hart zu mir, weil ich so genervt bin von diesem Tag. Sogar genervt bin von mir selbst. Diese Orte, dieses Europa, das ist doch überall derselbe Mist. Man muss immer nur um drei Ecken gehen, dann steht man vor einem H&M. Sandwiches schmecken überall gleich beschissen. Was habe ich mir bei meinem Experiment gedacht? Was wollte ich finden? Neue Freunde? Mich selbst? In Wirklichkeit bin ich ein jämmerlicher Peter Pan, der seiner Kindheit hinterherweint, weil er nicht damit klarkommt, älter zu werden. Ich kotze mich gerade richtig an. Wem mache ich was vor? Ich bin ein anderer als noch vor 20 oder 25 Jahren. Das ist die einzige Erkenntnis, die ich hier aufsammeln konnte. Wie arm. Dafür muss man keine drei Wochen durch Europa gondeln. Mir war immer klar, dass die Option besteht zu scheitern. Und genau das bin ich nun. Gescheitert. Ich liege in meinem römischen Bett. Und will nach Hause.

Ich muss mal dringend hier raus. An die Luft. Und etwas essen.

Vor meinem Hotel steht eine Gruppe Amerikanerinnen. Ich höre das amerikanische Englisch wirklich gerne. Kurz überlege ich, sie anzusprechen. Vielleicht können wir dann alle zusammen etwas essen gehen, das macht in der Gruppe doch gleich viel mehr Spaß. Aber ich traue mich dann doch nicht. Am Ende bin ich nur der »creepy German guy«, und das muss ja nun wirklich nicht sein. Dafür halte ich mich ja schon selbst. Ich laufe mal wieder durch die Straßen und habe Angst, mich schon wieder nicht entscheiden zu können, da kommt mir aber die perfekte Idee: Ich gehe in das Restaurant, in das ich am Abend zuvor nicht reinkam, weil es zu voll war. Wenn ich da heute direkt einen Tisch bekommen würde, wäre das meine Wahl. Und was soll ich sagen: Ich bekomme direkt einen Tisch in der Taverna »La Pretoriana«. Es ist großartig. Papiertischdecken. Eine Karaffe Rosé. Italiener gehen aus und ein. Vermutlich essen sie erst hier und gehen dann in die Oper oder ins Theater. Ich beobachte ein Blind Date zwischen einer Amerikanerin und einem Italiener am

Nebentisch. Mein Tisch steht in einer Ecke, die Kellner stoßen andauernd dran, wenn sie vorbeimüssen. Ich liebe es. Ich bestelle Spaghetti Carbonara und zum Hauptgang Saltimbocca. Das Essen schmeckt herrlich, der Wein ist fantastisch. Auch hier bekomme ich nach Kaffee und Rechnung noch einen Schnaps, diesmal einen Sambuca. Und ich sitze da, mit voller Wampe und leichtem Schwips und denke mir: Genau das ist es. Das Dolce Vita. Deswegen bin ich hier. Ich muss gar nicht so sehr meiner Vergangenheit nachjagen. Die Erinnerungen an früher begleiten mich sowieso immer und überall. Dafür muss ich nicht zwanghaft an einen bestimmten Ort fahren. Es gibt hier gerade nichts wiederzufinden. Vielleicht auch, weil Rom sich weiterentwickelt hat, genau wie ich mich weiterentwickelt habe. Und das ist vollkommen in Ordnung so. Ich werde geradezu euphorisch und bin mir nicht sicher, ob es an der Kombination Espresso und Alkohol liegt, oder ob dies eine echte Erkenntnis ist. Ich zahle und torkele leicht zurück zum Hotel. Ich fasse hier und jetzt einen Entschluss: Am nächsten Tag soll es nach Palermo gehen. Denn nicht die unterschiedlichen Landesgrenzen machen hier die Vielfalt aus, sondern die unterschiedlichen Orte. Mein Zug fährt um 7:26 Uhr. Das bedeutet, ich muss um 6:00 Uhr aufstehen. Sechs Uhr. Puh. Das wird sportlich. Und dann schlafe ich gemütlich schmatzend ein.

Scheiße, der Wecker klingelt ja wirklich um 6 Uhr. Es dämmert draußen noch. Ich will erst mal im Stinkebad duschen, aber die Dusche braucht über zwanzig Minuten, um überhaupt auf Temperatur zu kommen. Mir tut das leid, dieser Horror-Wasserverbrauch. Aber irgendwann hat das Wasser eine erträgliche Temperatur und ich kann, immer durch den Mund atmend, in Ruhe duschen. Dann packe ich schnell meine Sachen, checke aus und wirke extra gehetzt, damit ich mir nicht noch eine weitere unverständliche Geschichte vom Nachtportier anhören muss. Davon hatte ich in den letzten Tagen wirklich genug. Immer wenn ich sein Blickfeld betrat, plapperte er bereits munter drauflos.

In einem Café im Bahnhof kaufe ich mir ein lecker aussehendes Sandwich (halleluja, es sieht wenigstens lecker aus – das ist doch mal eine Steigerung zu den gefühlt 2000 anderen Sandwiches bisher auf dieser Reise, die vermutlich als »Die Sandwich-Expedition« in die Geschichte eingehen wird), dann hole ich am Automaten meinen Zuschlag und mir noch ein paar Getränke. Hey, es kann losgehen! Wir müssen im Süden einmal das Meer passieren, denn Sizilien ist ja nun mal eine Insel und mir ist noch nicht ganz klar, wie das funktioniert, aber ich vermute, wir steigen aus, gehen auf die Fähre und am anderen Ufer erwartet uns dann ein sizilianischer Zug, der uns zu unserem Ziel bringt. Als ich im Zug sitze, betrachte ich meinen Fahrplan und versuche durch böses Starren der Fahrzeit Angst zu machen. Die jedoch lässt sich nicht beeindrucken und bleibt hartnäckig: 11,5 Stunden wird die Fahrt nach Palermo dauern. Ich glaube, so lange habe ich noch nie in einem Zug gesessen. Das kann entweder ganz witzig oder ganz fürchterlich werden – wir werden sehen.

Erst mal setze ich mich in mein Abteil und hier ist niemand außer mir. Das gefällt mir schon mal. Ciao, Roma! Mach's gut.

Am letzten Tag meines Rom-Urlaubs fuhr ich Nachmittags wieder zurück nach Frascati, früher als sonst. Ich fand Rom irre spannend, was für eine tolle Stadt. Aber sie hatte mir auch ein bisschen das Herz gebrochen. Francesca habe ich dann doch noch einmal gesehen, aber sie hatte keine Zeit für mich. Sie wollte oder konnte nicht mehr mit mir abhängen. Ich kaufte einen Sex-Pistols-Aufnäher und sie war dabei so nett wie am ersten Tag, aber sie wollte sich nicht mehr mit mir raussetzen. Vielleicht hatte sie keine Zeit, vielleicht war ich total uninteressant, vielleicht war sie schon ein wenig genervt von mir – wie man es auch drehte und wendete, Francesca und ich, das würde in gar keiner Hinsicht irgendwas werden. Meine große, italienische Liebe. Die mich so fallen ließ. Ich kam zurück nach Frascati und meine Eltern führten mich aus in ein Restaurant, wo sie schon ein paarmal waren. Sie fragten freundlich, wie mein Tag in Rom gewesen sei und ich sagte etwas trauriger als an den letzten drei Tagen: »Gut.« Dann ließen sie mich einen sehr süßen Dessertwein probieren. Der war lecker. Und ich durfte sogar eine Flasche mit nach Hause nehmen. Den wollte ich mit meiner besten Freundin trinken. Und schon war Francesca etwas weiter weggerückt. Den Aufnäher hatte ich in der Nacht aber trotzdem unters Kopfkissen gepackt. Für alle Fälle.

Ich hänge noch ein wenig dem Jugendliebegefühl nach. Wie schön es war, sich im Urlaub zu verlieben. Wie sehr ich mir jedes Mal eingeredet habe, dass Entfernungen doch egal sind, wenn man nur ineinander verliebt ist. Dass der Rest dann von ganz alleine kommen würde. Für mich waren Briefe immer eine gute und realistische Möglichkeit, Gefühle zu erleben. Vielleicht war ich schon immer zu sehr in Worte verliebt. Andererseits: Vielleicht ist das auch die Gnade junger Liebe. Sich keine Gedanken darum zu machen, wie »realistisch« diese Liebe wäre. Wenn sie da ist, ist sie auch machbar. So denkt nur ein unvernarbtes Herz. Die Sonne scheint, man ist weit weg von zu Hause, alles ist anders. Das Essen, das Fernsehen, die Landschaft, die Menschen. Also auch die Liebe. Sie ist so aufrichtig wie immer, auch so aufregend.

Aber, absurderweise, schien sie mir im Urlaub noch realistischer als im Alltag. Vielleicht wollte mich mein Herz nur verarschen, vielleicht war sie es aber auch. Vielleicht habe ich gehofft, dass sich bei Urlaubslieben beide automatisch mehr anstrengen. Ich hab alle meine Urlaubslieben sehr geliebt. Und diese niedliche Kompromisslosigkeit berührt mich noch heute. Ich mag den romantischen Narr in mir.

Die Stadt fadet aus, das Land übernimmt den Horizont. Ich bin echt früh auf den Beinen gewesen, ich döse also gemütlich vor mich hin. Da wird plötzlich die Tür zu meinem Abteil aufgerissen. Erschrocken drehe ich mich um. Ein freundlich lächelnder, etwas dickerer Typ setzt sich mit seiner Reisetasche mir gegenüber. Er reicht mir die Hand. Oh je. Der will wirklich ein Gespräch anfangen. Puh, wie anstrengend. Andererseits hab ich mich so lange mit niemandem mehr unterhalten, da kann ich mich ja mal darauf einlassen, denke ich. Er heißt Giuseppe, und als er erfährt, dass ich aus Berlin komme, erzählt er sofort von seinem Bruder, der irgendwo in München in einem Restaurant als Küchenhilfe arbeitet. Er erzählt das, als habe sein Bruder »es geschafft«. Er selbst muss seine Familie ernähren, sie seien geflohen. Er erzählt mir, was für ein hartes Leben das sei, und ich bin bereit ihm zu glauben. Er hätte sich ja jede mögliche Geschichte ausdenken können, warum sollte die jetzt gelogen sein? Gebannt höre ich ihm zu, erzähle ein klein wenig von mir, aber das finde ich nicht so interessant. Ich will mehr von ihm hören.

Irgendwann kommt der für uns beide unangenehme Teil dieses Gesprächs: Er öffnet seine Reisetasche, holt drei paar Socken heraus und hält sie mir hin. Welche Größe, will er wissen. Dann sucht er die passenden Paare. Ich zahle zwanzig Euro für drei Pakete à drei Paar, wovon ein Paket angeblich ein Geschenk sei, weil er mich so mag. Ich lächle. Natürlich weiß ich, dass ich gerade abgezockt werde. Natürlich hat Giuseppe gerade mindestens 17 Euro Reingewinn gemacht. Aber es ist mir egal. Er war so nett, das Gespräch so schön und auch wenn die Geschichte nicht stimmen mag: Super wird es ihm auch so nicht gehen. Er bedankt sich überschwänglich. Wir verabschieden uns. Und ich wünsche ihm wirklich das Beste. Insgeheim hoffe ich, dass er bald keine Herrensocken mehr im Zug verkaufen muss. Denn auch wenn das unter den schlimmen Arbeiten noch eine der besseren sein mag, so würde ich ihm wünschen, einen wirklich coolen Job zu bekommen. Giuseppe zieht weiter und ich habe das Abteil wieder für mich. Ich gucke mir die Socken genauer an. Vermutlich sollte ich damit nicht zu nah an offenes Feuer kommen.

Kurze Zeit später ertönt die dringende Warndurchsage des Schaffners, man solle im Zug nichts kaufen, die Händler, die unterwegs seien, würden falsche Ware anbieten. Dann hält der Zug in irgendeinem Dorf und ich sehe einen laut und übel schimpfenden Giuseppe empört durch den Gang laufen und aus dem Zug steigen. Dem wurde anscheinend gerade das Geschäft versaut. Ach komm, Giuseppe, das ist ja nun wohl wirklich das klassische Berufsrisiko, denke ich. Er hat doch Glück gehabt, dass er noch was losgeworden ist an Typen wie mich.

Der Zug fährt wieder los. Der Schaffner, ein strengerer, älterer Herr, kommt rein und prüft mein Ticket und meinen Zuschlag. Alles ist wunderbar. Ich gucke aus dem Fenster und sehe irgendwelche schneebedeckten Berge. Manchmal wünschte ich, wir hätten in Erdkunde einfach Landkarten auswendig gelernt, statt dieses ganzen Tundra-Taiga-Steppe-Driss. Ich habe keinen blassen Schimmer, welches Gebirge das sein könnte. Aber die Bergspitzen bringen mich auf eine Idee: Vielleicht kann ich auf dieser Tour noch Skifahren gehen. Das wäre der Knaller. Ich freue mich total über diese ganz neue Aussicht. Da fliegt die Tür zu meinem Abteil wieder auf. Kann die auch mal irgendwer normal öffnen? Der Schaffner ist wieder da und möchte mein Ticket und meinen Zuschlag noch mal sehen. Ich gebe ihm alles und er verschwindet. Und was, wenn das jetzt ein Betrüger war? Nun, denke ich, Zuschlag-Diebstahl könnte selbst den abgebrühtesten Dieben ein bisschen zu albern sein. Ich kann diesen Gedanken wohl wieder verwerfen. Zehn Minuten später gibt der Schaffner mir grummelig mein Zuschlagticket zurück. War wohl nix.

Wir stehen zwanzig Minuten in Neapel. Meine Abteiltür wird aufgerissen – okay, das geht anscheinend wirklich nicht anders – und ein Typ mit tätowierten Daumenballen kommt mit seiner Reisetasche zu mir ins Abteil. Er hält mir die Hand hin und will wissen, wie ich heiße. Ach, come on. Aus der Reisetasche sehe ich schon die Socken blitzen. Ich hab meine schon weggepackt, deswegen wäre es viel zu umständlich, sie ihm jetzt zu zeigen und ich entscheide mich für die direkte Strategie. Er fängt an sich vorzustellen und ich sage »No!«. Er wägt ab und setzt noch mal an und ich sage »No!«. Er holt die Socken aus seiner Tasche und hält sie mir hin. Ich sage »No! No! No!« und langsam dämmert es ihm, dass bei mir wohl nichts zu holen ist. Genervt zischt er ab.

Der Berg da, mit den Wolken drumherum – das müsste der Vesuv sein. Wie cool das ist, an einem Vulkan vorbeizufahren. Ich liebe Vulkane, ich glaube, von allen Naturphänomenen sind die mir die liebsten. Der Mensch kann mit der Anwesenheit eines Vulkans leben, kann ihn lesen lernen. Gut, da werden mir die Einwohner Pompejis vermutlich entschieden widersprechen, aber trotzdem finde ich den Deal, den Vulkane mit der Menschheit haben, irgendwie fair: »Pass auf, ich mach jetzt alles kaputt, aber ich lass mir damit so viel Zeit, dass du noch abhauen kannst.«

Okay. Ich muss noch acht Stunden in diesem Zug sitzen. Das ist wirklich kein Zuckerschlecken. Es wird mal wieder Zeit für eine kleine Runde holländisches Sudoku.

Wenn ich aus dem Fenster schaue, sehe ich tolle Landschaften und das Meer. Dieser Zug scheint die ganze Zeit am Meer entlangzufahren. Wie fantastisch das ist. Ich liebe diese Strecke jetzt schon, egal, wie lange ich unterwegs bin. Je weiter südlich wir kommen, desto ärmlicher wird es. Nirgendwo sonst habe ich mehr Bauruinen gesehen als hier. Halb abgerissene Gebäude, alte verwitterte, aber auch nie fertiggestellte oder nur improvisierte Häuser. Ich finde das wirklich dramatisch. So viele geplatzte Träume. Wie traurig.

Ein Mädchen kommt ins Abteil. Seit Neapel sitzt mir hier schon ein dezent unangenehmer Typ gegenüber. Er trägt eine enge grausilberne Anzughose, sitzt aber breitbeinig da und kratzt sich zwischendurch genüsslich am Sack, während er in das in seiner Hand anscheinend festgewachsene Handy plärrt. Er stößt mich mit seinem Fuß oder Knie andauernd an, als würde er mich gar nicht bemerken, als wäre ich nicht existent. Schlimm. Was ich aber noch schlimmer fände, wäre, mit meinem Knie absichtlich dagegenzuhalten. Deswegen setze ich meine Kopfhörer auf und mache meinen MP3-Stick an. Bruce Springsteen und seine »Born to Run« laufen. Ich höre den Song »Thunder Road« und es kann kaum einen besseren Song für diese Situation geben. Ich tauche sofort in die Umgebung ein, vergesse den Nervtypen und versinke in meinen Gedanken.

Irgendwie finde ich es wirklich gut, mal keine Austauschmöglichkeit zu haben. Normalerweise kommuniziere ich rund um die Uhr. Mit meiner Freundin, meiner Tochter, meiner besten Freundin, meinem besten Freund oder anderen Menschen, die mir etwas bedeuten. Und wenn die mal nicht greifbar sind, dann habe ich immer noch soziale Netzwerke, Twitter, Facebook, Instagram. Ich weiß nicht, wie viele schöne Bilder ich auf dieser Reise schon gepostet hätte, wenn das Handy dabei gewesen wäre. Wie viele deutsche Nachrichten ich gelesen hätte. Wie sehr ich in Gedanken noch zu Hause gewesen wäre, während ich durch diese atemberaubenden Landschaften fahre. Die meisten der Gedanken, die ich habe, wären über kurz oder lang zu Dialogen geworden. Und ich liebe den Dialog, den Austausch mit Menschen. Aber mal ehrlich: Manchmal ist Dialog auch der Tod der Gedanken. Wenn man immer alles bespricht und nichts bei sich lässt, das kann auch nicht gesund sein. Klar, so ein erzwungenes Dialogverbot ist nicht die Lösung. Aber gut tut es allemal. Es ist nämlich eigentlich scheißegal, was auf der Welt passiert – man muss erst mal mit sich selber klarkommen. Meistens. Es gibt Leute, die stürzen sich regelrecht in den Dialog, weil sie mit der Stille, nur mit ihrer eigenen Stimme im Kopf, nicht klarkommen. Die suchen den Austausch, weil sie nur im Gespräch reflektieren können. Ich mag das auch, sehr. Aber ich mag es auch sehr, Dinge mit mir selbst auszumachen. Zu versuchen, mir Dinge zu erklären. Ich mag es übrigens auch, mich mal ganz in Ruhe zu lassen. Das kommt aber, interessanterweise, auf dieser Reise nur sehr selten vor. Ich versuche die ganze Zeit, mir darüber klar zu werden, was hier passiert und was das alles mit mir macht. Da komme ich manchmal auf gute Ideen, meistens drifte ich weg und denke über ganz andere Sachen nach. Wie dieses unfertige Haus, an dem ich gerade vorbeifahre, wohl mal hätte aussehen sollen. Solche Dinge. Und ganz ehrlich: Es ist ganz schön, das für mich zu behalten. Und das ganz in Ruhe zu denken. Das mag ich tatsächlich sehr an dieser Reise. Diese Ruhe in mir.

Ich döse weg, während Herr Springsteen singt.

Ich wache auch zu seiner Stimme wieder auf. »Born to Run«. Was für ein herrliches Lied. Während meines Nickerchens hat sich aber einiges verändert: In unserem Abteil sitzt noch ein junger Typ. Mittlerweile unterhalten sich die drei angeregt. Ich verstehe nicht alles, aber die scheinen sich gefunden zu haben. Vor allem das junge Mädchen neben mir scheint die beiden Typen zu amüsieren. Mitten im Gespräch geht der Macker immer wieder an sein Telefon und manchmal ist mir nicht klar, ob er gerade mit seiner Frau oder seinem Kind spricht. Aber ich erfahre aus dem Gespräch, dass er wohl direkt aus Neapel kommt. Deswegen verstehe ich ihn auch so schlecht, dieser Dialekt ist mir ein absolutes Rätsel. Für die anderen scheint das kein Problem zu sein. Sie diskutieren die Weltlage, wem man überhaupt heutzutage noch vertrauen kann auf dieser Welt. Schnell geht es um Familie und Freunde. Als die Frage im Raum steht, wer noch beste Freunde hat, antwortet der Neapolitaner, dass sein bester Freund Jesus sei. »Jesus ist mein bester Freund und der Einzige, auf den ich höre.« Die anderen Passagiere verkneifen sich das Lachen, genauso wie ich. Das bekommt Jesus' Kumpel gar nicht mit, denn er muss wieder am Telefon beteuern, dass die Anruferin sein »Tesoro«, sein Schatz sei. Ich bin froh, dass der auf die anderen Passagiere genauso skurril wirkt wie auf mich. Ich gucke wieder raus. Es ist jetzt superdiesig draußen und feucht. Wir fahren an Plantagen vorbei, auf denen Orangen oder Mandarinen wachsen, so genau kann ich das nicht erkennen. Das meiste scheint auch schon abgeerntet, aber ein paar Früchte hängen noch. Das finde ich schön. Im November Zitrusfrüchte an Bäumen wachsen zu sehen, das hat was.

Ich blicke aufs Meer, es ist merklich rauer und wilder geworden. Ich meine sogar, Sizilien sehen zu können, wenn wir an der Küste entlangfahren. Ich höre »Wrong Light« von The Pastels und fühle mich ganz wohlig und glücklich. Das Meer könnte gerade gar nicht dramatisch genug sein. Ich liebe es, irgendwo drinnen zu sein, wenn draußen ein Unwetter tobt. So schlimm ist es noch nicht, aber es scheint sich irgendwas anzubahnen. An der nächsten Station steigt noch eine ältere Dame ein und setzt sich direkt neben mich. Nun ist das Abteil quasi voll. Breitbeini braucht nämlich zwei Plätze.

So langsam frage ich mich doch, ob vielleicht der ganze Zug auf eine Fähre geladen wird. Hier sieht niemand so aus, als würde er oder sie bald aussteigen müssen. Jetzt bin ich noch aufgeregter als zuvor. Für alle anderen in meinem Abteil scheint das totale Routine zu sein. Manchmal sagt das Mädchen etwas Lustiges. Die Frau neben mir sieht mich immer bestätigend an. Meistens nicke ich zustimmend. Ich lache auch manchmal mit. Aber als sie mich etwas fragt, fliege ich auf, weil ich nicht genau verstehe, was sie meint. Irritiert wendet sie sich von mir ab.

Des Rätsels Lösung: Der Zug fährt auf die Fähre, dann noch mal raus, dann wird der zweite Teil des Zuges neben uns geschoben. Leuchtet ein. Während der Überfahrt darf man den Zug verlassen und auf Deck gehen. Das nutze ich natürlich aus. Ich schwanke leicht hin und her. Wie verrückt das ist: mit einem Zug auf einer Fähre. Ich überlege, was die Steigerung davon wäre. Wenn ich auf einem Spinning Bike säße, das in einem Wohnmobil steht, das auf einem Autozug steht, der auf eine Fähre fährt. Ich saß wohl ganz schön lange im Zug. Die frische Luft wirbelt das Gehirn mal eben durch. Das Wetter ist ätzend. Stürmischer Regen, der einem von der Seite ins Gesicht peitscht. Aber das ist mir egal. Ich kann rumlaufen, atme frische Luft und stehe sogar auf einem Schiff. Das ist doch perfekt. Es ist mittlerweile dunkel und ich sehe die Häfen um die Wette leuchten. Die Meeresenge ist an dieser Stelle so klein, dass die Fähre sich nur einmal um sich selbst drehen muss, schon ist sie auf der anderen Seite. Ich übertreibe ein wenig. Frische Luft und so. Meine Reise dauert laut Plan nur noch viereinhalb Stunden. Der Großteil ist geschafft.

Es ist ein schöner Moment, auf das nächtliche Meer zu blicken. Ein wirklich erhabener Moment. Ich atme tief ein. Und bin total mit dieser Reise versöhnt. Das ist doch unfassbar toll hier. Ich gehe noch durchs Schiff, um zu gucken, ob es vielleicht eine Bar gibt oder einen Snackautomaten. Den gibt es zwar, aber der ist leer und die Bar nicht besetzt. Egal, denke ich, und gehe zurück in meinen Zugwaggon und in mein Abteil. Der junge Typ ist der einzige Anwesende und wir unterhalten uns ein bisschen über das Wetter und Sizilien. Dann kommen auch die anderen Mitreisenden zurück ins Abteil. Der Neapolitaner hat, wie ich erfahre, ein wasserabweisendes Jackett an, also eine Mischung aus Jacke und Sakko und ich frage mich, ob das wohl »Jacko« heißt.

Während die Reisegruppe ihr Gespräch an der Stelle wieder aufnimmt, an der sie vorhin unterbrochen wurde, widme ich mich wieder meinem Sudoku. Die Strecke in Sizilien ist eine Herausforderung. Meer – Tunnel – Meer – Tunnel – Meer – Tunnel, die ganze Zeit. Diese Strecke ist genauso aufregend wie ein Härtetest für den inneren Druckausgleich.

Nur noch eine halbe Stunde Fahrt. Ganz zum Schluss ist es bekanntlich am schwersten. Ich sitze schon elf Stunden in diesem Zug, aber jetzt kommt es mir so vor, als würde sich jede weitere Minute unendlich ziehen. Ich gucke verzweifelt aus dem Fenster. Sei bitte vorbei, Strecke. Ich halte das nicht mehr aus. Da ertönt endlich die Durchsage. Nächste Station: Palermo. Alle stehen auf und packen ihre Sachen zusammen und verabschieden sich schon mal voneinander. Ich kann es kaum glauben: Ich habe es gleich geschafft!

Ich packe meinen Rucksack wieder ordentlich zusammen, hieve meinen Koffer von der Ablage und verlasse als Letzter das Abteil. Ich gehe durch den schmalen Gang zur Tür, vor der sich schon eine kleine Schlange gebildet hat. Ich gucke aus dem Fenster. Jetzt ist schon wieder alles urban. Ich sehe Häuser, kann bei ein paar Wohnungen sogar durchs Fenster gucken, weil sie keine Vorhänge haben. Unglaublich, ich bin wirklich in Sizilien, in Palermo. Alles mit dem Zug. Wie weit ich gekommen bin. Schon erstaunlich.

Der Zug hält kurz an. Vermutlich ist kein Gleis frei. Wir warten. Es dauert etwas, also setzen sich einige Leute wieder hin. Aber ich will nicht mehr sitzen. Ich hab jetzt elfeinhalb Stunden gesessen, ich setze mich in diesem Zug nicht mehr hin, nicht so kurz vor dem Ziel. Nach zehn Minuten stehen wir immer noch an derselben Stelle und nichts bewegt sich. Aber da muss ja nur ein Gleis freigeräumt werden. Ich bin zwar ungeduldig, aber tröste mich damit, dass ich ja gleich da bin. Wie lange kann das schon dauern?

Fünfzig Minuten! Der Wahnsinn. Ich weiß das nur, weil

ich die ganze Zeit wie verrückt auf meine Uhr starre. Der Zug war bisher an jeder Station pünktlich. Fast auf die Minute. Und nun stehen wir bald eine Stunde lang 300 Meter vom Endbahnhof entfernt. Das ist so fantastisch absurd, dass ich mich nicht mal ärgern kann. It ain't over till it's over. Wie viel Wahres doch in diesem Satz steckt.

Dann setzt sich der Zug auf einmal wieder in Bewegung, für drei Minuten. Wir sind angekommen. Menschen stürmen genervt aus dem Zug, ich steige aus und bleibe erst mal stehen. Ich nehme einen tiefen Atemzug. Hallo, Palermo, hallo, Sizilien. Hallo, Heimat für die kommenden fünf Nächte. So lange plane ich nämlich zu bleiben. Ich weiß nicht so genau, warum, aber es fühlt sich richtig an. Nicht überall nur ankommen und wieder abreisen. Zeit nehmen. Vor allem, wenn man so weit gekommen ist.

> Stecken bleiben in Palermo – trotz Gleitgelautomaten

Vom Bahnhof führt eine Straße geradeaus weg und genau auf dieser Straße befindet sich mein Hotel. Einfacher ging es von der Lage her nicht. Auch wenn ich nicht mehr in Bahnhofsnähe wohnen wollte, wollte ich aber auch nicht mein Gepäck stundenlang durch die Gegend ziehen. Da hat der praktische Aspekt durchaus gewonnen. Aber nicht nur der: In Palermo ist das ja eh alles ein bisschen anders. Ich freue mich richtig auf mein Hotel. Auf den Bildern, die ich gesehen habe, sah das so nett aus. Vielleicht wird hier ja mein Schrotthotel-Fluch gebrochen. Außerdem habe ich mir mal was gegönnt und extra ein Zimmer mit Balkon gebucht. Wer weiß: Vielleicht finde ich eine Skibrille und leckere Cerealien, und dann setze ich mich damit auf meinen schönen Balkon, wie damals als Kind in Cassis, und habe die Zeit meines Lebens.

Das Hotel liegt im vierten Stock, es gibt zwar einen Fahrstuhl, aber ich werde an dieser Stelle schon etwas skeptisch. Der Rezeptionist ist supernett (auch eine Konstante auf dieser Reise!) und es sieht alles gar nicht so schlecht aus. Wie eine sehr große Altbauwohnung, in der halt mehrere Zimmer sind. Ich soll eine Karte ausfüllen, was ich morgens gerne zum Frühstück hätte. Ich nehme ein Croissant, einen Cappuccino und ein Teilchen. Verwundert werde ich gefragt, ob das alles sei, aber ich bin ja kein großer Frühstücker, für mich ist das also schon viel. Aber auch das gefällt mir: Frühstück aufs Zimmer, zur frei gewählten Uhrzeit. Ist doch super. So lässt es sich leben.

Mein Zimmer hat sehr hohe Decken und ist superkarg eingerichtet: Schrank, Bett, Fernseher, Tisch. Klar, mehr braucht man auch nicht. Das Bad scheint mit dem in Rom verwandt zu sein – es müffelt. Das ist wohl wirklich so ein Italiending. Aber es ist sehr geräumig und mit einem Bidet ausgestattet. Die Balkontür geht zum Hof raus. Als ich sie jedoch öffne, erwartet mich die große Überraschung: Der Balkon ist sehr klein, zeigt zu einem sehr kleinen Innenhof, in dem eine Lüftung rauscht. Aber damit würde ich mich sowieso nicht rumärgern müssen, denn den Platz auf dem Balkon nimmt zu wirklich hundert Prozent eine Lüftungsanlage ein. Okay, das ist das Bekloppteste, was ich jemals gesehen habe. Ich lasse mich lachend auf mein Bett sinken. Aber halt: Ich habe noch nichts gegessen und sollte nicht mit Loch im Magen einschlafen.

Die Hauptstraße ist hell erleuchtet, aber links und rechts davon zweigen verwinkelte Gassen ab, die nicht gerade einladend aussehen. Muss ich ja auch nicht jetzt hingehen, denke ich und laufe weiter auf der Hauptstraße. Da sollte ja auch am ehesten mal ein Imbiss auftauchen. Dann folge ich einem kleinen Pulk Menschen in eine helle Nebenstraße, die sich als eine Art Barstraße entpuppt. Aus den Bars schallt AC/DC. Mittendrin ein Imbiss, aber hier sind mir definitiv zu viele Menschen, und dann auch noch einheimische Jugendliche. Dieses Programm brauche ich heute nicht. Ich will doch nur was essen. Ich sehe Licht am Ende einer Gasse. Dort scheint ein Restaurant zu sein. Vielleicht gibt es da ja etwas für mich. Plötzlich stehe ich in der dunkelsten und einsamsten Gasse der Welt. Da tritt ein Typ aus dem Schatten und winkt mich zu sich heran. Laut rufend meint er, ich solle mal zu ihm kommen oder warten. Aber sorry: Ich bin ja nicht bescheuert. Vielleicht bin ich auch übertrieben ängstlich, aber da gehen doch sofort alle Warnlichter an. Ich rufe »No, grazie!« und gehe schnellen Schrittes wieder zurück. Ich höre ihn noch eine Zeit lang rufen, aber ich drehe mich nicht um. Da erblicke ich einen Stand, vielleicht ein Imbissstand. Um zu sehen, was dort angeboten wird, trete ich näher heran. Wenn ich das richtig erkenne, gibt es dort riesige Pastrami-Sandwiches, wobei das Fleisch sogar noch angebraten wird, und das in einer gigantischen Pfanne, die nicht so aussieht, als würde ein deutsches Gewerbeamt sie absegnen. Und trotzdem habe ich selten etwas so Leckeres gesehen. Mir läuft sofort das Wasser im Munde zusammen und ich bestelle ein Sandwich. Der Grillmeister brät, packt es mir ein und möchte zwei Euro. Ich hab nur einen Zwanziger, der für ihn anscheinend schon einer der größten Scheine der Welt ist. Er geht mit dem Schein in die Eisdiele auf der anderen Straßenseite. Ich warte entspannt. Sein Kumpel, der mit ihm am Stand steht, beruhigt mich, als ich ihn ansehe. Er erklärt mir, der Koch sei nur wechseln. Ich erkläre lachend, dass ich das schon verstanden hätte. Junge, Junge, hier scheinen aber wirklich ein paar Gauner unterwegs zu sein …

Mein Wechselgeld kommt und ich gehe zum Hotel. Ich esse das Sandwich ganz langsam, ganz genüsslich. Es schmeckt genauso perfekt, wie ich es mir vorgestellt habe. Ich zupfe einzelne Streifen des Fleisches heraus und lasse sie langsam in meinen Mund fallen. Das ist die beste Belohnung für diesen Tag. Irgendwann ist das beste Sandwich aller Zeiten aufgegessen und ich gucke ordentlich gesättigt Jennifer Aniston auf Italienisch im Fernsehen zu, bis ich gemütlich einschlafe. Hach.

Klopf, Klopf. Mein Gott, bin ich bescheuert. Ich hab mein Frühstück für 8:30 Uhr bestellt. Moment mal, kommt das dann jetzt jeden Morgen so früh? Dann sollte ich dringend eine Änderung an der Rezeption beantragen. Aber gut, wenn es schon mal da ist, dann kann ich ja auch gemütlich frühstücken.

Meine Balkontür ist geöffnet, damit frische Luft reinkommt. Es ist auch nicht so kalt und wenn ich das richtig sehe, scheint sogar die Sonne. Die Klimaanlage klappert. Ich werde jetzt gleich einfach erst mal losgehen und die nähere Umgebung erkunden, den Tag entspannt angehen. Vor allem möchte ich ja mal sehen, ob ich mich an irgendwas erinnere. Ich war mit meinen Eltern hier, als ich vierzehn war, glaube ich, habe aber nur wenige konkrete Erinnerungen. Das ist doch seltsam. Nachdem ich meinen Cappuccino ausgetrunken und mein Hörnchen gegessen habe, ziehe ich mich an und gehe los. Einfach erst mal die Hauptstraße hoch, beschließe ich. Das Wetter ist gut, meine Laune auch. Ich bin für alles offen.

Ich gehe die Hauptstraße entlang bis zu der Kreuzung von vergangener Nacht. Jetzt tobt hier das Leben auf der Straße. Ich will ihr ins Landesinnere folgen, weg vom Meer. Die Straße steigt an. Kleine, seltsame Läden zieren sie. Neben einem Uhrmacher findet sich hier ein Spezialladen für Krippen. Daneben ein kleiner Tante-Emma-Laden und dann eine Schneiderei. An der nächsten Kreuzung geht nach rechts eine Art Fußgängerzone ab – zumindest fahren da nicht viele Autos. Aber viele Menschen gehen dort entlang, also schließe ich mich einfach mal an. Ich laufe durch eine Einkaufsstraße, die mir gut gefällt. Viele verschiedene Läden, aber nichts, was ich als Kette erkenne. Vor einem sehe ich eine riesige Menschenschlange. Es ist ein Laden des US Palermo, dem hiesigen Fußballklub und entweder eröffnen die gerade oder sie stellen das neue Trikot vor. Oder es geht nur um die Tickets für die neue Saison, ich weiß es nicht. Die Polizei sichert den Eingang, also kommt vielleicht sogar noch ein Spieler vorbei. Ich bin beeindruckt von den aufgeregten Massen. Und ich finde das Trikot, das ich im Schaufenster sehe, so schick, dass ich überlege, es mir selbst zu kaufen. Wäre schon cool.

Ich laufe weiter, komme auf einen großen Platz mit einem echten Prachtbau. Dem Teatro Massimo, der Oper von Palermo. Ein wirklich erhabenes Gebäude, mit schön viel Platz davor. Ein guter Kontrast zu all den kleinen Gässchen und engen Häusern. Hier wird auf einmal mit Platz geprotzt. Links und rechts vom Teatro stehen, im gleichen Abstand dazu, zwei identische kleine Kioske, die aussehen, als wären sie aus einer anderen Zeit. Diese Kioske sind so stolz darauf, sie selbst zu sein, dass sie Postkarten mit sich selber drauf verkaufen. Das ist so herrlich daneben, dass ich sofort eine kaufe und an meinen Freund Roman schicke.

Ich muss mal ein Päuschen machen. Die ewige Sandwich-Diät holt nicht gerade das Beste aus mir raus. Im Hotel bemerke ich zum ersten Mal, dass es einen Automaten im Flur zu meinem Zimmer gibt. Aber wo sonst alle möglichen Getränke drinstecken, sehe ich hier nur Bierdosen. Es gibt aber auch noch Chips. Und, zu meiner Überraschung, Gleitgel. Das sind wirklich die einzigen drei Produkte, die in diesem Automaten zu finden sind. Ich benötige gerade keines der drei und gehe weiter zu meinem Zimmer. Die Kombination ist doch entweder sehr seltsam, oder sehr konsequent.

Es ist schon Nachmittag, als ich aufwache. Die Klimaanlage klappert immer noch, aber da ist noch ein Geräusch dazugekommen. Ich werde langsam wach und dann verstehe ich: Ich höre Wasser tropfen, rieseln, plätschern. Verstärkt durch den Trichter, den der Hinterhof bildet. Als ich rausgucke, sehe ich das Elend: Es regnet Bindfäden.

Langsam stehe ich auf. Ich wollte morgen mal in den Hafen und nach einer Fähre gucken, die mich auf eine der kleinen Inseln, Vulcano, bringt, also sollte ich heute noch mal Palermo genießen. Scheiß doch auf den Regen. Naja, ich könnte mir vielleicht irgendwo einen Schirm kaufen.

Es regnet wirklich wie bekloppt und es will einfach nicht aufhören. Ich springe von Vordach zu Vordach, um so trocken wie möglich zu bleiben. Irgendwann geht das aber nicht mehr und ich ziehe mir meinen Mantel wie eine Kapuze über. Noch kein Geschäft mit Schirmen in Sicht. Ich gehe in einen Imbiss, der mir schon heute Vormittag aufgefallen war. Dort gibt es Arancine. Kenn ich nicht, hört sich aber gut an. Das sind gefüllte und frittierte Reisbällchen. Anscheinend eine sizilianische Spezialität. Ich kaufe mir zwei mit verschiedener Füllung, eine mit Geflügel in Pfeffersoße und einmal Rindfleischragout mit Rotwein. Vor dem Laden stelle ich mich unter das Vordach, gucke zu, wie der Regen auf die glatte Straße plätschert und beiße in meine erste sizilianische Reiskugel. Au Backe, schmeckt das super! Ich könnte ausflippen vor Freude. Das ist wirklich unendlich lecker. Gierig beiße ich viel zu große Stücke ab. Wer mich jetzt so sieht, dem vergeht vermutlich der Appetit. Ich habe zumindest das Gefühl, ich würde essen wie der erste Mensch. Aber das ist mir egal. Bei dem Wetter ist sowieso kaum jemand unterwegs.

Weiter geht's. Und da taucht er auch schon auf, ich möchte fast schon sagen: endlich! Ein H&M. Vielleicht bekomme ich hier einen Schirm. Ich gehe rein. Die gleiche Kollektion wie überall. Also fast: Mein Weihnachts-Jogging-Anzug ist nicht zu sehen. Vielleicht ist der schon überall ausverkauft? Keine Ahnung. Schirme gibt es jedenfalls nicht, also raus hier. Schräg gegenüber erregt ein anderer Laden meine Aufmerksamkeit: ein Disney Store, mitten in Palermo. Da würde ich vielleicht ein Mitbringsel für mein Töchterchen finden. In Wirklichkeit finde ich eines für mich: eine Tasse, die aussieht wie Bing Bong, das traurig-niedliche Fantasiewesen aus Pixars »Alles steht Kopf«. In dem Film steht Bing Bong für die Kindheit, für all die Sachen, die man sich als Kind noch locker vorstellen kann. Für die Fantasie, die man hat, um sich in andere Länder zu träumen, sich Superkräfte vorzustellen oder sich als Held in selbst erfundenen Actionserien zu sehen. Bing Bong ist in dem Film aber auch ein Symbol dafür, wie wir diese Fähigkeit verlieren, wenn wir älter werden. Weil andere, neue Fähigkeiten hinzukommen, die genauso wichtig sind, jedoch andere Voraussetzungen erfordern. Und wie wir unseren inneren Bing Bong dann einfach vergessen, ausfaden lassen. Wenn er seinen Dienst getan hat, dann verschwindet er. Dann ist das Sitzen auf einem Balkon mit Skibrille nur noch eine weit entfernte Anekdote, etwas, das man auch über jemand anders erzählen könnte. Man kann so langsam erwachsen werden, wie man möchte, aber ein Kind bleibt man deswegen noch lange nicht. Man zögert nur das Unvermeidliche hinaus. Im Wunsch ein Kind zu bleiben, steckt doch vor allem eins: Angst vor dem Tod. Wer so lange wie möglich jung bleibt, bleibt so lange wie möglich vor dem Unausweichlichen verschont. Jung sein bedeutet leben. Alt sein, erwachsen sein – das bedeutet mit einem Bein im Grab zu stehen. Na klar, das ist alles lupenreiner Selbstbetrug. Ich werde 40. Das ist nicht alt, ganz im Gegenteil. Aber als Kind war das für mich geradezu methusalemisch.

Dann habe ich mit siebzehn meine Jugend ans Fernsehen verkauft. Ich wurde geliebt, weil ich jung war. Auch weil ich Sendungsbewusstsein hatte, klar, aber mein Alter war der entscheidende Faktor. Ich habe es damals nicht verstanden, wenn ich in Interviews kritisch auf meine Berufsjugendlichkeit angesprochen wurde, denn ich *war* ja jugendlich. Das war nicht mein Beruf, dass war ich. Das hat mich immer hochgradig irritiert. Klar, Journalisten haben das vor allem als einen Coup aus dem Hause Viva verstanden, jemanden einzustellen, der altersmäßig knapp über der Zielgruppe liegt. Mir war das egal. Ich habe einfach nicht über mein Alter nachgedacht. Wer tut das schon mit siebzehn?

Fünf Jahre später kam ich zu DSF. Nun war ich kein besonders junger Moderator mehr, selbst bei Viva hat man, als ich noch da war, jüngere geholt, um das Ganze am Laufen zu halten. Klar, da fühlte ich mich etwas ausgebootet. Vielleicht war das der erste Moment, in dem ich verstand, dass das Alter von Bedeutung ist in dieser Branche. Nach dem Ende der

DSF-Sendung wurde ich Papa, auch da spielt das Thema Alter natürlich eine große Rolle. Aber beruflich wurde es still, ganz still um mich. Ich war nicht mehr superjung, eher so mittel. Schnell hat man mich vergessen. Meine besondere Eigenschaft, nämlich besonders jung zu sein, hatte ich verloren. Man nahm mich jetzt ernster. Man hat nicht mehr jeden Quatsch, den ich verzapft hab, mit: »Ach, das wirst du auch noch lernen …« abgetan. Viele dieser Dinge sollte ich jetzt gelernt haben.

Meine Jugend war ein krasser Film, der so schnell lief wie ein Sketch bei »Nonstop Nonsens«. Nur gab es erst mal keine Pointe. Als das Material aufgebraucht war, war auch der Film einfach so vorbei.

Na herrlich! Ich stehe im Disney Store und bemitleide mich selbst. Wie jämmerlich. Deswegen bezahle ich schnell meine Tasse und gehe zurück in den Regen. Es scheint wirklich durchzuregnen. Ich bilde mir ein, dass er etwas schwächer geworden ist, aber so genau kann ich das nicht sagen. Schnellen Schrittes und halb durchnässt gehe ich zurück in Richtung Hotel. Nur noch einen kleinen Abstecher in den Supermarkt, wo ich mir ein paar kleine Snacks und Getränke kaufe. Als ich an der Kasse stehe, geschieht das Unmögliche. Ein Lichtstrahl bricht in meiner Fantasie durch die Decke und zeigt auf eine kleine Trommel, die kurz vor der Kasse steht und beleuchtet sie wie Excalibur in dem ollen Stein: Schirme. Im Angebot.

Ich trete aus dem Laden und drücke den Knopf. Stolz wie Bolle gehe ich los. Ich habe den Drachen besiegt, ich habe den Fall gelöst, den Schatz geborgen: Ich habe endlich einen Regenschirm. Die große Aufgabe, die eine große Mission auf meiner Reise, ich habe sie erfolgreich hinter mich gebracht.

Wunderbar trocken komme ich in meinem Hotel an, passiere die Chips-Bier-Gleitgel-Auslage und lande in meinem Zimmer. Genüsslich nage ich an einem Stück Parmesan, während im Fernsehen eine schlecht gefilmte Sendung Werbung für die Einzelhändler von Palermo macht. Nachdem ich die Sendung deutlich länger verfolgt habe, als man das wohl sollte, schlafe ich gemütlich ein.

Das Frühstück wird mir mit einer kleinen Überraschung aufs Zimmer geliefert: Die nette Frau erklärt mir, dass das Kaltwasser abgestellt sei, aber bald wieder repariert würde. Das bedeutet aber auch: keine Chance auf Duschen, weil das viel zu heiß wäre. Und die Klospülung geht auch nicht mehr. Wenn ich duschen wolle, könnte ich das im anderen Flügel des Hotels tun, da müsste ich ihr nur Bescheid sagen. Da ich aber gerade keine Lust habe, mit Handtuch durchs Hotel zu schlappen, bedanke ich mich, nehme mein Frühstück und ziehe mich wieder zurück. Beim Pinkeln habe ich herausgefunden, dass der Klospülungskasten sich exakt einmal füllt, wenn man das Heißwasser am Waschbecken laufen lässt. Warum auch immer. Ich kann zwar nicht duschen, aber ich habe immerhin einen Trick gefunden, wie ich weiterhin die Toilette benutzen kann. Gut, dass ich heute sowieso nicht im Hotel übernachten will – zumindest nicht in diesem. Ich will heute mit der Fähre nach Vulcano fahren, eine kleine Insel vor Sizilien, die tatsächlich fast ausschließlich aus einem Vulkan und einem kleinen Hafen davor besteht. Also fahre ich hin, schlafe dort eine Nacht in einem der wenigen Hotels und dann geht es mit der Fähre direkt zurück nach Palermo. Als Kind war ich mit meinen Eltern auf Vulcano und das fand ich atemberaubend toll, auch wenn ich den Schwefelgeruch atemberaubend zum Kotzen fand. Aber auf einen echten Vulkan raufzugehen, das war wirklich eines der aufregendsten Erlebnisse meiner Kindheit. Das möchte ich noch mal erleben.

Ich packe meinen kleinen Rucksack, greife meinen neuen Schirm und los geht's. Es regnet immer noch wie verrückt. Aber ich bin ja jetzt geschützt. Heute muss ich in eine andere Richtung als sonst, zum Hafen. Da ich aber keine Ahnung hab, wo im Hafen die Passagierfähren ablegen, beschließe ich, zunächst nach rechts und dann von dort aus am Hafen entlangzugehen, bis ich an den Fähren angekommen bin. Ich laufe durch ein wirklich unattraktives Industriegebiet: Autowerkstätten und Schrottplätze liegen hier nebeneinander und dann kommen die Fischhändler und Fischrestaurants direkt daneben. Es gibt kaum Bürgersteige, an den Rändern der Schlaglochstraßen sind tiefe Pfützen und ich muss wirklich vorausschauend laufen, um nicht von irgendeinem Wagen nass gespritzt zu werden, denn für Autos sind hier alle, die schwächer sind, unsichtbar. Ich werde von ein paar grummeligen Fischhändlern komisch angesehen, als ich an ihnen vorbeilaufe. Zu Fuß, blass, mit Mantel und Schirm wirke ich in dieser Gegend wirklich ein wenig wie ein Alien. Aber irgendwann sehe ich das Wasser und freue mich. Einen Orientierungspunkt habe ich schon mal erreicht.

Nun gut. Ich muss noch ein ganzes Stück laufen. Auch hier am Wasser ist die Fußgängersituation ziemlich unbefriedigend, weil Teile des Ufers gesperrt sind und man dann einen Umweg gehen muss. Durch Matsch. Ich versuche mich damit zu beruhigen, dass der Regen den schon sofort wieder abwaschen wird. Trotzdem sehen Hose und Schuhe jetzt ein bisschen nach Abenteuerurlaub aus.

Der Hafen dehnt sich ewig aus. Ich komme vorbei an Reedereien und Bootswerkstätten. Ich bin jetzt bestimmt schon seit einer Stunde nur am Hafen unterwegs. Der Regen wird doller und peitscht mir ins Gesicht. Da sehe ich das große Tor zu den Fähren. Endlich. Hier muss es sein.

Ich suche nach einem Ticketschalter, an dem ich weitere Informationen über meine Fähre bekomme. Aber erst mal muss ich mehreren Lastwagen ausweichen, die mich übersehen. Ich bin halt der Schwächere. Dabei entdecke ich ein Büro, an dem was von Tickets steht. Gut gelaunt gehe ich hinein, mein Interrail-Ticket im Anschlag.

Der Verkäufer hinter dem Tresen ist supernett zu mir. Allerdings gibt er mir ebenso supernett nur eine kleine Karte in die Hand, auf der er Messina einkringelt. Zu dieser Jahreszeit fährt hier keine Fähre nach Vulcano. Ich muss mit dem Zug bis Messina und dort zum Hafen, um da die Fähre auf die Insel zu nehmen. Seine Mitarbeiter sehen mich mitleidig an. Ich seufze, bedanke mich und gehe zurück in den Regen. Meine ganze Tour war komplett umsonst. Ich muss jetzt erst dreieinhalb Stunden mit dem Zug fahren, um dann den Hafen zu suchen und auf eine Fähre zu steigen, die dann zu der Insel fährt, auf die ich will. Und morgen muss ich das dann alles noch zurückfahren. Das ist nicht gerade eine Motivationsspritze.

Ich verlasse das Hafengebiet und folge einer Straße, die geradewegs ins Stadtinnere führt. Schnell erkenne ich meine Hauptstraße wieder. Ich laufe sie hinunter, vorbei an meinem Hotel und trotte zum Bahnhof. Was soll's. Dann muss ich das eben auf mich nehmen. Am Bahnhof kaufe ich mir in einem Imbiss frische Arancine und etwas zu trinken. Dann warte ich auf meinen Zug und mit mir eine ganze Menge Leute, die anscheinend auch weg aus Palermo wollen.

Der Bummelzug hält, ich steige ein und ergattere direkt einen schönen Fensterplatz. Der Zug fährt erst in zehn Minuten ab. Ich gucke aus dem Fenster, sehe mir den verregneten Bahnhof von Palermo an, dann packe ich meinen Reisball aus und knabbere daran herum. Das wird jetzt eine lange Fahrt. Ich trage Messina in mein Interrailticket ein. Was mich dort wohl erwarten wird? Das ist ja ein ganz schöner Reisemarathon heute. Dieses ewige Latschen durch den Regen hat mich ein wenig abgetörnt. Und gut durchnässt, trotz Regenschirm. So eine Feuchtigkeit, die klettert ja dann in einen rein, durch die Klamotten durch. Der Reisball ist lecker.

Und dann, zwei Minuten vor Abfahrt: Ich hab keinen Bock! Ich will hier raus! Ich greife meinen Rucksack und verlasse hektisch den Zug. Als ich den Bahnsteig betrete, werde ich sofort wieder ganz ruhig. Irgendetwas hat mich gerade da rausgezogen, ich hab keine Ahnung, was es war. Vielleicht ist die Idee Vulcano besser als die Wirklichkeit? Wollte ich mich davor bewahren, noch eine tolle Erinnerung zu verlieren? Ich kann es mir nicht erklären. Aber als ich merke, wie der Zug hinter mir abfährt, atme ich erleichtert auf. Das war es einfach nicht. Und einfach war es auch nicht. Aber ich glaube, meine Entscheidung in Palermo zu bleiben, war die richtige.

Später am Tag geht es mit Schirm bewaffnet wieder in den Dauerregen von Palermo. Heute habe ich beschlossen, mich mal wieder, wie in Rom, zum Essengehen zu zwingen. Ich laufe ein bisschen abseits der Hauptstraße durch die Gassen. Ein Restaurant hat eine ganz schöne Karte. Aber da sitzen nur zwei Gäste drin. Diese Stille würde ich nicht ertragen. Vielleicht entgeht mir ja ein besonderer Genuss, aber wenn ich schon alleine essen gehe, dann will ich nicht auch noch alleine im Restaurant sitzen. Hier sind viele Leute auf der Straße, es ist richtig was los. Eine Galerie feiert Eröffnung und alle stehen davor und rauchen. Es ist keine Saison, aber die Menschen leben ja trotzdem hier. So lasse ich mir die Stadt gefallen. Ich glaube, ich habe es mittlerweile aufgegeben, hier Orte zu finden, an die ich mich erinnern kann. Vermutlich waren wir einfach viel zu kurz in Palermo und haben dann die Umgebung erkundet.

Ich stehe vor einem Restaurant, das mir sehr gut gefällt. Es sieht stylish aus, viele Leute sitzen drin und was ich so auf den Tellern sehen kann, gefällt mir auch. »Buatta Cucina Popolana« steht dran. Alles ist irgendwie cool in Schwarz-Weiß gehalten. Nur dass hier jemand, anders als in dem Laden in Rom, ein Händchen für Inneneinrichtung hatte.

Die Kellner sind extrem nett und freuen sich, wie ich mich mit meinem Italienisch abmühe. Ich lasse mir extra die italienische Karte bringen, obwohl ich auch eine englische haben könnte, aber ich will es wissen. Ich bin ja schon fast so etwas wie ein Palermo-Local. Da nehme ich doch keine englische Karte!

Ich bestelle als ersten Gang Ravioli mit einer besonderen Tomatenfüllung von der Tageskarte. Ich hab nicht so ganz verstanden, was da alles drin ist, aber sie werden sich als köstlich erweisen. Dann kommt als zweiter Gang eine Hühnerbrust mit ein paar Kräutern. Und ich gebe zu, als ich das auf der Karte gesehen hab, hätte ich nicht gedacht, dass es ohne Beilage kommt. Aber genau so ist es: Ich kriege die Brust leicht dekoriert mit Kräutern auf dem Teller serviert und erst jetzt checke ich, was die Kellnerin gefragt hatte, als ich das bestellte. Ich dachte, sie hatte wissen wollen, ob ich noch etwas wünschte, dabei war sie wohl nur so erstaunt, dass ich wirklich keine Beilage wollte. Egal. Der Rosé ist lecker und der Mensch sowieso kein Beilagenesser. Hühnerbrust gegessen, Espresso, gezahlt. Ein schöner Abend. Doch dieser Tag darf jetzt auch wirklich mal vorbei sein.

Es klopft. Ich habe natürlich jedes Mal vergessen, mir einen späteren Zeitpunkt für mein Frühstück an der Rezeption aufschreiben zu lassen, deswegen werde ich auch an diesem Sonntag um 8:30 Uhr geweckt. Ich wache aber fröhlich auf, denn ich hab einen Plan für heute: Heute ist Museumstag. Das wollte ich schon die ganze Zeit machen und welcher Tag, wenn nicht der Sonntag, ist perfekt für einen Museumsbesuch? Ich freue mich richtig darauf. Ich mache heute Kulturtag, der mit nichts etwas zu tun hat, außer mit Palermo. Ich jage nicht meiner Kindheit hinterher. Ich gehe heute mal in Ecken von Palermo, die ich noch nicht kenne.

Mein Schirm und ich ziehen gemütlich los. Die Straßen sind heute, am Sonntag, viel ruhiger als sonst. Fast schon ein bisschen beängstigend. Aber auch schön, mal nicht die Angst im Nacken haben zu müssen, von hinten überfahren zu werden. Ich folge der Straße zum Museum. »Palazzo Riso« heißt es, »Museo d'arte contemporanea della Sicilia« im Untertitel. Zeitgenössische Kunst aus Sizilien. Klingt gut. Und auch das klingt gut: Heute ist der Eintritt frei, weil in Palermo gerade Kunst-Wochenende ist. Da hab ich ja wirklich Glück gehabt. Das Museum ist ein ganz wunderbares Gebäude. Große, schwere, knarzende Treppen führen nach oben in die Ausstellungsräume. Ich sehe Zeichnungen, Installationen, aber nichts, was mich wirklich umhaut. Bis ich diese eine Arbeit entdecke: Der Künstler besucht seine Großmutter in Nordafrika, weil er sich erinnert, wie sie ihm als Kind Böreks gemacht hat. Mit ganz dünnem Teig und verschiedenen Füllungen in einer großen Pfanne zur Schnecke gerollt. In dem Börek war jedes Mal eine Glücksmünze eingebacken und wer sie in seinem Stück fand, der durfte auf besonderes Glück hoffen. Der Künstler hatte das als Kind nicht so richtig verstanden, doch er war trotzdem kreuzunglücklich, wenn die Münze nicht in seinem Stück zu finden war, weswegen seine Oma immer eine zweite Münze in sein Stück mogelte. Der Künstler ist nun zurückgekehrt, um sich von seiner Oma zeigen zu lassen, wie man diesen Börek macht und das Ganze auf Video aufzunehmen. Dazu hat er sich das Rezept von seiner Großmutter noch aufschreiben lassen und nun kann man hier dieses Video auf ein vergrößertes Rezept projiziert sehen. Das fand ich ebenso spannend wie rührend. Und auch da ging es um einen Abschied von der eigenen Kindheit. Vielleicht hat es mich auch deswegen so fasziniert. Diese Arbeit, die ich mir hier gerade im Museum ansehe, hat so viel mit meiner Reise zu tun. Sie thematisiert das, was ich zu erleben versuche. Und was ich an den bisherigen Orten auch mal mehr, mal weniger erlebt habe. Deswegen bin ich so fasziniert. Die meisten von uns scheinen ihrer Kindheit hinterherzujagen. Sich an die gute Zeit zu erinnern, als vieles noch so herrlich unkompliziert, als der Blick auf die Welt völlig ungetrübt war und man sich einfach gefreut hat, diese Münze in seinem Essen zu haben – ganz egal, ob von der Oma reingeschmuggelt oder nicht. Staunen zu können, neugierig zu sein, sind vermutlich die besten Fähigkeiten, die man haben kann. Und je mehr man sich davon bewahrt, desto besser. Dann kann man auch seine helle Freude daran haben, in einem Museum kurz vor der afrikanischen Küste einer Oma beim Backen zuzugucken. Ich liebe dieses Leben, ich liebe diesen Ort, ich liebe diese Reise.

In einem anderen Raum wurden Kleiderschränke unter der Decke aufgehängt. Eine super Idee. Man läuft unter den

Schränken her und wenn man sie sonst vielleicht schön oder okay findet, fühlen sie sich hier auf einmal wie Monster an, die einen auffressen wollen. Eine Etage höher entdecke ich noch Fotos von Beuys, die ihn auf Sizilien zeigen. Das war eine schöne Ausstellung. Dass ich einen persönlichen Wachmann hatte, der mir stillschweigend in alle Räume gefolgt ist, fand ich etwas schräg, aber okay: Ich war auch einer der wenigen Besucher, da freuen die sich, wenn sie mal was zu tun haben. Und ich freu mich, wenn ich sie beschäftigen kann.

Ich laufe die Straße weiter hoch und stoße plötzlich auf die große Kathedrale von Palermo. Gut, die hohe Frequenz an Christenläden links und rechts der Straße hätte mich darauf schon vorbereiten können. Und wenn ich Christenläden sage, dann meine ich das auch: Über Bücherläden, die hundert verschiedene Bibeln anbieten, bis zu kleinen Läden, die Priestergewänder und christlichen Wandschmuck verkaufen, war alles zu haben. Und dann erscheint da auf einmal dieser Dom in voller Pracht mit einem schönen Garten davor. Ich gehe rein, um mir das mal von innen anzusehen. Aber ich scheine wirklich zur italienischen Renovierungszeit unterwegs zu sein – klar, jetzt macht ja auch keiner Urlaub. In der Kathedrale wird mit dem Schlagbohrer und dem Presslufthammer hantiert. Sehr spirituell! Es ist das lauteste Brummen der Welt und es ist unerträglich. Am heiligen Sonntag arbeiten und das auch noch in der Kirche: Wäre ich Katholik, ich wäre entsetzt.

Bin ich aber nicht, deswegen spaziere ich fröhlich weiter. In einem kleinen Park setze ich mich auf eine Bank unter einer Palme und beobachte den Himmel: Es hat aufgehört zu regnen. Und als wäre das nicht unglaublich genug, schieben sich die Wolken im Eiltempo auseinander und lassen die Sonne durch. Jetzt bin ich mit diesem Tag total versöhnt. Herrlicher als hier kann es nicht werden, an einem besseren Ort kann man gerade nicht sein.

Ich vergesse fast die Zeit, weil ich mir die Sonne ins Gesicht scheinen lasse. Aber irgendwann will ich doch weiter. Dieser Tag hat bestimmt noch mehr solcher schöner Überraschungen auf Lager. Ich folge der Straße noch ein gutes Stück weiter, irgendwann biege ich einfach mal ab und laufe durch die Altstadt, durch die kleinen Gassen und Straßen. Es ist wirklich wunderschön.

Nachdem ich einige Male abgebogen bin, immer nach Gefühl, stehe ich wieder auf der Straße mit dem Fußballladen und dem Arancine-Imbiss. Heute ist hier total viel los. Nicht nur Sonntagsspaziergänger, nein, mir kommt auch noch eine Demo entgegen. Ich gucke mir das an und begreife irgendwann, dass das mehrere Demos hintereinander sind. Die Piraten gegen die Regierung, Fahrradfahrer gegen Atomkraft, Kinder für den Frieden. Und dann noch irgendetwas Gewerkschaftliches. Anscheinend ist der Sonntag hier für Demos reserviert. Alle sehen dem Zug nach und so plötzlich wie die aufgetaucht sind, sind die auch wieder verschwunden.

Ich stehe vor einem Laden, der mir in den letzten Tagen immer mal wieder aufgefallen ist. Ein Second-Hand-Laden mit superungewöhnlichen Dingen. Im Fenster hängt ein Cape aus Stoff. Dazu eine Hose, die dasselbe Muster hat wie das Futter des Capes. Anscheinend ist das Originalware, vielleicht aus den Sechzigern. Ich finde, dass das unfassbar super aussieht und überlege, es einmal anzuprobieren, da hier sonntags für die Touristen, die trotz allem hier sind, alle Läden geöffnet sind. Aber ich bin unsicher: Das ist sicher nicht billig. Und mal ehrlich: Möchte ich mit einem Cape durch die Gegend laufen?

Wohl eher nicht. Also gehe ich schnell weg und biege in irgendeine Gasse ein, um mal wieder woanders zu landen.

Da entdecke ich eine kleine Werkstatt. Ein Künstler verkauft dort selbst gemachte Miniatur-Räume. Er bastelt diese Räume mit viel Liebe zum Detail in Streichholzschachteln oder kleine Schatullen rein. Der Künstler scheint den ganzen Tag nichts anderes herzustellen und vielleicht ist es sehr touristisch, vielleicht ist es kitschig, aber irgendwie berühren mich die Teile. Sie haben Herz, auf eine gute Art und Weise. Ich gucke mir die Auslage genau an und kaufe ein Zimmerchen in einer Schatulle und eines in einer Streichholzschachtel als Mitbringsel. Ich sehe in seiner Werkstatt verschiedene kommunistische Zeitungen rumliegen, auch ein Anarchie-A klebt an einem Balken. Der Künstler sieht genau wie einer aus, mit grauem Bart und wallenden Haaren. Ganz vorsichtig packt er mir meine Geschenke ein, sodass ihnen nichts passieren kann. Und gibt mir, ich habe keine Ahnung, warum, noch einen ordentlichen Rabatt auf meinen Einkauf. Ich freue mich sehr und bedanke mich überschwänglich, was ihn wiederum zu freuen scheint. Ich wünsche ihm alles Gute und ziehe weiter. Ich mag solche Begegnungen. Wir haben uns eigentlich nicht ausgetauscht, aber irgendwie war da eine Verbindung. Das finde ich nicht sonderlich esoterisch – es gibt Menschen, die trifft man und man versteht sich. Vielleicht liegt das aber auch nur daran, dass ich auf dieser Reise so wenig connecte. Da freue ich mich dann schon über eine kleine Aufmerksamkeit.

Ich schlurfe langsam zurück Richtung Hotel. Auf dem Weg liegt ein Imbiss, den ich schon seit dem ersten Tag ausprobieren wollte. Also gehe ich da hin. Ich wähle ein Sandwich mit Salciccia. Gegrillt. Da in der Bude absolut nichts los ist, komme ich mit dem Koch ins Gespräch. Und er ist der Erste auf meiner Reise, der sich dafür interessiert, was ich mache, der wissen will, wo ich herkomme, was ich hier suche. Er findet alles spannend, was ich ihm erzähle und ich merke, wie komisch es ist, zum ersten Mal jemandem die Idee zu dieser Reise zu erzählen. Irgendwie fühlt sich das komisch an.

Als das Sandwich fertig ist, packt er es mir gut ein und wünscht mir das Beste für die Zukunft und ich glaube es ihm. Noch so eine schöne Begegnung. Palermo meint es anscheinend recht gut mit mir.

Acht Uhr dreißig. Frühstück klopft an meine Tür. Und die Info, dass das Wasser wieder läuft, bekomme ich kostenlos dazu. Also erst mal duschen. Endlich. Das Bad stinkt zwar, aber das ist mir egal. Ich kann den Dreck und Regen der vergangenen Tage abwaschen, das tut so gut. Ich fühle mich unheimlich erfrischt, als ich aus dem Bad komme. Und werfe mich gleich wieder aufs Bett. Ich habe einen großen Plan für heute gefasst: Ich mache heute frei. Urlaub vom Urlaub. Heute ist rigoroser Gammeltag. Morgen geht meine Reise ja weiter und da ich mit einem Nachtzug fahren werde, wird das nicht unstressig. Deswegen gönne ich mir heute eine Auszeit. Über nichts nachdenken. Nichts erfüllen müssen. Kein schlechtes Gewissen, weil ich irgendwas nicht gemacht habe. Ich sehe durch mein Hoffenster, dass die Sonne scheint. Aber selbst das ist mir egal. Ein Urlaub bedeutet doch auch größtmögliche Entspannung. Und ich erlaube mir heute die größtmögliche Entspannung, auch wenn ich aufregendere Dinge machen könnte. Es spielt keine Rolle. Für die meisten hier ist heute Montag, für mich ist El Faulenzo. Ich freue mich total, so meinen Frieden mit mir gemacht zu haben. Dann fische ich das Sudoku-Heft aus meinem Rucksack, mache den Fernseher an, in dem irgendeine Soap läuft und bin happy. Hier passiert heute nichts. Gar nichts. Ich bin in Palermo im Urlaub und lasse nichts geschehen. Was für eine Freiheit. Ich bin ganz begeistert von mir selbst.

Wie kann man denn selbst beim Sudoku-Lösen noch an tausend andere Dinge denken? Die Gedanken, die mir im Kopf herumschwirren, lauten in etwa so: »Du kannst doch nicht einfach einen Tag auf dem Hotelzimmer vergammeln!« oder »Du bist in einer wunderschönen Stadt, wer weiß, wann du hier wieder hinkommst, und du guckst dir deine Tapete an?«. Das schlechte Gewissen nimmt langsam überhand: »Du warst schon nicht auf Vulcano und jetzt auch noch das?« oder »An die Wand gucken hättest du auch zu Hause können, dafür reist man doch nicht in den südlichsten Süden Europas!«. Gerne gedacht wurde auch: »Los, komm, noch ein paar Mitbringsel shoppen.« Kunden, die das gedacht haben, dachten auch: »Das ist dein letzter Tag hier. Mann, da musst du doch was draus machen!«

Aber ich bleibe stur. Ich bin die letzten Tage so viel rumgelaufen, bei jedem Wetter. Hier ist Schluss. Ich streike.

Mein Körper ist natürlich schlauer als ich und weiß sich zu helfen: Ich habe Hunger. Ich habe Durst. Ich habe nichts da, also muss ich raus. Mann, ey. Nicht mal in Ruhe faulenzen kann man hier. Ich ziehe mich an und gehe raus. Heute muss ich keinen Schirm mitnehmen, das ist doch schon mal toll. Ich laufe altbekannte Straßen entlang. Der Typ aus dem Imbiss von gestern Abend grüßt mich wild winkend von der anderen Straßenseite. Ich bin jetzt anscheinend wirklich hier angekommen. Mein Weg führt vorbei an Straßen, die ich jetzt schon gefühlt tausendmal entlanggelaufen bin. Ich stehe wieder vor dem Second-Hand-Laden und überlege ein letztes

Mal, ob ich mir das Cape vielleicht doch holen soll, doch ich entscheide mich dagegen.

Nun brauche ich nur noch einen Supermarkt und ich kann mich wieder zurückziehen. Ich sehe einen kleinen Laden und beschließe, dort einzukaufen. Getränke, ein paar Süßigkeiten. Kleine Snacks. Ich hole mir noch zwei leckere Arancine fürs Hotelzimmer.

Auf dem Weg zum Hotel mache ich noch eine irritierende Beobachtung: Vor einem Waffenladen hält ein Polizeiauto und ein Polizist steigt aus, mit einer länglichen Reisetasche, die er vor sich herträgt. Kaufen die Polizisten hier ihre Munition im normalen Laden? Mir wird ein wenig mulmig bei dem Gedanken, aber dann bin ich auch schon wieder im Fahrstuhl, auf dem Weg zu meiner Hoteletage.

Ich schaffe es wirklich, den Rest des Tages komplett zu verbummeln. Ich weiß nicht mal, wo er abbleibt. Ich hänge nur doof in meinem Zimmer rum und plötzlich ist der Tag vorbei. Ich schreibe ein bisschen, lese ein bisschen, rätsle ein bisschen … Zack, das wars! Die Sonne geht schon wieder unter. In irgendeiner Wohnung unter mir wird gestritten. Und irgendwann ist es plötzlich wieder vorbei. Ich schalte den Fernseher ein und gucke, was gerade läuft. Ich verstehe schon nix mehr, weil ich mich nicht mehr anstrengen mag. Und ich werde müde. Und schläfrig.

Ein letztes Mal: Klopf, Klopf. Cappuccino. Croissant. Teilchen. Ich packe das Teilchen direkt in meinen Rucksack. Den Rest lass ich mir noch schmecken, bin aber etwas gehetzt, weil ich noch packen muss. Irgendwann ist alles in meinem Koffer und dem Rucksack verstaut. Ich habe aber jetzt doch noch ein bisschen Zeit. Also setze ich mich in aller Ruhe aufs Bett und starre ins Leere. Heute geht die Reise weiter, zur letzten Station. Was habe ich alles erlebt in den letzten Wochen, überlege ich. Und mir fällt kaum etwas ein. Ich wollte, dass das die traurigste Reise aller Zeiten wird. Hab ich aus Spaß immer gesagt. Was hat mir das alles gebracht? Hat diese Reise irgendetwas mit mir gemacht? Kann ich jetzt beruhigt 40 werden und sagen: Ich habe die Abenteuer, die man bis dahin erleben muss, alle hinter mir?

Ich wollte das gar nicht, ich habe es auch nicht kommen sehen, aber mir schießen plötzlich Tränen in die Augen. Ich heule, weil ich mich selbst nicht mehr ertrage. Ich bin auf dieser Reise jeden Tag auf mich selbst zurückgeworfen worden. Mit meinen andauernden Realitätsabgleichen. Immer nur Reflexion. Ich bin am Ende.

Ich hab keine Lust mehr auf noch einen Zug, noch einen Schaffner, noch eine Großstadt, noch ein Urlaubsdorf. Das ist alles Grütze. Ich will jetzt zu Hause in meinem Bett sein, mich mit Menschen unterhalten können. Ich fahre so passiv wie möglich durchs Land und gucke aus dem Fenster. Und das soll dann eine Reise sein, die ich gerne erlebt habe. Ich bin so ein unendlicher Vollidiot. Und ich heule. Ich kriege mich gar nicht mehr ein. Bravo. Ich bin der König des Selbstmitleids. Vielleicht sollte ich hier jetzt wirklich abbrechen. Ich weiß, es ist kurz vor Schluss, aber was soll's. Warum soll ich mir jetzt noch eine Station antun. Ich bin gescheitert. Ich bin ein pathetischer Wichser, der sich in der Rolle auch noch total leidtut. Ich bin so abgefuckt von mir selbst, dass ich noch mehr heule. Ich habe keine Ahnung, wann ich mich jemals schon so ekelig gefunden habe. Es gab schon einige Momente in meinem Leben, in denen ich mich klein und dumm und scheiße gefühlt habe, aber dieser hier kommt wirklich überraschend. Die Reise hat mich fertiggemacht. Alles klar. Sie hat gewonnen, ich hab verloren. Ich hab's verstanden. Lustlos ziehe ich meinen Mantel an, schultere meinen Rucksack und ziehe meinen Koffer hinter mir her.

Ich laufe die Straße zum Bahnhof langsam runter. Gleich geht es wieder in einen Zug. Ich habe einen Schlafwagen gebucht, mit einer Kabine für mich alleine. Ich fahre in dem Zug durch bis nach Mailand, das ist eine ewig lange Strecke, noch deutlich weiter als Rom, deswegen das Schlafabteil. Einmal mit dem Zug durch ganz Italien, der Länge nach. Am späten Mittag soll es losgehen. Hängenden Kopfes komme ich am Bahnhof an, kaufe mir Proviant. In meinem Körper ist kaum Energie. Diese schlimme Frustepisode am Morgen hat mir jegliche Kraft geraubt. Und dann die Auskunft: Der Zug startet nicht ab Palermo, es gibt ein Problem. Ich muss mit dem Bummelzug nach Messina und dort umsteigen. Ach, mir ist mittlerweile alles egal. Freudlos steige ich in den Bummelexpress.

Nach ein paar Stunden fällt mir auf, dass wir eine ordentliche Verspätung haben, aber eine Nachfrage bei der Schaffnerin bestätigt mir, dass der Nachtzug in Messina auf uns wartet. Nach vier Stunden haben wir es endlich geschafft. Ich eile zum Nachtzuggleis, steige in den Waggon mit meinem Abteil und mache es mir darin gemütlich. Ich habe Platz, ein eigenes Waschbecken – ich mag es hier drin. Allerdings geht das Licht nicht richtig und ich verstehe nicht, warum. Im Nachbarabteil sind zwei jüngere, hagere Typen und einer von denen scheint mich in regelmäßigen Abständen abzuchecken. Meganervig.

Irgendwann geht er ins nächste Abteil und ich höre, wie sie sich mit dem älteren Herrn darin darüber unterhalten, ob sie bei ihm pennen können. Sie hätten zwar Tickets, hätten aber nichts mehr reservieren können. Für den Mann scheint das in Ordnung zu sein und ich atme erleichtert auf, denn erstens war das wohl der Grund für die dauernde Abcheckung: Er wollte sehen, ob bei mir noch jemand kommt. Zweitens bin ich froh, dass sie nicht mich gefragt haben. Ich will alleine sein. Sorry. Sehr unsozial, aber mit Fremden einen Schlafsaal zu teilen, find ich einfach einen unschönen Gedanken. Vor allem auf so engem Raum. Und mir geht es heute sowieso doof. Aber das kann man so ja niemandem erklären.

Ich richte mich in meinem Abteil gemütlich ein. So würde ich es hier schon aushalten können. Wir sind auch bereits auf dem Festland angekommen und meine Anspannung weicht langsam einer schönen, inneren Ruhe. Die nur gestört wird durch andauerndes, hektisches Auf- und Abgelaufe auf dem Flur. Ich hab keine Ahnung, was da los ist, aber aus irgendeinem Grund ist der Schaffner sehr aufgeregt. Mein Ticket wird kontrolliert. Alles in Ordnung. Für dieses Nobelabteil habe ich schließlich auch noch gut was draufgelegt. Aber das wollte ich mir jetzt einfach gönnen, nach diesem Tag.

Und es sollte genau der falsche Tag dafür gewesen sein, denn irgendwann klopft der Schaffner aufgeregt an meine Abteiltür. Ich mache auf. Eigentlich wollte ich gerade schlafen. Ich müsse sofort das Abteil wechseln, dieser Waggon sei kaputt, erklärt der Schaffner. Hä? Ich kapiere gar nichts. Das nervt den Schaffner noch mehr. Ich müsse in ein anderes Abteil im Nebenwagen, sie hätten da für mich schon alles vorbereitet. Aber … aber, stottere ich. Das ist ja ein viel dooferes Abteil, ohne kleine Bad-Nische und ein Bett gibt es doch dort auch nicht, nur ungemütliche Bänke. Der Schaffner sagt genervt, dass er nichts daran ändern könne. Dieser Waggon sei eben kaputt und deswegen muss ich hier jetzt raus. Puh.

Was für ein Scheiß! Ich räume meine Sachen zusammen und schlurfe in den nächsten Waggon, in mein Abteil. Ich habe es immerhin ganz für mich alleine, aber es hat kein schönes Bett. Zum Glück habe ich wenigstens den Matratzenbezug mitgenommen. Auch wenn der aus diesen Liegen kein Bett zaubert, ein bisschen gemütlicher macht er es schon. Dass meine letzte große Reise mit einem italienischen Zug so eine Enttäuschung sein muss, das ist schon schade. Andererseits passt es wunderbar zu diesem ganzen Tag. Es ist stockdunkel. Ab und zu sehe ich hinter dem Rollo am Fenster Lichter vorbeiziehen. Mach's gut, Süditalien. Du bist schon was sehr Besonderes, etwas sehr Spezielles. Ich habe irrsinnig freundliche Menschen getroffen. Ich bin aber auch ein bisschen an meine Grenzen gekommen. Die Frage ist doch nicht, was nehme ich aus Süditalien mit, sondern: Was lasse ich da? Und ich hoffe, es ist der Frust, der kann schön dableiben.

Ich habe irgendwie viel besser geschlafen als erwartet. Diese Liegen sind zwar ungemütlich, aber dieses Zugfahren hat so einen schönen Rhythmus. Dieses leichte Schaukeln, der Sound der Gleise, die Lichter, die am Fenster vorbeiziehen und leichte Spuren im Abteil hinterlassen – das ist eine gute, eine beruhigende Schlafmischung.

Zugreisen sind eine der besten Arten loszulassen, finde ich. Der Zug rollt, ich kann ihn nicht aufhalten und ich will es auch nicht. Er soll rollen und mich dort hinbringen, wo ich hinmuss. Weil mein Herz es so will. Diese Kraft, die empfinde ich nur im Zug. Weil ich aus dem Fenster sehen kann und mitbekomme, wie sich die Landschaft verändert. Bei konstanter Geschwindigkeit. Ich glaube, mit dem Zug unterwegs zu sein, ist die schönste Art zu reisen. Für mich ist es die stärkste, die aufregendste. Ich liebe es, aus dem Fenster zu schauen und zu denken: Dort könnte ich jetzt gerade sein. Wie sähe dann mein Leben aus? In diesem Haus. An diesem See. Auf diesem Berg. Ich werde niemals auf diese Art zu reisen verzichten und sie immer allen anderen Arten vorziehen. Und wenn ich einen Tag verliere, na und?

Und meine Gedanken schleichen sich klammheimlich doch wieder in meine Jugend.

Mit sechzehn bin ich mit mehreren Freunden auf einen Campingplatz nach Freiburg gefahren, weil meine damalige beste Freundin dort hatte hinziehen müssen und wir sie besuchen wollten. Auch um sie zu trösten. Es war mein erster Urlaub ganz ohne Eltern. Ganz weit weg (naja!) und nur auf mich selbst gestellt (und auf meine Freunde natürlich). Ich habe mir das Ticket vor der Reise jeden Abend zu Hause angesehen. Das war mein Ticket in ein neues Abenteuer, ein neues Leben. Am Tag der Abfahrt standen wir alle mit unseren vollgepackten Rennrädern am Kölner Hauptbahnhof. Die Räder verstaut, von den Eltern verabschiedet, ging es frühmorgens los. Am Mittag waren wir schon in Freiburg. Einer hatte einen Stadtplan und wir fuhren mit unseren Rädern los, erst mal zur Schule meiner Freundin. Dort waren noch keine Ferien und der Unterricht war anscheinend noch in vollem Gange, deswegen schlugen wir unser Lager davor auf und kochten uns erst mal eine Dose Ravioli. Als die Schülerscharen aus der Schule strömten, waren wir natürlich das Highlight. Und dann kam meine beste Freundin und sie war hier die Neue, deswegen waren wir ihr etwas peinlich. Aber wir waren ihre Freunde, also hat sie sich auch total darüber gefreut, dass wir da waren. Wir fuhren dann zum Campingplatz und bauten unsere Zelte auf.

Es war der bis dahin beste Sommer meines Lebens. Es

wurde geküsst, es wurde gelacht, es wurde Blödsinn gemacht. Und immer waren wir auf uns gestellt. Als wir (der schlechten Budgetplanung sei Dank) auf einmal keine Kohle mehr hatten, hat uns der Vater meiner besten Freundin Aushilfsjobs besorgt, die unser Budget sofort wieder aufgestockt haben. Vermutlich wollte er uns das Geld nur nicht einfach so schenken. Und selbst bei dem Job hatten wir alle zusammen riesig Spaß. Nach zehn Tagen sind wir in den Zug zurück nach Köln gestiegen. Meine Freunde lagen kreuz und quer schnarchend in unserem Abteil, ich stand im Gang und hielt meinen Kopf aus dem Fenster in den Fahrtwind. Die Sonne ging unter. Und mir war klar, dass mit uns allen etwas passiert war. Etwas war anders, wir waren anders. Das letzte Sonnenlicht des Tages schien mir ins Gesicht und färbte es orange. Die Landschaft zog vorbei. Wir waren keine Kinder mehr. Das Gefühl war neu. Diesen Moment, den werde ich nie vergessen.

Und daran muss ich gerade denken, wo ich in meinem Schlafabteil aufwache. Ich reiße das Rollo hoch, denn ich will sehen, wo wir sind. Und bin erstaunt: Alles sieht so anders aus. Wir fahren an der Küste entlang, aber hier ist nichts halb fertig. Hier ist alles toll renoviert, die Häuser strahlen in den saftigsten Farben. Die Straßen führen an der Küste entlang und nehmen ihre dramatische Führung auf. Wir kommen allmählich nach Genua, sehe ich. Der Norden Italiens, unglaublich! Hier scheint Geld zu sein. Große Villen, teure Autos, schicke Menschen. Ich verliebe mich ein bisschen in Genua, aber ich habe keine Zeit mehr auszusteigen und umzuplanen. Ich muss weiter nach Mailand.

Es klopft an meiner Abteiltür. Der Schaffner bringt mir mein Frühstück: einen kleinen Pfirsichsaft im Tetrapack und eine kleine Packung Cracker. Nun ja, ein wirklich fürstliches

Frühstück. Er gibt mir noch ein Formular, mit dessen Hilfe ich Geld zurückbekomme, weil ich ja eigentlich downgegradet wurde. Ich stecke es ein und bin mir unsicher, ob ich diese Forderung jemals an Trenitalia stellen werde. (Ich weiß genau, dass »unsicher« in diesem Fall »unter keinen Umständen werde ich das tun« bedeutet.) Saft und Cracker hab ich eingesteckt. Wir haben Mailand erreicht.

Ich steige erhaben aus meinem Schlafwaggon aus, aber ich hab gar keine Zeit für Erhabenheit. Ich muss direkt zu meinem Anschlusszug nach Verona eilen. Kaum ist man wach, schon hat man wieder Stress. Macht aber nichts, heute ist Reisetag, da ist eben Umsteigen angesagt. Ich ziehe mir noch schnell ein Frühstückssandwich am Automaten und stürme dann zum Zug. In Verona war ich noch nie, denke ich. Die Stadt von Romeo und Julia. Komisch, dass meine Eltern da nie hinwollten. Aber die waren einfach nicht so große Fans von Norditalien. Je länger ich darüber nachdenke, desto eher könnte es natürlich auch sein, dass wir mal dort gewesen sind, ich es aber komplett vergessen habe. Das kann ich nicht ausschließen. Nach Verona sind es mit dem Zug nur knapp eineinhalb Stunden. Dort habe ich dann zwei Stunden Aufenthalt. Vielleicht lohnt es sich ja, in der Zeit mal kurz in die Stadt zu gehen?

Mir geht es körperlich nicht gut, als ich in Verona ankomme. Ob es das Sandwich oder der Reisestress waren, wer weiß das schon? Jedenfalls lege ich mich dort einfach auf einen Parkbank vor dem Bahnhofsgebäude und gönne meinem Körper Ruhe. Das Wetter ist großartig. Nach einer Stunde richte ich mich wieder auf und siehe da, meine Therapie hat Wunder gewirkt. Ich fühle mich viel besser, fitter, stärker. Meine Reise kann problemlos weitergehen. Sonne, du alte Zaubermaus.

Mein Zug fährt von Verona nach Innsbruck. Einmal übern Brenner. Dieser Zug braucht ein bisschen. Aber es ist so toll, durch die Berge zu fahren. Schon wieder ändert sich die Umgebung vor meinem Zugfenster radikal. Ich freue mich total. Jetzt weiß ich, dass es die richtige Entscheidung war, noch in die Berge zu fahren. Meine Aufregung ist der beste Beweis.

In Innsbruck auszusteigen ist ein besonderer Moment. Auf einmal verstehe ich wieder alles, was gesagt wird. Es gibt keine Sprachbarriere mehr. Das ist wirklich schräg für mich. Kurz muss ich mich daran gewöhnen, auch alles wieder lesen zu können. Das ist jetzt alles irgendwie ein großer Informations-Overkill. Deswegen irre ich auch erst einmal orientierungslos durch die Haupthalle des Innsbrucker Bahnhofs. Mein Anschlusszug fährt erst in zwei Stunden, was mir gut passt, denn ich wollte eh kurz noch neue Klamotten kaufen, weil ich so verschwitzt bin. Also suche ich einen H&M oder Ähnliches, damit ich mir schnell ein paar Basics holen kann. So kurz vor Ende der Fahrt muss ich meine Zeit nicht mehr im Waschsalon verplempern. Ich laufe etwas orientierungslos durch den Bahnhof. Aber dann finde ich einen Hinweis auf ein Einkaufszentrum, in dem ich fündig werden könnte und das nicht weit weg gelegen ist.

Mit meinem Gepäck ziehe ich los, durch den dunklen Abend. Es liegt kein Schnee, so viel steht schon mal fest. Schade, ich hatte gehofft, dass schon alles weiß ist. Kalt genug dafür ist es auf jeden Fall, denke ich. In echt regnet es.

Ich laufe um den Bahnhof herum und tatsächlich erkenne ich in der Ferne ein Einkaufszentrum, an dessen Front die Buchstaben des schwedischen Modehauses prangen. Schnell gehe ich dorthin und als ich in der Herrenabteilung stehe, fühle ich mich so wohl, dass ich fast weinen möchte. Ich weiß nicht, warum, vielleicht haben die mich schon so weich gekocht, auf meiner ganzen Reise. Aber es fühlt sich ein klitzekleines bisschen wie nach Hause kommen an. Wenn es eine Konstante auf dieser ganzen Reise gab, dann ja wohl H&M. So sehr ich immer darüber geschimpft habe, so froh bin ich jetzt, hier zu sein. Ich suche mir einen gemütlich wirkenden Strickpullover aus, ein paar Socken, ein Shirt, das ich cool finde. Und dann sehe ich ihn: den Weihnachts-Jogginganzug. In meiner Größe. Alles klar. Wenn das kein Zeichen ist, was dann? Ich nehme ihn mit. Es muss einfach sein. Er ist im Grunde genommen mein Souvenir für jeden Ort, an dem ich war. Dass die Kassiererin deutsch spricht, irritiert mich für einen kurzen Moment. Aber dann nehme ich meine Sachen und gehe noch in den Supermarkt, ein bisschen Proviant für den Abend kaufen. Unter anderem Fanta in einer blauen Flasche. Da bin ich aber mal gespannt.

Ich gehe zurück zum Bahnhof und finde auf einem weit hinten liegenden Gleis meinen Bummelzug nach Seefeld, einen der Orte, in denen wir damals bei unseren Familienurlauben Ski gefahren sind. Meine letzte Station vor zu Hause. Aber ich freue mich total. Entweder auf den Ort oder die Tatsache, es danach geschafft zu haben, keine Ahnung.

Wie sagt man so schön: Hier will ich aber nicht tot überm Gartenzaun hängen. Dieses Örtchen ist tot. Ich bin natürlich relativ spät dran, die Geschäfte haben jetzt sowieso schon geschlossen. Aber das Casino blitzt und leuchtet in allen Farben, beschallt die Fußgängerzone mit Musik, es fehlen nur die Menschen, die das mitbekommen. Außer mir spaziert hier nur noch ein älteres Paar herum. Sonst geht hier gar nichts.

Seefeld – Piste der Liebe

Ich ziehe meinen Koffer hinter mir her, den Rucksack auf dem Rücken, die H&M-Tüte im Anschlag. Man könnte fast meinen, ich will hierhin auswandern. Im Bahnhof hab ich mir ungefähr angesehen, wie ich zu meinem Hotel komme. Das ist aber auch recht einfach. Ich muss zweimal abbiegen und ab dann nur noch dem Straßenverlauf folgen. So laufe ich durch Seefelds ausgestorbene Fußgängerzone. So richtig erkenne ich hier nichts wieder. Aber es ist ja auch dunkel. Hauptsache, ich bin noch auf dem richtigen Weg. Dieser Koffer, vollgestopft mit allen möglichen Sachen von meiner Reise: schwere Bücher und Platten, Andenken und Klamotten. Das Teil wird nicht leichter. Ich biege in die Straße zu meinem Hotel und muss sehr lachen: Na klar, Alphotel! Das Teil liegt natürlich am Hang. Ich muss jetzt hier den Berg hochlaufen, mit meinem Gepäck im Schlepptau. Ich bin wirklich der vermutlich dümmste Reisende aller Zeiten. Aber immerhin finde ich das lustig.

Der Aufstieg ist superanstrengend. Aber ich sehe das Hotel. Da liegt es, direkt am Hang. Ich kann gleich die Auffahrt hochlaufen, und dann bin ich schon da. Ich keuche, versuche mit aller Kraft, mich zusammenzureißen. Der Koffer wird mit jedem Schritt schwerer. Ist das steil hier, das hätte ich nicht gedacht. Aber nur noch wenige Schritte …

Ach nee, das ist gar nicht mein Hotel. Meins liegt noch etwas hinter diesem. Also noch weiter hoch. Ich bleibe stehen, um Luft zu holen. Es ist so absurd, dass dieser Reisetag noch so viele Überraschungen bereithält, denke ich. Und rufe ein lautes »Woohoo!« in die Nacht. Ich atme tief ein. Ich greife meinen Koffer und gehe entschlossenen Schrittes weiter. Dann ist es halt erst hinter der nächsten Kurve, was soll's? Ich schleiche den Berg weiter hoch. Da! Endlich sehe ich zwar mein Hotel, aber die Straße steigt noch ein Stückchen steiler an. Ich reiße mit letzter Kraft an meinem Koffer. Das kann doch jetzt wirklich nicht wahr sein, dass ich hier so schlappmache. Ich pushe mich bis zum Scheitelpunkt des Anstiegs, und dann geht es ein Stückchen runter zu meinem Hotel. Ja, ich hab's geschafft. Was für ein Gefühl!

Gut, ich sollte mich vielleicht dringend wieder einkriegen. Ich hab hier gerade nicht den Mount Everest bestiegen, sondern bin einen kleinen Berg hoch zu meinem Hotel gelaufen. Aber man soll die Feste halt feiern, wie sie fallen. Und ich bin doch so glücklich.

Der Rezeptionist ist ein junger Bursche, der sehr gewissenhaft alle Fragen durchgeht, die man einem neuen Gast stellen muss. Manchmal eilt er noch ins Büro vom Chef, um sich abzusichern, aber den Großteil des Check-Ins schafft er alleine. Als er mir erklären will, wo ich parken kann, winke ich ab: Ich bin nicht mit dem Auto hier. Als er fragt, ob ich gerade zu Fuß gekommen sei und ich das bejahe, denkt er kurz, ich will ihn auf den Arm nehmen. Dann mustert er mich von unten bis oben und scheint zu begreifen. Ich erkläre ihm, dass ich gerade per Interrail durch Europa reise, woraufhin er gleich aufgeregt erzählt, dass er das diesen Sommer auch mit seiner Freundin machen wolle. Anscheinend freut er sich über so einen exotischen Gast wie mich. Er ist wahnsinnig nett, aber ich bin heilfroh, als er mir meinen Schlüssel gibt und geht.

Ich schließe ab, reiße mir blitzartig die verschwitzten Klamotten vom Körper und lasse mir sofort ein Bad ein. Ich bin nicht der große Bade-Typ, aber jetzt gerade kann ich mir nichts Besseres vorstellen, als im Wasser langsam aufzuweichen und den Reisedreck von mir abzubaden. Das Bad riecht auch nicht nach faulen Eiern, sondern ganz normal. Ich schalte den Fernseher ein und … verstehe alles, ich kenne sogar die Programme! Frank Rosin, der Fernsehkoch aus dem Ruhrpott. Ich war noch nie so glücklich, seine Sendung zu sehen. Es ist ein halbes Ankommen: Ich bin wieder in einer Art Heimatregion, ich bin aber auch noch im Urlaub. Ein sanfter Übergang. Und genauso sanft lasse ich mich jetzt ins warme Wasser der Badewanne gleiten. Wow, tut das gut. Ich spüre, wie das Wasser mich auffängt, wie es alles von mir abspült. Kann es nicht immer so sein wie jetzt?

Als ich ins Bett gehe, stelle ich verwundert fest, wie sehr sich meine Stimmung verändert hat. Vom großen Frust in Palermo zum großen Glück, jetzt und hier, mit blauer Fanta und deutschem Fernsehen. Ich schlafe wirklich glücklich ein.

Alter, steh auf, die Sonne scheint! Ich komme mit gutem Schwung aus dem Bett. Heute hat mich mal niemand geweckt, das ist doch auch schön. Und wenn ich aus dem Fenster gucke, sehe ich, dass es kein Traum war: Ich bin in den Bergen. Mittendrin. Was ich gestern bei Dunkelheit nur erahnen konnte, wird nun zur Gewissheit. Schnell ziehe ich mich an und gehe zum Frühstückbuffet. Und auch hier wird meine Vorahnung zur Gewissheit: In diesem Hotel sind wirklich nur silberne Haare zu sehen. Gut, ein jüngeres Pärchen ist auch anwesend, aber sonst nur »Best Ager«. Und ich bin jetzt der komische, jüngere Kerl, der alleine frühstückt. Aber mir ist das egal. Ich nehme einen Tisch direkt an der Panoramascheibe und kann einen sonnenbeleuchteten Berg entdecken. Ich hab auch direkt das Gefühl, die Luft sei viel besser. Schon hier im Frühstücksraum. Schnell frühstücken, ich bin schon etwas kribbelig.

Ich will da raus, so schnell wie möglich. Also los, anziehen! Und schon bin ich aus dem Hotel raus, Richtung Dorfzentrum. Denn von dort komme ich zur Skipiste. Ich hab vielleicht nicht die idealen Klamotten zum Skifahren an, also Jeans und Mantel, aber was soll's. Vielleicht fahre ich auch nur zur Hütt'n hoch, trinke da was und fahre dann gemütlich wieder runter. So oder so, ich will auf die Skipiste.

Ich gehe also runter ins Dorf über eine Abkürzung, die mir an der Rezeption auf einem Plan gezeigt wurde. Hätte ich die schon gestern Abend gekannt, wäre der Aufstieg deutlich einfacher gewesen. Aber egal. Kurz vor dem Zentrum biege ich ab, den Wegweisern Richtung Piste folgend. Es ist noch relativ früh, nicht viel los. Und die Luft ist herrlich. Perfekter könnte es nicht sein.

Wir sind damals oft mit der ganzen Familie über die Weihnachtsferien hier ins Tal gefahren und dort haben wir dann mit dem anderen Teil unserer Familie zusammen Skiurlaub gemacht. Mit Bescherung und allem, was dazugehört. Das waren großartige Tage: eine ganze Familie in einem Haus, zusammen Skifahren gehen, später auch snowboarden. Und abends in der Dorfdisco noch feiern. Man traf sich am Kachelofen, auf dem die ganze Skiwäsche zum Trocknen lag, und hat sich erzählt, was tagsüber auf der Piste so alles los war. Ich erinnere mich daran, wie mein lustiger Cousin aus Erlangen auf der Rodelpiste versucht hat, querfeldein zu fahren und irgendwann in einem Baum hing.

Und jeden Abend haben wir überlegt, in welches Skigebiet wir am nächsten Tag fahren sollen. Und so waren wir sehr oft in Seefeld, weil wir es so gerne mochten, dass die Piste bis in den Ort reichte, wenn man clever fuhr. Dann konnte man dort abschnallen und noch ein bisschen bummeln gehen oder was Leckeres essen. Das war irgendwie besonders. In Seefeld nahm ich Snowboard-Unterricht, das war wiederum nicht so toll. Weil ich in dieser Saison bemerkt hatte, dass das so gar nicht mein Ding war. Mir haben immer unendlich die Füße wehgetan, weil ich plötzlich so festgebunden war. Auf Skiern hatte man ja noch das Gefühl, beide Füße irgendwie bewegen zu können. In Seefeld geschah es auch, dass mich ein Bügellift so weit mitzog, dass ich das Notauskabel am Wendepunkt des Lifts reißen musste. Der Bügel hat sich irgendwie in meiner Jacke verfangen, weil man mit dem Snowboard da immer so komisch drauf reiten musste. Ich bin dann peinlich berührt schnell weggegangen. Als Skifahrer hab ich über die Leute gelacht, die nicht Skilift fahren konnten. Das war also dieses Karma …

Ich habe mir in Österreich immer Johnny-Zigaretten gekauft, die kamen so cool uncool in ihrer Jeansverpackung daher. Und wenn ich dann mal erschöpft war, hab ich mich immer etwas abseits der Piste irgendwo hingesetzt, wo es mir ruhig und gemütlich vorkam und da dann genüsslich eine Johnny geraucht.

Zum Mittagessen gab es immer Germknödel. Und zum Après-Ski habe ich mir gerne einen Lumumba bestellt: Kakao mit Rum. Wie cool das war!

Ich mochte diese Urlaube total gerne. Später fuhren wir nicht mehr über Weihnachten nach Österreich. Ich glaube, es gab dafür keinen besonderen Grund. Alles hat eben seine Zeit.

Ich habe es bis zur Piste geschafft. Und da liegt sogar Schnee. Der ist offensichtlich aus den Schneekanonen, die überall rumstehen, aber das ist doch egal. Schnee!

Ein paar Menschen mit Skiern kommen an. Im zentralen Skigeschäft-Treffpunkt ist noch nichts los, nur ein Büro scheint geöffnet zu haben. Es ist Anfang Dezember, aber hier ist noch alles ruhig. Außer natürlich das Radio, das laut über die ganze Basisstation plärrt. An der Liftstation ist bedrückend wenig los. Ich sehe den Lift nicht mal fahren. Aber gut, vielleicht bin ich einfach etwas zu früh hier.

Ich bin sogar viel zu früh! Auf einem Schild steht, dass der Lift gerade gewartet wird und erst wieder zum Wochenende fährt. Ach, verdammt. Ich sehe zwar ein paar Skifahrer den Hang hinunterkommen, aber ich sehe auch ein paar am linken Rand den Hang hochlaufen. Gut. Man kann's auch übertreiben, denke ich und dreh mich wieder um. Zurück nach Seefeld.

Hier schießt ein Flashback ein: Ich erinnere mich, wie ich mit meinem Snowboard einmal am Fuß der Piste saß. Ich trug meine O'Neal-Skijacke (die hatte keinen Reißverschluss, man musste die also über den Kopf ziehen) und darüber zog ich das supercoole »Faith No More«-Shirt, das ich zu Weihnachten bekommen hatte. Das mit dem neongrünen Augen-Logo. Ich sah natürlich megacool aus. Das war ja erst mal das Wichtigste als Snowboarder.

Ich saß da also im Schnee und hab mich nach meinen Skiern zurückgesehnt. Wie war ich nur darauf gekommen, dass Snowboarden etwas für mich sei? Ich war immer ein sehr guter Skifahrer gewesen, dieses Umsatteln war total unnötig.

Ich hab das nur mitgemacht, weil es halt cooler war. Aber mehr Spaß hat es leider nicht gemacht.

Ich sitze also im Schnee, da bremst eine Snowboarderin direkt vor mir und seift mich ein bisschen ein. Sie löst ihre Bindung und kommt zu mir rüber, setzt sich direkt neben mich. Wo ich denn herkomme, will sie wissen. Ich bin ein bisschen überrumpelt, aber ich erzähl es ihr trotzdem. Sie stellt sich vor: Anna. Und sie kommt aus Innsbruck. Und wie es so oft in meinem Leben war, davor und danach, war ich nach zehn Minuten Hals über Kopf in sie verliebt. Sie war extrem cool, auf die gute Art, das heißt sehr lustig, ein bisschen durchgeknallt und wenn ich das unter den Schichten von Winterkleidung richtig beurteilen konnte, war sie sogar ziemlich hübsch. Plötzlich war ich doch froh, mich fürs Snowboarden entschieden zu haben, weil sie auch Boarderin war und ganz ehrlich: Wenn ich auf Skiern unterwegs gewesen wäre, hätte sie mich niemals angesprochen. Klar, mein cooler Style ist ihr natürlich sofort aufgefallen. Meine »Burton«-Handschuhe zeigten, dass ich Ahnung hatte und mein »Trans Snowboarding«-Board mit den Elfgen-Bindungen war ziemlich Indie. Fun Fact: Die Boards wurden in Wesseling hergestellt, dem Städtchen, aus dem ich komme. Der Hersteller war ein Bekannter meines Vaters, und so standen wir damals vor dem Skiurlaub in seiner Werkstatt und er passte mir das Board perfekt an. Das war natürlich eine Story, die ich so beiläufig wie möglich vor Anna zu erwähnen versuchte, damit sie so beeindruckend wie möglich rüberkommt. Und die Taktik schien aufzugehen.

Wir saßen da im Schnee, ich gab ihr eine von meinen Johnnys und sie lachte darüber. Ich machte wieder einen auf cool und ironisch und erklärte, dass man alles kaufen müsse, was in Jeanspackung angeboten würde. Wir lachten ein bisschen. Dann wollte sie wieder los. Ich hatte Angst, jetzt in Zugzwang geraten zu können, Angst davor, dass sie sagen würde: »Lass uns zusammen fahren!« Aber darauf hatte sie offenbar gar keinen Bock. Sie wollte lieber alleine fahren und ihr Tempo nicht anpassen müssen. Das fand ich auch cool, aber es bedeutete, dass unser Treffen hier sein Ende finden würde. Sie zog ihre Handschuhe aus, fummelte umständlich einen Kuli aus ihrer Jacke, nahm einen Zettel und schrieb mir ihre Adresse und Telefonnummer auf. Man könne ja in Kontakt bleiben, schlug sie vor. Hektisch schrieb ich ihr auch meine Daten auf und stammelte ein »Ja, klar«. Sie gab mir einen Kuss auf die Wange und dann war sie auch schon verschwunden. Was war das denn bitte für eine Begegnung? Ich war total baff. Den ganzen Tag guckte ich noch, ob ich sie irgendwo auf der Piste sah, aber leider hatte ich kein Glück.

Ich laufe durchs Zentrum von Seefeld. An einem Hotel ist jemand aufs Vordach geklettert und poliert dort die glänzenden Buchstaben des Hotelnamens. In einem anderen Hotel werden gerade die Stühle aus dem Vorraum geladen. Laster fahren hin und her und beliefern die großen Touristen-Paläste. Ich setze mich auf eine Bank und beobachte das Treiben. Und auf einmal wird mir alles klar. Ich weiß, warum ich so glücklich bin, ich kapiere, was mich so zufrieden macht. Nicht nur die Berge, das Wetter, die neue und andere Umgebung. Es steckt viel mehr dahinter.

Ich jage meiner Jugend, meiner Kindheit hinterher. Ich war bis jetzt an Orten, die wie eine Muschel langsam zugingen oder schon geschlossen waren. Orte, an denen sonst das Leben tobt, Orte, die ich als lebendig kennengelernt habe und zu deren Lebendigkeit ich natürlich durch meine damalige Anwesenheit auch beigetragen habe. Ich bin an diesen Orten gewachsen, in ihnen sogar aufgewachsen. Ich glaube, Urlaube verändern einen Menschen. Urlaube sind das große Experimentierfeld des Lebens, das Labor des Großwerdens. Im Urlaub ist alles möglich: Man ist auf sich allein gestellt. Man soll selbstständig agieren. Im Urlaub schmecken Sachen super, die man zu Hause nicht mag. Im Urlaub kauft man sich Klamotten, die man dann nie wieder aus dem Schrank holt. Urlaub ist Autonomie. Im Urlaub ist es jedem selbst überlassen, Spaß zu haben, Freude zu finden. Und dadurch bedeutet jeder Urlaub auch, Verantwortung zu übernehmen – zumindest für sich selbst. Als ich am Strand von Cervia ausprobiert habe, ob meine Hundemarke funktioniert, hab ich das für mich selbst getan. Wenn ich in Rom alleine zum Petersdom fuhr, dann nur, weil ich ihn mir in meiner Geschwindigkeit ansehen wollte. Wenn wir in Holland einen ganzen Urlaub lang nicht am Strand waren, dann, weil uns andere Dinge eben wichtiger waren.

Meine Eltern haben mir so viele Urlaube ermöglicht, so viel von der Welt gezeigt – das hat mich alles geprägt und meine Kindheit und Jugend so einzigartig gemacht. Reisen bildet, so sagt man. Aber es macht viel mehr. Reisen bildet einen aus. Reisen bildet ein Herz. Reisen bildet den Blick auf die Welt.

Ich denke an meine Tochter. Im Alltag, klar, da müssen wir alle funktionieren. Mehr oder weniger. Und sie nabelt sich ab. Freunde werden wichtiger. Und das ist alles in Ordnung. Aber wenn ich mit ihr im Urlaub bin, dann staunen wir noch gemeinsam. Dann suchen wir uns die Orte aus, auf die wir Bock haben – nicht immer zusammen und da gibt es auch mal Meinungsverschiedenheiten, bei denen sie vermutlich am liebsten mit Walkman im Auto sitzen bleiben würde, aber die Freiheit nehmen wir uns, auch im Urlaub mal unterschiedliche Interessen zu haben. Denn das ist die freieste Zeit, die wir erleben. Und wenn sie dann mal Städte alleine erkunden will, dann freue ich mich, ihr das Ticket zu bezahlen und sie ziehen zu lassen.

Aber warum kommt mir das alles jetzt? Warum hab ich noch vor zwei Tagen heulend auf dem Bett gesessen und alles für sinnlos erklärt? Jetzt plötzlich, in einem noch halb geschlossenen Skigebiet, kommt mir die große Erkenntnis?

Ich denke darüber nach und finde die Lösung in dem Wort »noch«. Hier hat »noch« alles geschlossen. Aber ich kann den Menschen, den Häusern, der ganzen Stadt dabei zusehen, wie sie gerade aufwachen. Denn am nächsten Wochenende startet die neue Saison. Alle strecken sich ein bisschen, putzen alles fein raus, und dann geht der Wahnsinn wieder von vorne los. So wie jedes Jahr. Und wieder werden Familien ankommen, die zum ersten Mal Skiurlaub machen. Und die Kinder werden in den Skikindergarten gehen und bald besser Skilaufen als ihre Eltern. Und Jugendliche werden zum ersten Mal Lumumba trinken und es superwitzig finden. In einer Woche werden hier Autos mit Skiern auf dem Dachgepäckträger ankommen. Im Casino wird Leben sein, die Straßen werden voll sein mit Menschen, die bummeln und sich etwas Schönes kaufen, was sie zu Hause in den Schrank hängen und nie wieder rausholen werden.

Klar, die äußeren Umstände mögen sich ändern. Hotels oder Strandbäder bieten heutzutage freies WLAN an und die Leute lesen ihre Bücher am Strand auf dem Handy. Aber das, was Urlaub ausmacht, das hat sich niemals verändert.

Meine Fahrt begann an Orten, die gerade eingemottet wurden. Die gerade darauf vorbereitet wurden, dass jetzt erst mal Ruhe ist. Bis es im Sommer wieder losgeht. Orte, an denen

Menschen sich damit arrangieren, dass sie nun erst mal in großer Ruhe leben. Und jetzt stehe ich hier, am Ende meiner Reise, in einem Ort, der gerade aufgeweckt wird. Bei dem alle auf den großen Ansturm warten. Bei dem man die sprichwörtliche Ruhe vor dem Sturm förmlich spüren kann.

Ohne, dass ich es so geplant hätte, hat sich auf meiner Reise ein Kreis geschlossen. Und jetzt, wo mir das auffällt, bin ich total glücklich und zufrieden damit. Ich bin froh, dass ich mir die Kulissen zu all diesen Erinnerungen noch mal ansehen konnte. Ja, dass mir all diese bekloppten Geschichten noch mal eingefallen sind. Ich traue mich fast nicht zu denken, dass diese Reise anstrengend war, denn ich bin ja nicht monatelang gewandert, aber als mir hier gerade alles von den Schultern fällt, merke ich, wie sehr mich dieses Paket belastet hat, nichts Handfestes erlebt zu haben. Urlaubsstress. Sollte man sich nie machen. Ich bin glücklich über diese Erfahrung.

Debil grinsend stehe ich von der Bank auf. Vielleicht sollte ich sie die »Bank der Erkenntnis« taufen. Ich gehe mir in einem Supermarkt etwas zu trinken kaufen und vor mir steht ein sechzehnjähriger Punk und kauft sich was zu naschen. Punk in so einem Dorf zu sein, ist sicher nicht einfach, deswegen mag ich ihn auf Anhieb. Und ich erinnere mich ein letztes Mal.

Damals im Skiurlaub mit der Familie hatte ich manchmal einfach keinen Bock, auf die Piste zu gehen. An diesen Tagen, an denen ich mir »frei«genommen habe, bin ich dann mit dem Zug nach Innsbruck reingefahren. Da habe ich mir zum ersten Mal in meinem Leben ein Töpfchen »Directions« gekauft, bis heute die führende Marke für bunte Haarfarben. Grün war meine Wahl. Nur hatte mir niemand gesagt, dass ich die Haare zuvor blondieren musste, weswegen es erst mal bei einer dunkelgrünen Strähne blieb.

Halt, Moment mal. Ich will noch einmal richtig in eine Erinnerung eintauchen, bevor es zurück nach Hause geht. Was das heißt, sollte ja wohl klar sein: ab nach Innsbruck!

Außerdem möchte ich noch Kleinigkeiten für die Adventskalender kaufen, denn die könnte ich ja dann auf der Heimreise basteln. Für meine Tochter, meine beste Freundin und für meine Freundin. Ja, drei Adventskalender. Das gehört einfach dazu.

Die Fahrt nach Innsbruck ist schon eine Belohnung, denn das Panorama, das einem geboten wird, ist unfassbar schön. Die Zugstrecke ist geradezu in die Felswand geschlagen und der Blick aufs Tal entsprechend dramatisch.

Ich mag Innsbruck. Irgendwie denkt man, das sei eine kleine gemütliche Stadt und wenn man dann mal durchläuft, merkt man, dass die ganz schön groß ist und eine Menge zu bieten hat. Alles Understatement. Finde ich gut, ist mal irgendwie eine andere Art, eine Stadt zu erzählen. Ich erinnere mich an einen Punkladen, in dem ich mir ein Demotape von einer coolen Punkband gekauft habe. Das ist aber auch alles. Und dass ich mal mit meinem Cousin aus Hannover in Innsbruck im Kino war und wir uns Jean-Claude Van Dammes »Timecop« angesehen haben, weil einfach nichts anderes lief. Ich bewege mich entlang der großen Hauptstraßen, immer auf der Suche nach einer Passage, an die ich mich vielleicht erinnern kann. In einem großen Krimskramsladen kaufe ich Material für die Adventskalender ein. Eine große Tasche voll.

Nachdem ich mehrere Male abgebogen bin, stehe ich vor dem »goldenen Dachl« von Innsbruck. Darum herum hat ein Weihnachtsmarkt seine Tore aufgeschlagen. Ich laufe ein bisschen weiter und stehe vor dem Innsbrucker Dom. Da ich ja gerne in Kirchen gehe, nichts wie rein. Der sieht auch irgendwie interessant aus, den möchte ich mal von innen sehen. Und innen sehe ich etwas, was ich so noch nie gesehen habe: Im Dom steht ein Automat, an dem man kleine Zettelchen ziehen kann, ähnlich einem Parkautomaten. Diese Zettel sind Fotolizenzen, die man für eine gewisse Zeit kauft. Und in dieser Zeit darf man Fotos im Dom machen. Junge, Junge, pfeife ich durch die Zähne. Das ist wirklich eine geniale Gelddruckmaschine. Aber wenn sich alle Leute den Automaten nur so verwundert ansehen wie ich, dann wird das nix mit den Einnahmen. Ich spiele sogar kurz mit dem Gedanken, mir eine »Lizenz« zu kaufen, einfach so, weil ich es so schräg finde.

In einem Supermarkt hole ich noch Süßigkeiten für den Adventskalender, Proviant für den nächsten Reisetag und eine große Dose Olivenöl, weil ich das mit nach Hause nehmen möchte. Das sieht sehr lecker aus und in Deutschland habe ich diese schöne Dose noch nie gesehen … und anscheinend möchte ich meinen Koffer noch sinnlos voller machen.

Ich laufe, schwer bepackt, über eine andere Straße zurück in Richtung Bahnhof. Und da fällt sie mir auf einmal auf: eine kleine Passage. Ich gehe durch und entdecke an der Stelle, an der ich den Punkladen von damals vermute, einen Plattenladen. Ich kann nicht sicher sagen, ob das exakt die Passage ist, die ich gesucht habe, aber die Schnittmenge zwischen Punk- und Plattenladen ist ja schon groß. Drinnen stöbere ich ein wenig durch die Neuerscheinungen. Da ist nichts Interessantes dabei. In der Ein-Euro-Kiste werde ich aber fündig: »Giorgio & Chris«, eine Platte aus den Siebzigern von Giorgio Moroder, die er mit einer Sängerin, ebendieser Chris, aufgenommen hat, von der ich noch nie was gehört habe. Diese Platte muss ich haben. Ich beschließe jetzt einfach, dass es genau der Laden war, in dem ich vor 25 Jahren das Demotape gekauft habe. Und da freue ich mich natürlich gleich doppelt über die neue Platte.

Ich muss noch mal an Anna denken. An einem meiner »freien« Tage bin ich damals mal wieder nach Innsbruck gefahren, um ein bisschen zu bummeln. Ich hatte aber auch noch einen anderen Plan: Ich wollte Anna überraschen. Ich studierte verschiedene Stadtpläne, bis ich ihre Adresse gefunden hatte. Das war nicht so einfach. Leider hab ich dadurch, dass sie eher am Stadtrand lebte, auch mehrere Tickets für Busse und Straßenbahnen kaufen müssen. Ich hatte mein Tagesbudget also ziemlich aufgebraucht, um zu ihr zu kommen, aber ich habe es geschafft. Irgendwann stand ich vor ihrem Haus. Ich wusste nicht, was passieren würde, aber es würde super werden, so viel konnte ich mir schon ausmalen.

Ich klingelte. Eine sympathische, ältere Frau öffnete mir. Ob ich Anna sehen könnte, fragte ich. Sie meinte, Anna sei nicht zu Hause, sondern in der Stadt und sie wisse nicht, wann sie wiederkäme. Okay. Von allen möglichen Szenarien meiner Geschichten war das das einzige, das ich mir nicht vorher in allen Einzelheiten ausgemalt, ja, nicht einmal bedacht hatte. Verdammt.

Annas Mutter schien mir nicht nur angehört zu haben, dass ich nicht von dort kam, sondern auch angesehen zu haben, dass ich gerade ratlos war. Sie fragte mich ein bisschen aus. Wo ich herkam, woher ich Anna kennen würde und wo ich gerade untergekommen sei. Ich erzählte ihr alles, auch von meinem Budgetproblem und meinem Plan, zurück nach Seefeld zu trampen. Das war kein Mitleiderheischen, ich sah wirklich kein großes Problem darin. Annas Mutter aber anscheinend schon. Sie ging in die Wohnung, kam zurück und drückte mir 500 Schilling, viel zu viel, in die Hand, damit ich sicher zurückkäme. Ich könnte sie ihr ja irgendwann mal zurückschicken, die Adresse würde ich ja jetzt kennen. So viel Fürsorge hat mich dann doch gerührt. Tolle Familie. Aber ich musste ja los, es war ein wenig sinnlos, dort rumzustehen. Die Mutter versprach mir hoch und heilig, Anna von mir zu grüßen und dann trat ich meinen Rückweg an.

Keine hundert Meter vom Haus entfernt ärgerte ich mich maßlos über diese Aktion. Ich hätte ja auch einfach mal von einer Telefonzelle aus Innsbruck anrufen können. Aber nein, ich dachte, ich gehe persönlich vorbei und alle fallen mir sofort um den Hals. Ich schimpfte so vor mich hin, da kam mir dieses coole Mädchen auf dem Bürgersteig entgegen. Anna! Ich sprach sie sofort an, erklärte ihr, dass wir uns vor ein paar Tagen auf der Piste getroffen hatten. Erst sah sie mich verwundert an, dann aber schien sie sich zu erinnern und ein Lächeln machte sich breit. Und dann fragte sie mich, was ich denn in dieser Gegend machen würde. Ich beichtete, dass ich sie gesucht hatte. Und das schien seine Wirkung nicht zu verfehlen. Sie war aufrichtig erstaunt, dass ich diesen Weg auf mich genommen hatte. Dann erzählte sie, dass sie in der Stadt bei ein paar Freunden gewesen sei und Aspirin geraucht hatte, was super sei und dass sie deswegen jetzt noch ein bisschen verpeilt sei. Ich fand alles cool, was sie sagte. Sie war das perfekte Mädchen für mich. Sie wohnte zwar ein bisschen weit weg, aber das würden wir überwinden mit Post und Telefon, da war ich mir ganz sicher. Sie gab mir einen kurzen Kuss und dann musste sie nach Hause. Ich fuhr zurück nach Innsbruck, dann zurück in unser Ferienhaus und war für den Rest des Urlaubs verzaubert, auch wenn ich sie nicht mehr wiedersah.

Ich habe nach dem Urlaub noch einmal mit ihr telefoniert,

danach brach unser Kontakt ab. Ich schickte ihr noch einen Brief mit den 500 Schilling für ihre Mutter. Auch darauf antwortete sie nicht mehr. Ach Anna, mein großer Urlaubsschwarm, was hätten wir für ein schönes deutsch-österreichisches Pärchen werden können.

Vom Bahnhof Seefeld fahre ich mit dem Taxi ins Hotel. So viel Luxus muss heute mal drin sein. Der Wagen fährt vor, ich steige aus und gehe auf mein Zimmer. Ich hatte es mir bis eben noch ganz toll vorgestellt, an die Hotelbar zu gehen und den Gesprächen der älteren Gäste zu lauschen, aber jetzt denke ich nur noch daran, meinen letzten Abend in Ruhe zu zelebrieren. Ich leere meinen ganzen Koffer und sortiere aus. Ich lege alle Klamotten sorgfältig zusammen. Packe die ganzen Schallplatten in den Koffer. Räume die Mitbringsel ein. Lege mir mein Outfit für den kommenden Tag raus. Ich habe einen kleinen Müllhaufen zusammen, als alles sortiert ist. Der Koffer ist perfekt gepackt, mehr würde auch nicht reinpassen. Das hat Spaß gemacht, diese Extrarunde Tetris.

Ich trinke noch eine Fanta Shokata (die aus der blauen Flasche) und lege mich hin. Im Fernsehen läuft irgendeine Talkshow. Ich lasse mich berieseln und denke: Das war's. Du hast es geschafft. Das ist deine letzte Nacht in einem fremden Bett.

Mein Wecker klingelt sehr früh, aber da muss ich durch. Heute fahre ich noch eine lange Strecke. Laut meinem Plan fahre ich über Zürich und Basel zurück nach Berlin. Irgendwie mag ich es, dass Basel noch mal eine Station ist, so zum Finale.

Ich checke aus, aus diesem wirklich freundlichen Hotel. Sollte ich noch mal wiederkommen, möchte ich ganz sicher hier wohnen.

Ich laufe mit meinem ganzen Gepäck die Abkürzung den Berg runter, durchs Dorf, bis zum Bahnhof. Und weil ich alles so gut getimed habe, kommt mein Zug nach fünf Minuten an. In Innsbruck hab ich noch einen kurzen Aufenthalt und finde einen Stand, der Schinken aus der Region anbietet, dort kaufe ich ein paar Leckerlis. Dann geht es in den Zug nach Zürich.

Als ich im Zug sitze und in meiner Hosentasche wühle, finde ich einen Zettel. Es ist ein Einkaufszettel, den nicht ich geschrieben habe. Ich hatte ihn am Tag zuvor im Innsbrucker Supermarkt rumliegen sehen und eingesteckt, weil ich ihn so schräg fand. Darauf steht, in einer schönen Schreibschrift:

Bier
Energy Drink
Lammkotelett
Butter

Und auf der Rückseite:

Fitnessstudio
Magistrat (Strafe)
Internet Cafe (WishZoll)
Doktor Rezept

Ich versuche mir für den Rest der Fahrt vorzustellen, wer diesen Zettel geschrieben hat und bin total fasziniert davon. Es ergibt sich irgendwie kein schlüssiges Bild in meinem Kopf. Das mag ich sehr. Die Welt macht mir irgendwie noch viel mehr Spaß, wenn ich sie nicht verstehe.

In Zürich bin ich unsicher, ob ich mit meinem Ticket noch weiterkomme und frage am Schalter um Rat. Da wird mir aber gesagt, dass alles in Ordnung sei. Und dann trage ich die letzte Verbindung ein. Zürich-Basel. Ab Basel brauche ich ein normales Ticket, weil Interrail ja im Heimatland nicht gilt. Zürich muss ich mir unbedingt mal ansehen, wenn ich dann wieder reise, um *neue* Orte zu entdecken.

In Basel angekommen, kaufe ich mir ein Ticket nach Hause. Und dann entdecke ich einen Süßwarenladen, der ganz viel weihnachtliche Süßigkeiten aus Amerika anbietet. Da muss ich zuschlagen, für die Adventskalender. Ich zahle mit Euro und kriege, wie immer in der Schweiz, Franken zurück. Irgendeine diffuse Summe. Ich gehe in einen Minimarkt am Bahnhof und versuche meinen Proviant so einzukaufen, dass ich das ganze Schweizer Geld loswerde. Das ist nicht so einfach. Irgendwann habe ich zwar ein Paket mit sinnvollem Proviant zusammengestellt, aber es fehlt genau ein Franke. Wenn ich den jetzt mit Euro zahle, kriege ich wieder Franken zurück. Und da fällt er mir ein. Ich fasse schnell an das kleine Fingertäschchen an meiner Jeans und tatsächlich: Da ist der Franke, den ich zuletzt in Basel noch übrig hatte. Alles fügt sich, alles passt perfekt zusammen. Der Kreis schließt sich ganz organisch.

Ich steige in meinen Zug, außer mir viele Business-Menschen. Die fahren hier anscheinend öfter hin und her. Keiner von denen ahnt, was ich gerade hinter mir habe.

Ich verstaue meinen Koffer, nehme mir meinen Rucksack und meine Tasche, mit dem ganzen Adventskalenderzeug und mache mich ein bisschen breit. In meinem Abteil ist sowieso nicht viel los, da kann ich mich ruhig auf zwei Sitze verteilen. Ich verpacke und klebe und nummeriere und zähle durch und schreibe und packe. Ich hab wunderbar viel Ruhe für meine Arbeit. Als der Schaffner kommt, greife ich kurz aus Versehen zum Interrailticket, nehme aber dann das richtige. Gegen Mitternacht werde ich in Berlin sein.

Berlin – so was wie Heimat

Es ist kurz nach halb zwölf, als ich aus dem Zug steige. Maria, meine Freundin, wartet zu Hause auf mich. Ich freue mich unendlich auf sie. Hallo, Berlin. Ich bin wieder da.

Und ein kleines Stückchen größer.

Danke.

An alle, die mit mir auf diese Reise gegangen sind. Die mir geholfen haben, diese Reise zu machen. Die mir den Rücken frei gehalten haben.

Danke.

Danksagung

An die Menschen, die mich lieben und die ich lieben darf. An meine Familie. Und meine Freunde. Für die Art, wie ihr mich alle immer unterstützt.

Danke.

An alle Menschen, die ich auf der Reise getroffen habe, sei es nun diesmal gewesen oder in meinen Erinnerungen. Ach ja: Francesca und Anna, ich weiß, dass ihr nicht so geheißen habt.

Danke.

An mein Management und meinen Verlag, die die ganze Zeit an mich und dieses seltsame Projekt geglaubt und alles dafür möglich gemacht haben.

Danke.

An meine Tochter. Für dich ist das hier alles irgendwie. Ich freu mich auf jeden weiteren Urlaub mit dir.

Danke.

An dich, lieber Leser. Dafür, dass du auch an diese Geschichte geglaubt hast. Sonst wärst du nicht bis hierher gekommen.

Danke.

An Europa. Du kannst schon toll sein, wenn du willst.

Danke.

An den Erfinder des Sandwiches.